感悟歆语

——北京外国语大学歆语工程社会实践十年成果集

顾问◎韩震 彭龙　主编◎赵旻

群众出版社

图书在版编目（CIP）数据

感悟歆语：北京外国语大学歆语工程社会实践十年成果集／赵旻主编. —北京：群众出版社，2015.11

ISBN 978-7-5014-5456-3

Ⅰ.①感…　Ⅱ.①赵…　Ⅲ.①英语—语言教学—地方教育—扶贫—教学工作—成果—汇编—中国　Ⅳ.①H319

中国版本图书馆CIP数据核字（2015）第258030号

感悟歆语

北京外国语大学歆语工程社会实践十年成果集

赵　旻　主编

出版发行：群众出版社
地　　址：北京市丰台区方庄芳星园三区15号楼
邮政编码：100078
经　　销：新华书店
印　　刷：北京兴华昌盛印刷有限公司

版　　次：2015年12月第1版
印　　次：2015年12月第1次
印　　张：10.625
开　　本：890毫米×1270毫米　1/32
字　　数：306千字

书　　号：ISBN 978-7-5014-5456-3
定　　价：36.00元

网　　址：www.qzcbs.com
电子邮箱：qzcbs@sohu.com

营销中心电话：010-83903254
读者服务部电话（门市）：010-83903257
警官读者俱乐部电话（网购、邮购）：010-83903253
文艺分社电话：010-83903973

本社图书出现印装质量问题，由本社负责退换

编委会成员

主　编： 赵　旻

副主编： 丁　浩　陈洪兵　李文斌　吴　玫

编　委：（按姓氏首字母排序）

葛佳青　何采雨　李婧怡　李婷婷

李璞君　李宗纯　罗伊伊　刘　艺

司云瑞　田君茹　徐晓宇　杨雨衡

赵鲲洋　赵龙文

前　言

歆语工程是北京外国语大学针对中国现代化进程中出现的基础教育发展不平衡的现状，依托自身优质的外语教学科研力量，在基础教育相对薄弱的地区推出的以中小学英语师资培训、支教帮扶和志愿服务为主要内容，以服务基础教育均衡发展为目标的教育扶贫系列计划。2015 年，是歆语工程顺利开展的第十年。十年来，歆语工程项目已基本覆盖全国各省、自治区和直辖市，累计培训七千多名从事基础教育教学的外语教师，并先后派出了两千多名师生志愿者开展语言文化志愿支教，直接受益人群达七万多人。

卓有成效的培训及支教工作使得歆语工程受到了广泛赞誉和多方支持。2010 年，歆语工程荣获联合国教科文组织亚太地区“文晖”教育创新奖。教育部副部长郝平则对歆语工程致以“传播美妙语言、架设沟通桥梁、共享和谐讯息”的高度评价。2012 年 10 月，新加坡红十字会向北京外国语大学歆语工程捐赠合作基金，并与北外共同签署《新加坡红十字会、北京外国语大学教育基金会及北京外国语大学公益项目合作备忘录》，确定将此次全部款项用于支持四川、甘肃、陕西三省中小学英语教育教学事业的发展。

师资培训和学生社会实践是歆语工程的两个主体，均获得了良好的社会效益和示范带动效应。为了全面展示十年“歆语”

路的丰硕成果和非凡意义，本书以这两个主体为核心，广泛收录了带队教师和志愿者们的真切感悟，具体包括四个篇章，分别是教师篇、学生篇、新闻篇以及总结篇。其中，教师篇共收录了对歆语工程带队老师的采访稿以及由带队老师所撰写的心得感悟十二篇，集中展示了教师群体对歆语工程的深切认可和美好祝愿。学生篇则涵盖了历年参与歆语工程的北外学子在支教时、支教后的体会与收获，共五十五篇。作为本书的核心部分之一，该篇章所收录内容包括支教感人事迹、实践活动纪实以及教学成果展示等，题材十分广泛。新闻篇则是在十年“歆语”历程中，北京外国语大学青年报刊社对歆语工程的跟踪报道，该篇章特将其中一些有关重大事件的新闻稿编撰成册，以记录歆语工程十年来的成长与蜕变。收录于最后一个篇章总结篇中的是历年来各实践团队优秀调研成果精选，该部分以总结报告等形式集中展现了历年实践活动所取得的丰硕成果，在展示志愿者风采的同时也为日后其他团队的调研提供了宝贵经验。本书不仅意在呈现歆语工程的框架与全貌，更希望能使所有读到本书的朋友感受到支教帮扶、志愿服务中贯穿始终的点滴真情，体会到每一位老师的感动与收获、每一位同学的汗水与成长。

歆语工程的十年，是探索的十年、发展的十年、扎根的十年。我们探索着外语师资培训新模式，发展着外语支教帮扶新思路，并将“资源共享、合作共建”这一模式逐渐植根于中华大地，搭建起了一座座边远地区与外界沟通的桥梁。也正是在这十年的探索和实践中，歆语工程已经建立起了一套高效的三级管理体系，各部门间的通力协作定会为今后的进一步发展提供强有力的保障。今天，站在新的历史起点上，北京外国语大学歆语工程项目将在继续发挥外语专业资源对全社会辐射作用的同时，力争为新时代的青年朋友们提供一个在实践中受教育、长才干、作贡献的更大舞台！

目录

感悟歆语·教师篇

感悟歆语·学生篇

感悟歆语·新闻篇

感悟歆语·总结篇

感悟款语 · 教师篇

平山上的青春

李　源

支教的日子，总是令人难以忘怀；难以忘怀，是因为我们付出了爱。忆起平山，模糊的是我们经历的艰辛，牢记的是一个个发自内心的笑容。在一个似乎与现代世界相隔绝的环境里，内心的静谧使我更容易感受到幸福的滋味。苍翠的大山，清澈的溪流，湛蓝的天空，绯红的晚霞，还有那久违的满天星斗。这里的一切，都将纯净融入了我们每个人的血脉里。

也许我们一行二十人对暑期社会实践的感触各有不同，收获的感想也绝不仅仅局限于这一篇篇文章，但相同的是，我们都在播散着希望、传递着爱心。从平山孩子们的眼神中，我们能够深切地感受到他们对生活、对未来充满着好奇与渴望。十天的朝夕相处，短暂而易逝，或许我们并不能传授给他们太多的知识，但哪怕有一个人受到启发、得到动力，这次支教活动就是有意义的。“知识改变命运”，这句话就印在平山中学的教室走廊里。这里的孩子要想走出大山、了解现代社会，只能通过高考这个唯一的途径。每年几千名学生里，大概只有一两百名能考入相对理想的高等学府。我想，我们带给他们的不只是学习方法，也不仅仅是知识，而是让他们知道，通过自己的不懈努力，一定能够经历另一种生活，能够站在更高的舞台上放眼未来。

每每看到这些文章，北外学子支教时的翩翩身影就会浮现在脑海。二十个人，在那种环境下表现出的团结，授课时一丝不苟的态度，以及一张张灿烂的笑脸，还时常感动着我。我想，大家定会和我一样，把这段美好的回忆珍藏在心底，久久难以忘怀。《相逢是首歌》，我在平山唱这首歌的时候因为没有伴奏唱笑场了，但是这首歌的名字用在这次实践活动中还是很恰当的。无论是与实践团的十八名学生在一起，还是与平山的师生们在一起，都是一首难忘的歌。

作为带队老师，我从学生们的身上同样学到了很多，北外学子在艰苦环境下展现出来的甘于奉献的精神令我敬佩，平山师生的热情也令我感动。我曾在平山跟北外的同学们交流过，希望大家学知识不仅仅是为了自己，也要通过更多的途径回报社会，这才是学习的根本价值。

除了专业知识的讲授以外，我们的队伍还肩负着另一个使命——传递信息与观念。如今我们处在一个信息时代，企业通过充足的市场信息寻找商机，个人透过多样的路径寻找自己发展的可能性。也许十天左右的支教不足以讲完所有的语法，但学习方法的介绍却能使孩子们长期受益；也许短期的辅导不可能让孩子们的口语交流无障碍，但信息的传达和信念的传递却能给他们带去深刻的启发。

北外的支教队伍面对的大多是中小学生，他们正处在性格培养和理想树立的重要时期，而我们的大学生和研究生以大哥哥大姐姐的亲切形象，更容易接近孩子们的内心，引起共鸣，产生影响。故而希望我们北外学子能严格要求自己，用知识帮助他们，用观点启迪他们，用人格影响他们。同时真心祝愿大家能学有所成，一直保留着在平山时的那种简单的快乐。

云南印象

张倩芸

这个夏天，我作为带队老师和学生一起来到云南鹤庆参与歆语工程暑期社会实践活动。我在上大学时就已经听说过歆语工程，也一直很向往。之前读过很多学生写的“歆语”感想，只是觉得十分感动。当自己真正参与其中时，却忍不住感慨万千。

来鹤庆的这些天，远离了办公室和网络，生活也开始变得有规律，终于可以按时吃饭。在这里十分感谢六合中学的吴海东校长，为了答谢食堂阿姨们每天辛苦地为我们准备可口的饭菜，在结束了监考任务之后，我们小组六个人一起去食堂帮厨。为了不给食堂阿姨添麻烦，我们只参与了简单的剥蒜工作。大家虽然剥蒜方法各异，但有一个共同的特点就是慢，让食堂阿姨们看得哭笑不得。

其实坐四十多个小时的火车来云南支教，教英文只是此次支教目的的一部分。支教之余，我们希望能够融入这里，了解这里的人和事，用脚步去丈量世界，用双手去创造未来。平时在学校很忙很累，大部分时间都面对着电脑，重复着双手敲击键盘的简单工作。这次来到云南的大山深处，远离网络，用那双平时敲着键盘的手，拿起一头蒜，坐在食堂的小板凳上，和食堂阿姨边聊天边剥皮。当我们深入了解了这里的生活之后，对于这次的英文教学也将有更加深刻的认知。

我们的小分队用心感受这里的一切，并且感谢在鹤庆遇到的每一个人。初到鹤庆，一见倾心，再见动心，动心于这里的一切。

朵美需要最美丽的人

曹雪城

真的很幸运，在毕业后还能以歆语工程带队老师的身份，和另外两位老师一起带领北外学子共赴云南鹤庆开展为期十几天的支教活动。在历经四十多个小时的颠簸，穿越了大半个中国和无数的隧道、涵洞，遍尝了种种艰辛之后，我们终于踏上了云南这片神奇的土地。原本没有教学任务的我，在一系列的机缘巧合之下也“客串”了一回教师，来到了朵美，一个和它的名字一样美丽的地方。因为从家里到学校路途遥远，这里的全校三百多个学生和老师都寄宿在学校，只有周末才能回家。

朵美的孩子们

虽然环境闭塞，生活条件艰苦，但这里的孩子并没有丢弃对知识、对外部世界以及对自己未来的憧憬。当我第一次走上这里的讲台，和初一初二的学生讲起我的大学经历的时候，他们听得极其认真，没有人说话，没有人打闹，一双双眼睛中充满期待与羡慕。这让我十分意外，也感到十分欣慰。当然，短短的几天，有限的几节课，并不能给他们的成绩或是给他们的生活带来什么大的改观，但我想，他们的世界里可能更需要一粒希望的种子，一粒深埋在心底从此伴随他们一起成长的种子。中国还有太多太多像朵美一样的地方，还有太多太多和这里的学生一样需要一粒种子的孩子，他们需要我们，也需要更多善良的人来帮他们实现更加美好的未来。

用心回顾，全“歆”感悟

陕西陇县支教团带队教师

七月下旬，我们一行人奔赴陕西省武功县展开了为期一周的支教实践活动。在这一过程中，我们不仅认识了当地那些勤奋上进的可爱的学生，也和同队的“小伙伴们”结下了深厚的“革命友谊”。就我本人而言，这亦是一次特殊的旅程，因为这是我首次作为带队教师带领一支队伍远赴京外支教。虽然之前的一年里，我已经在辅导员的岗位上锻炼了自己的能力，但在行程未知、教学计划未知的情况下，我还是对这次支教有些担心，担心队员们会不会出什么差错，担心他们的安全，担心支教是否能达到预期效果……一周过后，我发现所有的担心都是多余的，支教的效果非常好，队员们与当地学生迅速打成一片，有的还因为太受学生喜欢而被誉为“人生赢家”。

在这个实践团中我有两个身份，一个是支教教师，另一个是带队教师。

作为支教教师，今年的情况比较特殊，我临时得知还要给学生们讲课。因为之前没有准备，所以上课时生怕出差错。我只希望学生们能记住我对他们说的话。我告诉他们，相信自己，要成为别人的希望。我留下联系方式后很多人都来联系我。我希望能以这种方式与他们一直保持沟通，因为我觉得，教授英语课只是开始，真正意义上的“支教”是成为他们一辈子的好朋友。

作为带队教师，这七天我的行程安排得非常紧凑，迅速扭转了最初的一无所知、手忙脚乱的状况，最后圆满完成了教学任务。我一直觉得，最重要的是在支教中我们得到了什么。结课的那天晚上开例会，我向队员们提出了这个问题。我们得到想要的东西了吗？

令人高兴的是，有队员说她第一次体会到她可以对一个人的想法产生这么大的影响。可见，支教的意义不仅仅在于传播知识，也就是所谓的打开一扇窗，还意味着我们在支教中也要有收获，对自己能力的不足要有更进一步的认识。支教是一个相互促进的过程。

这次支教活动的顺利进行必须要归功于我们武功一队的队员们。其实，第一次和他们见面时的场景并不让人乐观。当时我买的一个肯德基全家桶居然没人吃，我的心顿时凉了半截，心想这队伍这么拘谨能成吗？事实证明我的担心是多余的，实践团迅速产生了财务委员、宣传委员，队长也特别给力，出发前打点好了一切事务。而对于调研任务，大家不争不推，协调有度。我们十二个人，每人带一个班，非常辛苦，到晚上开例会时早已累得不行，却依然能够相互鼓励。这才是一个真正的团队。最让我感动的是，在可以补差价买高铁票时，大家集体选择了买硬座，选择了和这个团队在一起。

毕业季的时候，经常有“歆语工程”的队员们聚在一起，希望我们也一样，希望一年、两年以后我们还能聚在一起。因为我们都曾经是武功一队的队员，曾经一起顶着大太阳吃午饭，一起挤一个房间蹭网备课，一起精打细算地安排花销，一起坐着硬座回北京……

这个夏天因为你们而更加精彩，未来的路希望我们一起走下去。

赠人玫瑰，手有余香

本部师资培训团教师

2011年7月17日至8月6日，我有幸参加了北京外国语大学歆语工程举办的英语教师培训班。在这短暂的一段时间里，我接触到了许多新的理念，北外专家的精彩授课更是令我终生难忘。通过这几天的学习，我收获颇多，现将我的心得总结如下：

一、外语教师首先要热爱自己的工作，敬业乐业。此外，为人师表，还应具备以下基本素质：1. 精通外语。从事外语教学的教师必须做到语音准确，语法知识扎实，词汇量大，听、说、读、写能力强。在北外学习期间，我亲身感受到北外教授的业务素质是一流的，在各自研究的领域都是佼佼者。2. 教学方法多样化。优秀的教师从不固定在某一种教学方法上，而是根据教学对象、教学环境、教学内容而变化，就像王媛老师所说的"教学有法，但教无定法"。"教学有法"是指进行教学时要遵守教学规律，而"教无定法"则是指在教学活动中不能千篇一律，不能总用一成不变的教学方法。比如屠培教授讲课时幽默风趣、收放自如；宋楠老师上课时始终给大家一种如沐春风的感觉，让学生在轻松快乐的气氛中学习；而付学军教授的课则是以一种游戏的方式呈现出来，整堂课让大家的思维处在一种兴奋的状态之中，让大家很期待下一节课的到来。3. 尊重学生，建立平等的师生关系。4. 注重教师的多重角色培养。从事外语教学的老师应该具备多种身份：知识的传授者、课堂活动的组织者、学生学习活动的控制者、课堂活动的参与者、教学方法的创造者、心理治疗者。王媛老师在报告中就强调过这点。我觉得教师在外语课堂教学上起着主导作用，特别是在我国，学习外语主要依靠教师的传授，而非自然外部环境的影响。在学习中，学生会遇到许多问题，这就需要我们老师扮演好这六种角色，帮助他们充满信心地搞好外语学习。

二、激发学生的学习兴趣。付学军老师在讲课时指出，课堂教学的内容要讲解出新意，不要每天的讲课模式都一样，这样容易使学生产生厌倦感。郝建萍老师也说，为了能使学生对学习更有兴趣，可以将抽象的知识具体化，将具体的知识立体化。另外，在组织课堂教学时，一定要让学生参与其中，并且设定教学目标，一定要克服以下四个现象：一讲到底，满堂灌；一练到底，满堂练；一看到底，满堂看；一问到底，满堂问。课要讲得活而不空、实而不死。我想，作为一名年轻教师，我会根据班级的实际情况，从教学方法、教材使用、媒体手段等多方面入手，找到自己的创新之路，激发学生学习兴趣，激活英语课堂教学。

三、全面培养学习技能。单词教学是英语学习中一个非常重要的环节。不熟练掌握单词，听、说、读、写等技能也就无从谈起。在北外学习期间，北外的专家和老师也多次提到单词教学的问题。词汇的教学要和听力、口语、阅读等综合在一起进行，效果才会更好。付学军老师、王媛老师、郝建平老师在他们的课中都提到过这一点。因为一个单词的内化至少需要十次以上，在不同的情景下学习与熟悉，肯定会增加单词的使用频率，增强学习效果。同时，还要注重单词检测的技巧。刘润清教授提到，学一门外语，既是科学，又是艺术。其中有死记硬背的成分，当然也有熟能生巧的成分。学习词汇、语法等，是死记的成分，需要遵循一定的科学规律；但是，使用语言，却需要多练，是艺术性的工作。很多英语老师在授课时总是习惯于知识点的讲解和习题的讲练，而严重忽视了对学生听说能力的培养。这是不对的，语言学习的主要目的之一就是交流（听与说），如果只会做题，就会变成哑巴英语。

屠培教授、刘润清教授、付学军教授、邱耀德教授等众多名师的教学经验，着实让我受到很大的启发。今后，我会在思想上、业务上、科研上等各方面努力充实自己，用新的教学理念指导我的教学，在教学中创出佳绩。

“知”与“行”

——专访歆语工程带队教师王立志

王 燚 庞 欢

此次，我们以歆语工程暑期社会实践活动为主题，在多语言服务中心采访了北外哲学与文化研究所所长、北外哲学社会科学学院副教授、本次歆语工程广西百色团队的带队老师王立志老师。当我们来到王老师的办公室的时候，老师亲切地给我们准备了下午茶，采访也在轻松的氛围中进行。

行走的课堂

在王老师看来，歆语工程和其他高校的社会实践活动都有一个共同的名字，那就是“行走的课堂”。这些活动都要求学生走出校园，投身实践。但是，歆语工程有着自己的特别之处，那就是“歆”。“歆”在字典里的释义是“美丽、美妙”，而“歆语”就是美妙的语言。拆开来看，“歆”包括“音”和“欠”。“音”是说语言教学包括形入和声入，教语言要注意节奏，而节奏本身也是一种结构、一种模式。而“欠”则是一个人张着嘴的形象，“张着嘴”说明人有需要。所以，歆语工程就是要把美妙的语言传播到最有需要的地区。

我观察，我倾听

“我观察，我倾听”是王老师对本次实践带队老师的角色定位。王老师说：“这次带队去广西我绝不把自己当成一个领队，我只是一个参与者、一个讨论者，‘我观察，我倾听’。”此外，王老师还对此次前往广西百色的同学提出了以下要求：“一日不作，一日不食”、“具体而微，见微知著”以及“实现教育中的创造性转化”。其中，“一日不作，一日不食”就是要求同学们每天都要有所作为。实践中的点点滴滴都是美好的记忆，记忆弹指老，却会在笔下成为永恒，这就需要同学们勤于记录自己的所感所想。“具体而微，见微知著”是说要从小处入笔，从而书写深刻。至于“实现教育中的创造性转化”则是指老师教学一定要有自己的理念、思想，而这种理念一定要“落地有声”，一定要注重“当机教化”。

行与梦

王老师认为，歆语工程是个桥梁，是沟通中心地区与边缘地区、中国与世界的桥梁。一种语言就代表一种生活方式，而歆语工程不只是传播美妙语言那么简单，也不仅仅是对“第二语言的习得”的探索，更是对生活模式的探索、对世界的深入探索。对于教育，中国不乏探索者。在近代，就有陶行知先生强调“生活即教育，教育即生活”，晏阳初先生推广平民教育。在这样的历史环境下，歆语工程的创办和发展亦有其独特意义。歆语工程是带着梦前行的，它的使命就是将最有价值的东西在最恰当的时机教给最有希望的人。

此次采访，王老师谈到了他对歆语工程的一些独特认识和见解，赋予了歆语工程许多新的内涵。

又一次出发

——专访学生处王薇薇老师

鲁彦军　陶思媛

编者按：不知不觉间，北京外国语大学歆语工程已走过十个年头。在这十年间，老师、同学们前赴后继地参与到这项有意义的实践项目中来。其中，学生处的王薇薇老师分别在2013年和2014年先后参与过广西南宁和四川马尔康两次支教活动，已经对歆语工程项目有了很深的体悟和感情。因此，今天就让我们一起感受王薇薇老师的所见所闻，共同思考十年歆语带给我们的感慨与启迪。

王薇薇老师与四川马尔康实践团成员合照

记者：王老师，您觉得歆语工程与其他社会实践项目有什么不同？

王老师：首先，歆语的含义是“传递美好的语言”。北外是一个语言类院校，所以北外师生的支教与其他学校不同，我们更侧重于语言的教学，我所参加的两次支教也都是针对语言类学科进行培训的，这一点有别于其他实践项目。

记者：请问在这两次支教过程中，您对歆语工程这个活动是怎样认识的？

王老师：第一次支教去的广西南宁是一个少数民族较多的地方，这里的中小学教育基础相对落后，因此我们第一次是去给老师做培训。实践团的到来，带给当地师生很多东西，其中最关键的是教育理念。因为短期支教并不能给老师们培训太多的技能或太丰富的内容，所以那次支教的主要目的是要改变老师们对英语语言学习和教学理念的理解。去南宁的时候，来参加培训的都是老师，一些老师会带着自己的孩子一起来，孩子们听到北京外国语大学的名字都特别向往。这就是支教的另一个意义：为孩子们树立未来的目标。这些孩子的父母是语言老师，相对于别的孩子来说，他们对语言的兴趣更大。北外作为中国语言学类的最高学府，北外学生来支教是对这里的孩子的一种激励，让他们树立一个更远大的目标。

第二次去支教的地点马尔康是一个藏族地区。在这次支教期间，老师和同学们还对以藏语为母语的学生学习英语的问题进行了研究，对这些学生而言，普通话已经是一门新语言，他们还要再学外语，自然是有一定难度的。针对这些复杂的情况，我们提前做了很多不同的准备，大家觉得这一切都非常有意义。师生们纷纷表示不怕吃苦，愿意到更加需要我们帮助的农村去改善那里的教学，传递我们的知识。

记者：在这两次支教实践中，您最大的收获是什么？

王老师：凡是参加歆语工程支教的学生和老师都是抱着真情付出、回馈社会的初衷的。到达支教地点后，我们发现当地的学生和老师都特别淳朴，对我们的到来由衷地感谢。支教回来后，我们发现其实受益最大的是我们自己。我们的心灵受到了震撼，得到了洗涤。大家都觉得这是一次特别有意义的体验。歆语工程的意义不仅在于我们给受助者带去多少帮助，也在于对我们人生观、价值观的重新塑造，让我们意识到我们能够为这个社会做点儿什么。我觉得这是歆语工程带给我们的重要收获。

记者：您对今年参加歆语工程的同学有什么建议或者希望？

王老师：大家都是抱着认真做好歆语工程的态度，所以去之前一定要事先了解一下当地情况，做好充分的准备。作为北外的学生，大家可能觉得自己的外语已经很好了，教中小学生绰绰有余。而事实上支教不仅在于教得怎么样，更在于教得是否用心。去支教不仅要做好吃苦的准备，还要做好怎样才能更好地为当地学生服务的准备。

记者：您对歆语工程有什么建议？

王老师：希望歆语工程能够固定下来一些特别需要帮助的地方和人群，长期地帮助他们，而不是每年更换地点。最重要的是，希望歆语工程能多做一些真正有意义的事情，而不是流于形式。

当下的自己最年轻，奋斗的青春最美丽

——专访校团委志愿者与社会实践部部长李文斌老师

牛　旺

编者按：为了保证歆语工程的精兵发挥出最大的战斗力，在志愿者们怀揣着热情奔赴各地之前，从筹备联络、分组协调再到安排培训，许多老师已经默默工作了很久。今天我们特意请到了负责歆语工程相关工作的校团委社会实践部部长李文斌老师，跟我们谈谈他和“歆语”之间的故事。

关于歆语工程

记者：歆语工程作为北外社会实践活动的标杆，您觉得它与其他高校类似的社会实践活动相比有哪些特点或者优势？

李老师：首先，歆语工程在八年的发展过程中已经形成了一个品牌，这个品牌也已经得到了社会各界的认可。2010 年歆语工程从三十四个同类项目之中脱颖而出，获得联合国教科文组织首届亚太地区教育创新奖“文晖奖”。品牌效应能够帮助歆语工程得到社会更多的关注，也会在无形之中提升它的知名度和活动质量。其次，在这八年的时间之中，歆语工程从赴支教地前期联络到志愿者选拔、培训，再到支教地实地实践，然后再总结、分享成果，已经逐步形成了一整套相对成熟的工作体系。相较于其他高校的支教项目来说，歆语工程志愿者的英语水平都经过学校统一的面试，有一定的保证，同时每一个支教团都会配备带队老师负责支教学生的后勤保障及安全工作，这在同类项目之中是很少见的。最重要的一点是歆语工程在创办之初得到了校领导和有关部门的大力支持，如果不是学校方面给予的强大助力，我们的很多工作就很难开展。而且，在每一年的歆语工程开展过程中，主管校领导都会亲自慰问支教师生，关注他们在支教点的生活和工作情况，并给予鼓励。

记者：北外的传统优势是我们的多语种平台，歆语工程以后有开辟多语种教育项目的计划吗？

李老师：现在的情况是这样的，大多数我们支教的地区可能还处于巩固普及基础教育的阶段，虽然作为一所以多语种而闻名的大学，我们的多语种支教储备力量早已足够，但是我们的项目仍然要考虑到支教当地的现实需求。现在从全国来看，对于高水平英语教育的需求还是很大的，毕竟英语是高考的一门考试科目，歆语工程大面积开展多语种支教项目的条件还不成熟。当然，如果支教当地有需要除英语外其他语种志愿者的需求，那么我们应该发挥北外专业优势，尽力满足合作单位的需求。比如今年江苏淮安支教团队，学校根据对方需要，加入了日语语种志愿者，这是一次新的尝试，我们会继续跟进教学开展情况，总结支教点学生的效果反馈。

工作体会

记者：我们知道老师在今年筹备歆语工程的过程中遇到很多突发状况，那么到底遇到了哪些困难呢？最后又是如何解决的？

李老师：其实，我们每一年都会遇到一些突发状况。就像今年，虽然在前期我们一直与已经联系好了的支教点沟通，但是仍然出现了一些地方学校因为不可抗力而临时取消了与我们合作的情况。因为志愿者招募数量的限制，我们不可能提前找其他的学校作为备选，所以一旦合作取消，我们只能再临时联系其他合作单位。这势必会造成一些学生虽然通过了面试考核但是仍然没有被分配到支教团队。对于这些学生我们会尽最大的努力，让他们能够参与到歆语工程中来。尽管如此，总会有一些学生最后无法如愿，也希望大家能够理解。同时，学校也积极鼓励大学生开展各种形式的社会实践活动，歆语工程仅是其中的一个选择。

记者：老师也去看望了正在军训的大一同学，您觉得军训和歆语工程有没有相通的地方？或者说军训和歆语工程能给我们带来哪些正能量？

李老师：我们一直说教育要实现“第一课堂”与“第二课堂”相结合，实践活动就是第二课堂的一部分。军训和歆语工程其实都是一种实践。军训是为了磨砺学生们的品格意志，是为了打磨掉学生平时的那种自由散漫的行为风气，给同学们一种纪律约束。通过军训，我们希望大家能够把军营的那种令行禁止的作风带入生活当中来，这对于大学生良好的品格养成都是大有裨益的。歆语工程则是为了让同学们能够走出自己生活的这个圈子，去看一看我们平时所说的“偏远”地区究竟是个什么样子，真正地去了解民情，体验社会百态。有的同学说十余天的支教课程可能没办法教给当地的同学什么东西，实际上支教类实践活动中志愿者不仅仅是去教课，更重要的是去学习和自省的。习总书记要求大学生“勤学、修德、明辨、笃行”，自觉践行社会主义核心价值观，在歆语工程开展的过程中，我们也将这四点要求努力贯穿进去，让学生们更多地了解自己，树立正确的价值观念，明确自身的方向感和使命感。军训和歆语工程作为社会实践活动的良好平台和有效载体，都会让学生们收获颇丰。

关于志愿者

记者：您觉得对于一个支教的同学来说，有哪些素质是必备的？

李老师：我觉得如果想要胜任支教工作，首先要具备过硬的英语能力，毕竟我们支教的主要内容就是英语教学。其次，就是要有集体观念。歆语工程永远都不是“一个人的战斗”，如果想要更好的教学效果，就需要团队内的每一个人全情付出、密切配合。不但要做好分内的事情，还必须服从命令听指挥，只有这样才能使一开始定下的计划稳步推进。再次，就是要有吃苦耐劳的精神。就比如说我们这次四川绵阳的支教团队驻地条件就会很艰苦，前期工作反馈当地连床都没有，大家只能睡在高脚楼里。此外，除了正常的教学以外，支教的同学还要具备调研能力。我们去支教，是一种社会实践体验活动，对于一些社会问题我们不能视而不见，更不能走马观花当作游玩娱乐，而是需要思考我们为什么去、去了干什么、解决了什么等问题，要以学术的视角进行实践活动，并且要利用好实践成果好让更多学生受用。

记者：老师，根据您自己的经验，您觉得志愿者们在刚刚到达目的地开始支教活动之初可能遇到的困难有哪些？

李老师：恐怕还是对于当地环境的不适应，主要体现在生理和心理两个层面上。学生们刚到一个陌生的环境可能会有水土不服的状况，也可能会生病。学校也考虑到了这方面的可能，给每个团队都发放了药品。另外，就是对于生活方式的不习惯。我带队支教的时候，苍蝇在馒头上方飞来飞去，通常都是用手赶一赶拿起来就吃了。还有就是有些支教地点比较缺水，一个星期洗个澡可能都是一种奢望。我估计支教回来以后，同学们的幸福感绝对会有很大的提高。

一些祝福

记者：老师也算是一个“歆语老兵”了，对于已经出发和即将出发的“新兵”们有没有什么想说的话？

李老师：首先应该是祝福吧，希望每一个支教团队都能够平安出发，平安返回，顺利完成支教任务。另外就是希望每一位“歆语”人都能够牢记自己的任务，做一名有所担当的青年。因为当下的自己永远是最年轻的，在现在青春是用来奋斗的，在未来青春是用来回忆的。在歆语工程中共同奋斗的经历将会成为每一位志愿者的宝贵记忆，希望每一位“歆语”人能够成为正能量的发源地，奉献青春，奉献社会，将“歆语”精神传承下去，让我们的青春永不褪色。

我们的征途是星辰大海

——专访歆语工程带队教师周鑫宇

佚　名

这次是我主动要求去参加歆语工程的，跟陈洪兵老师说了后，怕他忘了我，还又“骚扰”了他几次。很多人认为这次实践活动会遇到很多挑战和困难，是抱着奉献的心理去的。但对我来说，参加歆语工程的初衷并不是这样。我只是想去看看一个与自己平时生活、工作很不一样的地方。总的来说，有三点原因：1. 学术方面。我研究的是国际关系的课题，都是比较宏观的，长时间下来会让我觉得有些“飘”，不接地气。我们的公共外交是为了向外国人介绍中国，但有的时候我们自己并不了解中国。我们生活的圈子太窄了，所以有这个机会去更广泛地了解中国，我觉得对学术研究是有很大帮助的。2. 人生方面。我想从当地人身上学习一些东西，所谓“读万卷书，行万里路”，开阔一下眼界总是好的。3. 朋友方面。我在这个毕业季也和很多同学吃了“散伙饭”，发现他们有一些人在参加歆语工程时和自己的队友结下了深厚的友谊，经常赶完这个局那个局，还要在一起聚聚，“执手相看泪眼，竟无语凝噎”。他们之间的感情是非常深厚的。所以，在这次充满艰难困苦的“征途”中，可以交到一些真心朋友，也是非常有意义的。最后，我要送给大家三句话。第一，带着享受的眼光，不要过于紧张。第二，带着学习的眼光，要从当地学生的需求出发。第三，珍惜这段经历，克服困难，收获友谊和快乐。

记者：您在参加歆语工程之初，有没有遇到什么困难？

周老师：作为学校最大的社会实践项目，歆语工程历史悠久。我一直非常想去参加这个实践活动，但是由于暑假要同时负责几个项目，所以考虑之后，我把工作暂时交给其他人代做，这才有了这次去陕西实践的机会。

记者：您觉得除了参加歆语工程，我们大学生还应该怎样真正地了解中国社会？

周老师：其实不是非要参加歆语工程才可以真正了解中国社会，你们可以转变一下看待日常事物的心态。比如你们去后街，就是为了吃饭，并不太关注从你们身边走过的人——摆地摊的啊，穿着怪异的小青年啊，这些人都不在你们的关注范围内。因为你们身在北外，并不太注意他们。其实他们才是中国的大多数，你们反而是少数，但你们会认为自己是大多数。你们眼中不能只有 CBD、金融街，我们的国家是很复杂的。

记者：您参加歆语工程时制定了怎样的教学方案？

周老师：之前跟队里的同学商量时，我对他们说，我们只有几天的时间，想想我们接受的这么多年的教育，尤其是在北外接受了最好的外语教育，大家印象最深刻的情景、方法是什么。几天的时间不可能给他们教授基础知识，但只讲个开头是没有用的。我建议对一些课程进行开发创新，要具有启发性，让学生有兴趣，这其实是很难的，比教音标、讲课文要困难得多。

记者：我们是否应该介绍外国风土文化？

周老师：这是一个有争议的话题。我们需要去了解学生，他们有的人也许一辈子都不会出国，不会离开家乡，你跟他们讲外国有多好，这对他们来说是一种痛苦。了解他们需要什么，让他们知道外语对他们的意义，这才是真正重要的。与其去讲外国，不如告诉他们中国人是怎样变成世界人的。讲外国有多好，太遥远了，对他们来说没意义。我们去支教的同学总想把世界最美好的东西介绍给当地人，但这些对他们来说是一种更大的心理压力。你们要通过实践了解这个社会，有些人通过奋斗可以实现自己的梦想，但有些人怎么奋斗也不能实现，我们要争取让每个人通过奋斗都能实现梦想，我们要把这些传递给他们，没有这些，只讲外国有多好，他们会立刻跟你产生距离感。多去听听他们的声音，看看他们学习了什么，不要从自己的角度出发去揣测别人，要真正了解他们的需要。如果不是这样，你的教学也许会产生反向的效果。

盛夏的光芒

——专访歆语工程带队教师李源

佚　名

福建晋江实践团带队教师李源现任职于北京外国语大学校工会，曾多次带领实践团前往广西、甘肃等地，具有丰富的带队经验。今年是他第四次参加歆语工程，一次次“出征”，他的动力何在？他又有哪些收获？我们有幸采访到李源老师，请他介绍他今年带领的队伍和多年的“歆语”感悟。

记者：老师，您好！很高兴您能接受我们的采访。我们知道老师您曾多次参加歆语工程，那您能跟我们分享一下，是什么动力让您一次次参与到这个活动中来吗？

李老师：这是一个非常有意义的活动，不仅仅是参加歆语工程的学生受益匪浅，我自己也感触颇深。我们支教的地方经常是偏远的山区，到达那里需要几十个小时的车程。但是路途遥远不算什么，我能感受到自己是非常充实的，可以学到很多在学校学不到的知识。比如说留守儿童问题，我就很有感触。整个实践过程所带给我们的东西永远要比我们想象的更多。

记者：您今年带队福建晋江实践团，能简要介绍一下这个团队以及主要的实践内容吗？

李老师：这支队伍由两位带队老师和十名学生组成，成员主要是来自我校高级翻译学院的研究生以及来自英语学院的本科生，集结了我校英文专业最优秀的人才。我们实践的地点是福建晋江养正中学，授课年级包括初中三个年级和高中一年级。这次实践以教学为主，希望能摆脱传统、单一的英语应试教育方法，采取主题学习的形式。我们会围绕体育、文化、神话、宗教、电影、文学、美食、旅游、互联网等主题展开教学，主要目的是激发学生们的学习热情，促进综合能力的提高。

记者：和以往您带领的志愿团队相比，您觉得这次实践团会面临哪些新挑战？

李老师：我们这次的实践地点和以往有所不同，以前我们会去一些非常偏远的地方，这次我们支教的地方比较富庶，教学条件不差，但是对于我们来说，还是要精心准备。

记者：您带领的支教团很快就要出发了，能给我们介绍一下你们做过哪些方面的准备吗？

李老师：我们提前做的准备是非常充分的。我们撰写了一份关于我们团队的宣传册，里面介绍了歆语工程、我们队员的情况以及教学计划等。关于教学目的、教学内容、教学方式等，我们也是经过了反复的讨论。最后就是了解当地情况，我希望大家能尽快适应新环境，发挥自己的特长。我们队伍的整体素质非常高，每一位志愿者的态度都是非常认真的。

记者：相信大家一定非常期待这次志愿活动，最后还请您向我们即将出发的志愿者们说几句话。

李老师：组织这样一个大型实践活动是很不容易的，我们学校以及实践当地都付出了很多，所以我希望每一位志愿者都能够认认真真、踏踏实实地投入工作。大家都是志愿来参加活动的，就要拿出更大的奉献精神，要知道奉献和收获绝不是单方面的。实践的过程中，我们每个人都在成长。所以我希望大家都能够奉献当地，并有所感悟，不虚此行。

最后，用李老师的一句话来结束这次采访，“用强壮的体魄和细致的心灵去体验平淡生活与光辉时刻”。志愿者们是用“心”旅行，用“心”感悟，正因如此，他们会在这个盛夏散发出最耀眼的光芒。

歆语继续嘹亮

——专访歆语工程带队教师梁碧韬

佚　名

2010年7月14日下午，当我们联系到梁碧韬老师的时候，他正在忙着做歆语工程的相关工作。今年是他第四次做歆语工程社会实践的带队老师了。本次梁老师所带团队一共十一人，其中既有本科生，也有研究生，他们将奔赴河南驻马店平舆县进行暑期社会实践。梁老师虽然很忙，但还是很高兴地接受了我们的采访。在短短半个小时的采访中，他很热情地回答了我们的问题。

记者：与其他高校的支教活动相比，您认为北外歆语工程的特色是什么？

梁老师：北外最大的特色就是外语，以“外”为本是我们的特点。歆语工程不是简单的支教活动，二者不能画等号。它包括两个部分，师资培训和志愿支教。所以，歆语工程的宗旨就是服务基础外语教育比较薄弱的地区，改善师资配备，同时搭建起薄弱地区的学生与世界的桥梁，激发他们学习外语的热情。

记者：有些同学不太了解我们的支教内容，认为我们北外大学生出去支教就是去教英语，是这样的吗？

梁老师：我们北外的目标，是培养具有国际化视野和能够往返于东西方之间的外语复合型人才，所以很多北外学生都有出国和参加外事活动的经历。我们到当地之后，第一是激发当地学生学习外语的兴趣；第二就是以这种国际化思维帮助当地学生开启一扇通往世界的窗户，让他们认识到文化的多样性，学会尊重不同的文化。

记者：这次活动安排在假期，天气炎热，而且是在军训之后，所前往的地方条件也不是太好，队员们是否已经调整好心态，做好了充分的思想准备？

梁老师：我对他们说，十二天的军训都挺过来了，要去的地方条件肯定比军训时好很多，我对大家都有信心，相信大家是抱着满腔的热情来参与这个活动的。

记者：作为带队老师，要处理的问题特别多，特别是学生的安全问题，老师会不会觉得有压力？

梁老师：这个倒不会觉得有压力。歆语工程启动了五年，我参加了三年，有了一定的经验，并且我对咱们北外的学生有信心，所以不会把这项工作当成一种压力。

记者：老师，您这次带的队伍中既有本科生也有研究生，您是否认为研究生调研能力更强？

梁老师：不会。我觉得调研能力是一个学生、一个人对社会和对问题的洞察力，跟他的学历可能没有必然联系。本科生在这方面的能力可能也很强，不亚于研究生。同时，调研能力跟一个人的思维能力、思维方法也是有关的。

记者：作为一个有经验的带队教师，老师您是如何看待这个角色的？您对这个角色如何定位？

梁老师：我觉得带队老师首先就是一个“大保姆”，得把整个队伍的后勤工作、安全保障工作做好。此外，我们说“实践育人”嘛，大学生去参加社会实践活动和在学校接受教育的精神状态与思想状态肯定是不一样的。不管是思想政治教育，还是德育，此次社会实践都是老师们做好教育工作的最佳时机。我们带队老师只要做一个有益的引导，不用我们多说，大家就都心领神会了，会有很多很多感触。这其实就是“实践育人”和“自我教育”。

记者：到今天，歆语工程已经伴随北外走过了五年时光，老师对歆语工程的发展前景有何看法呢？

梁老师：我觉得歆语工程非常好！我参与过歆语工程的很多工作，对它有很深的感情。回望这五年，应该说歆语工程是在不断壮大的。它的受益群体、覆盖地区都在不断增加、不断扩大。学校领导越来越重视这个工作，同学们对这个工作也非常有热情。我想只要是学校支持，同学们热情不减，歆语工程肯定会做得越来越好，“歆语”之声也会越来越嘹亮！

在这次简短的采访中，梁老师和我们分享了他对北外歆语工程的一些认识以及作为带队老师的一些心得体会。在整个采访过程中，梁老师热情而友好，他对歆语工程的感情溢于言表。我们相信本次歆语工程一定会跟以往一样取得巨大成功！

你不知道的事

——专访歆语工程负责人李文斌老师

路　易

编者按：每一年的歆语，我们都是秉持传统又发扬创新。每一年的歆语，我们都有奋斗于各地的志愿者，也有坚守于后方的团队。这次我们有幸采访到李文斌老师为我们介绍2012年歆语工程那些你我还不曾了解的事情……

记者：李老师您好，很高兴您能接受我们的采访。在启动仪式上您已经就本次歆语工程为我们做了初步的介绍。我们发现同学们对于歆语工程的热情很高，都非常想参加这样一个活动，那么学校方面能不能给同学们争取更多的机会呢？

李老师：可能有些同学不能理解我们为什么没有争取更多的支教点，或是支教的地方怎么一直在变动。其实，我们学校方面也是一直在努力协调以争取更多的支教点。为此虽然本期歆语工程的启动正值毕业季，学生处和团委的老师都是加班加点来进行歆语工程的准备工作的。但是有些支教点出于对中小学生安全方面的考虑，可能会临时取消这样大型的活动，这点我们也没办法。不管怎样，我们会每年尽量保证有八到十只队伍奔赴全国各地进行支教活动。

记者：据我们了解，与往年相比，今年总部正式设立了服务总队并且扩大了服务总队的规模，对此您能为我们简单介绍一下吗？

李老师：今年设立服务总队最主要的目的还是要让它作为一个歆语工程宣传的窗口，让更多的学生能够通过服务总队来了解歆语工程的实践内容和效果，同时也是在宣传我们北外歆语工程这一品牌。可以说，服务总队的工作也是十分重要、不可或缺的一块。我也希望咱们同学无论是去支教还是留守总部都要牢记“人民需要我们在哪里，我们就在哪里”的北外精神，不管在任何岗位都要发扬一个北外人应有的精神风貌。今年服务总队的带队老师吴玫老师非常重视本期志愿活动的宣传工作，在前期做了相当多的准备工作。

记者：那么，我们现阶段宣传工作还有哪些方面是需要进一步努力的？

李老师：应该说要做的工作还是非常多的。前几日我去北大，了解到他们也有一个类似歆语工程的活动，但主要是帮扶聋哑儿童，教他们手语。而现阶段我们如何才能立足校情，通过宣传做到让更多的人了解我们北外歆语工程的独特性，并推出北外歆语工程这一品牌是我们亟待解决的一个问题。为了保证歆语工程能够很好地传承下去，我们必须要做好宣传工作，这也是校团委非常重视宣传工作的原因。

记者：我们知道老师您参与歆语工程的相关工作很多年了，您个人对于歆语工程的感受是怎样的呢？

李老师：我从2009年入校就开始带歆语工程，并连续几年都参与到这个项目中，2010年又参与了“文辉”奖的申报工作。在整理申报材料的时候发现，我们的宣传材料实在是太少，照片、视频这一块尤其缺乏，这也是我们今年大力强调宣传工作的原因。只有宣传到位了，才能让外界更好地了解到我们的工作。这四年给我的感觉就是我已经融入了歆语工程中，相信以后的几年我也会继续参加的。

除了歆语工程以外，基层院系也在积极地做一些公益项目。有一个班的同学经常去附近的一家敬老院照顾老人，还有一些同学会定期去昌平等地的农民工子弟学校辅导小孩子。这些活动也许对于改变整个社会现状的作用不是很大，但是我们的同学能够通过这样的活动了解到社会上特殊人群的生存状态，从而激发他们奉献社会的热情，这才是这类活动真正的价值所在。

记者：最后能不能请您给我们的志愿者一些寄语呢？

李老师：现在的大学生应该意识到的一点是：人不能只是为自己而活，人永远是为他人而活的。小时候父母是为了我们而活，长大后我们要为自己的妻儿而活。唯独在这一阶段，有那么一些机会是可能为自己而活的。这些经历会成为你们很宝贵的人生经历，是每一个大学生值得拥有的，希望每一个大学生都能把握这样一个机会，更多地参与到像歆语工程这样的社会公益项目中来。

感悟歆语·学生篇

十年歆语，同筑一梦

佚　名

进入出征仪式会场，抬头看到讲台上方的大标题“十年歆语路·筑梦青春行”时，我才意识到歆语工程在北外已经十年了，而我们则是这第十个年头的缔造者，顿时觉得自己肩头的担子重了起来。

第一个发言的是南征老师，他讲述了自己去云南鹤庆的支教故事，提到了北外精神，提到了大学生的无私奉献，同时也提到了离开时的泪水和不舍。让我印象最深刻的是他所说的：“青春这个词离我实在是太遥远了，但我想无论我们多少岁，都应该充满激情地活着。”歆语工程对于南征老师而言，代表了青春的激情岁月，但对我而言，它是为我开启另一扇门的钥匙。

2012 年的夏天，高考之后的聒噪笼罩着整个小镇。志愿表还没有提交，就听到小镇南边的小学来了远方的客人。急匆匆搭车过去一看，看到了学校门口巨大的横幅：欢迎北京外国语大学歆语工程支教实践团来本校支教。那个时候我才知道，在中国，在遥远的首都北京，还有一所这样的大学。作为当时上课的学生里年龄最大的，我跟着支教团队在那所小学度过了最炎热也最难忘的七天。也是在这七天里，我提交了我的志愿书：第一志愿——北京外国语大学。

还记得柬埔寨语系长发飘飘的学姐给孩子们教音标的样子，记得阿语系学姐和孩子们一起做游戏的样子，还有带队的张老师在开营仪式上发言时，小镇的孩子们脸上激动的神情。如果两年前没有在那个远离都市的乡村遇到歆语工程，如果北外不曾关注到我们这些西部不发达城镇的孩子，那么我的人生将会如何？至少可以肯定一点，我一定不会来到北外，也一定不会成为一个北外人。当然，也不可能拥有像现在这样的校园生活，不可能接触到歆语工程，更不可能像当年歆语工程的成员一样，为别人的人生开启一扇新的大门。

正如南征老师所说，他体会到了歆语工程带给孩子们的改变，而我，作为这个项目真正的受益者，也真正体会到了它给我的生活带来的巨大改变，甚至是命运的转机。

说到“改变”这个话题，校党委副书记赵旻老师的一番话也让我印象深刻。他说，歆语工程社会实践的目的首先是把知识传递给偏远地区的学生，用知识点亮他们对未来的希望。知识改变命运，虽然歆语支教实践团仅仅是几个人点滴知识的汇聚，但只要我们尽全力去传递，知识就能主动传递，就能拓宽孩子们的视野，就能用知识让他们看到外面的世界。这就是歆语工程最大的目标之一。

赵书记还说：“大学生去山区支教，带去的是一种文化，我们要做的不仅仅是把这种文化传播出去，而且还要不断地吸收当地的文化，了解社会状况，从社会观察中发现，从细处小处着手，认真思考生命的意义。”我想起 2012 年初遇“歆语”，高级翻译学院学长在项目闭幕仪式上的感言：“七天支教带给我的其实并不是我教会了几个学生几个音标，为学生上了几节非所学专业的数学课，而是我在自己的人生道路上，迈出了真正的第一步，我用自己所学影响了一小部分人的生活和他们对生活的态度。”我清楚地记得当时他眼神中的笃定和自豪。这也是我参与歆语工程的目标之一。

除此之外，于我而言最重要的是，我希望我可以如赵书记所言，从社会观察中去思考，去了解山区生活的状况、西部教育的缩影、贫困地区孩子们的内心世界，还有他们对未来生活的期待和憧憬。通过这些所见所感，把它们转化成自己的认知，更清楚地认识到自己所处环境的优势和劣势，通过丰富阅历来增长见识，从而思考人生价值和意义。这应该就是支教的终极目标，也是我对自己本次支教最大的期待。

会议结束后，小伙伴们都在讨论各自要去的地方。我们团队每个人都对本次支教抱有十足的信心。我们其实不怕客观条件艰苦一些，最害怕的是我们内心对艰苦的畏惧，畏惧我们还没有开始艰苦的旅程就会被这一切打倒。会议结束后看着大家的笑脸，听到大家对歆语征程的期待，还有大家展现出的十足的信心，相信我们这次一定能圆满完成任务。

2012 年歆语工程圆了我一个北外梦，2015 年我即将带着歆语去实现它的梦——为更多的孩子开启人生的另一扇门。

十年一梦，我们同筑一个北外梦。

不要像黄土高原一样干渴

贺玮琪

从鹤庆到黄坪一路，两旁裸露的岩壁呈现出一种残酷的铁红色，和山上青绿色的植被形成了鲜明的对比。干燥的风扑面而来，空气中丝毫不带南地的潮意。头顶碧蓝的天空中没有一丝云影，倾泻而下的阳光过于灿烂，洒在皮肤上能感到灼烧的痛意。这种干旱的燥热感，是黄坪乡带给我最深刻的印象。

汽车转过山腰，面前铺展开一片自然的宏伟画卷：群山环抱着狭长的河谷，两边的岩山石壁越发明显。道路向前蔓延，绿意和生气更见稀疏，浓厚的红土用厚重的笔墨描绘着自然的贫瘠。干涸的河道如同利剑，劈开翻滚着浪花的田地，庄稼低头弯腰哀悼着往日葱茏的丰年。人类的坚韧、创造在崇山峻岭和天象运转的威仪之下显得微不足道。

这是鹤庆第六年的大旱。这里缺少自然的恩泽和庇护，缺少人们赖以生存的资源。闭塞的条件让这里的学生缺乏学习的热情，僵死单一的书本教学又将他们的思维禁锢在模板之上。在这艰苦的生活环境下，他们正在逐渐失去自由表达自己思想的能力。这里的人们生活在一个除课堂之外无法接触到英语的环境中，孩子们很难通过科学有效的学习方式得到更多的知识。他们学习英语，却没有条件用英语去表达。英语被僵硬的教学模式烙印在纸上，与枯燥的考试内容画上等号。对他们来说，学习英语不过是为了完成一场不知未来的人生赌博，除此之外便再无他用。

在这片土地上，干旱早已成为习惯，知识的干渴也即将成为孩子们的习惯。我们奔赴于此，希望能够尽一份力来改变现状，改变他们知识干涸的定势，告诉他们英语的本质为何。

英语的魅力全部来源于日常生活的应用，学英语的最好方式在于平日的积累。在中国的应试教育背景下，学习英语包含了考试获取高分、决定命运的意义。然而，英语和所有语言一样，本质上是一种交流的工具，学习英语收获的真谛是文化交流的手段，是对外国广大世界探知的可能性。在这双重意义之上，英语对这里的学生而言，同时也象征着一种新的思维方式，是摆脱狭隘单一语言的思维模式，让他们从两种语言载体中汲取更广泛、更丰富的思想内涵，另辟一条认识自我的途径，并在这条新途径中重新分析自我、取舍自我、定义自我。英语的本质在于运用，用得越多越能感受到思想的脉动，通过两个不同的文化视角同时观察自身和他人，达到一种理智的平衡态。

志愿者贺玮琪教同学们唱英文歌

今年，歆语工程将目光放到黄坪乡，为的是激发孩子们学习的热情，让他们摆脱单纯的应试教育，达到收获成绩与快乐交流双赢的目的。足量的基础练习不可或缺，然而我们更想做的是告诉孩子们，英语不是敌人也不是魔鬼，更不是枯木，它是滋润心灵的甘泉，是一个繁荣文明的窗口，也是我们审视自己的另一道门。在短暂的支教期间，让哪怕一个孩子体会到这种文化之桥的沟通快感，也将是我们最大的胜利。

朵美和芒果树

宋冰玉

汽车行驶在山岭间崎岖的公路上，两边是经历过无数次风蚀水漫的沉积岩，在红色的土岩上，岁月刻画出一道道流线型的波纹。汽车飞速驶过盘山公路，两边红岩上的波纹纵横流过。望向窗外，山崖下便是那“金沙水拍云崖暖”的壮阔景象。

今天是实践的第四天，我们一行五人来到了鹤庆县朵美乡，在朵美初级中学杨明校长的带领下来到朵美乡洛琅初级小学进行调研。这所位于金沙江畔的小学是朵美五所小学之一，孩子们大多来自周边农户，其中傈僳族的学生最多，还有傣族、白族等民族的孩子，汉族的孩子在这里反而少得多。

洛琅初级小学校长王枝山向我们介绍，该校共有五个班级，除了二年级暂缺以外，其余每个年级一个班，每个班有十几到三十几人不等，最多的是一年级，但也只有三十二名学生。整个学校仅有五名教师，每位教师负责一个班级。目前，除了一位五十多岁的教师是当地人以外，其余都是从鹤庆县城、云龙县等周边地区调来的年轻教师。近年来，当地政府对学校的教育高度重视，对教育投入给予大力支持，学校在硬件设施方面得到了很大的改善，但是教师队伍建设仍然存在很大问题。由于教师数量少，每个教师都要身兼数职，负责班内几乎所有的科目。学生们大多家住偏远，需要住校，他们小小年纪就要学会独立，照顾自己。负责低年级的老师除承担自己繁重的课务外，还需要在生活方面尽可能地给予孩子们帮助。巨大的工作压力导致洛琅初级小学的教师流动性很大，很多年轻教师不愿意留在这里，这是学校面临的最大难题。王校长说到这里，言语中透露着焦虑。

然而，当我们踏进校门，看到孩子们充满阳光的稚嫩笑容时，这一切艰难仿佛都消失殆尽。小朋友们还有些害羞，三三两两地趴在窗边望着我们。但当我们一走进教室，他们就拥了上来，用纯真的目光把我们包围了。孩子们拉着志愿者的手，缠着一起拍照、读书，对我们带来的东西充满好奇。一年级的孩子，字还写得歪歪扭扭，用不太标准的普通话跟着我们念着“春眠不觉晓，处处闻啼鸟”，一脸的认真，不禁让人动容。六年级学过一些英语的学生，跟着我们唱“Twinkle twinkle little star”，短短一首歌里十多个生词，但是求知若渴的他们在课上几分钟便全部掌握了。

到了分别的时刻，我们拉着孩子们的小手依依不舍地说着再见，但是对于他们的“姐姐，你什么时候再来呢”这样的问题却不知如何回答。离别的时候，阳光照着校园中一棵小小的芒果树，低矮的枝条上结着青涩的果实。也许山区的孩子就像这小小的芒果树，虽然稚嫩幼小，成长环境艰苦，但是有支教老师的关爱、政府的关怀来灌溉，更有坚持留守在这里的老师们的辛勤培育，孩子们的未来仍是充满了希望。我们期盼着自己的到来能够为孩子们的夏日生活带来一丝清凉，让那小小的芒果树在阳光中茁壮成长，在微风中结出累累硕果。

给 101 班的一封信

杨　莹

101 班的各位同学：

大家好，我是杨老师。虽然大多数时候我因为“老师”这个词产生的距离感更愿意大家叫我姐姐，不过这大概是为数不多的还能被称作老师的机会了。给大家看这封信的时候，我们一同走过的日子已经接近尾声，十天的朝夕相伴即便我已竭尽所能仍有很多遗憾。我记住了大部分人的脸，可仍然叫不上大多数人的名字，更不要说你们每个人的所思、所感。相信我，我喜欢你们每一个人。当你们在路上扬起小脸叫我杨老师的时候，我也许会秉承着为人师表的严肃按捺住内心的欣喜，但你们一定看到了我掩藏不住的笑意。我并不是真正的老师，所以在我这里没有所谓的好学生和坏学生，哪怕是其他人口中的调皮孩子，我还是觉得很可爱。看到被我叫上台的你们，即便压抑着紧张和害羞还是表演完了才艺，我也会不安，我是不是有些强人所难，在讲台上微微窘迫的你们会怪我吗？也许吧，但你们从未流露出一丝不满，仍然在每一次看到我进教室的时候欢呼雀跃，这大概就是别人口中所谓的当老师的成就感，谢谢你们给我这样一个机会去体验。

我不是一个会控制自己感情的人，也觉得当众流泪有点儿丢脸，因此我不擅道离别。但以我略显刻板的性格又觉得悄悄走掉实在太不礼貌，所以写这封信给大家，也算正式地说句再见。我不止一次地想，当我走的时候学生会难过吗？如果不会，我大概会伤心；如果会，我大概也无法真正地高兴，所以我还是希望我们笑着说再见。也许你们挺喜欢我，那很好，我要告诉你们，在不远的将来，你们会遇到更多比我还要有趣的人，甚至会过上比我更加精彩的生活。如果你们不去尝试，那么便永远不会知道山的那边是一个怎样的世界。或许你们曾在网络上见识过，但请相信我，切身体验会远远胜过任何二维平面。一点儿也不夸张地说，现在你们背的每一个单词、做的每一道题都是迈向美好未来坚实的一步。愿你们能够用自己的双眼去寻找，用自己的双手去创造这些美好。

人生很长，什么时候奋起都不晚。不要觉得学习无用，我不否认任何领域都有成功的可能，但每一个领域的成功都需要极强的自控力和坚韧的意志力才能完成，而这两种品质恰恰能在学习的过程中得到最好的锻炼。当你们渐渐长大便会越来越清晰地认识到，大概只有在学生时代才是努力便会有回报的阶段。一个人的时间花在哪里是看得见的，成绩不会欺骗你，学到的知识也会永远属于你，不会被任何人夺走，不会随着时间的流逝离你而去，这才是你真正可以把握的东西。

生命是漫长的旅程，大家会在不断前行的过程中遇到很多人，我与大家的这场相遇会持续给我力量，我也希望在这些日子里真正地给大家留下了点儿什么，这样即便我们即将分离，也算没有辜负这段时光。谢谢你们十天以来给予我的温暖，虽然不再和大家身处一方，但我仍会和大家一起，爱着、恨着、笑着、哭着、生活着，这就是我能想象的美好。

杨莹

2015年7月19日

一整片操场的希望

白　益

历经三天两夜的火车，以及近两个小时的盘山公路颠簸，7 月 11 日中午，歆语工程云南鹤庆实践团队六合小分队终于到达了鹤庆县六合乡六合初级中学。在吴海东校长的妥善安排下，六合小分队一行六人经过短暂休整，下午便迈进了六合初级中学的校园，开展本次教学活动。

走过一段蜿蜒崎岖的山路，首先映入眼帘的是一座粉红色的楼房——学生宿舍楼，温暖的颜色在葱郁的山林中显得很是醒目。学校位置较为偏僻，交通不太方便，因而学生每周只有周末才可以回家。平日里学生们在晚上放学之后便会回到这里休息，准备第二天的学习。

沿着山路往上走是一个木质结构的二层小楼，这栋作为办公楼使用的建筑已被鉴定为危楼，但是当地老师却不得不每天在这样的环境里完成备课、整改作业、批阅试卷等一系列工作。再往上，映入眼帘的是两座同样色彩鲜艳的楼房，被当作教学楼与多功能楼使用，然而其中一栋楼的墙漆已变得斑驳稀落，哪怕是鲜艳的墙漆也无法掩盖它饱经风霜、亟须修葺的现状。

在吴校长为我们介绍每一栋楼的用途的同时，不经意间透露出他内心的焦虑与不安。这是一所初级中学，然而学校四周没有修筑围墙。没有围墙，就意味着孩子的安全缺少了一层可以依赖的屏障，孩子们课间可以顺着山间小路跑到山顶玩耍，而到了周末校园空无一人的时候，校外人员也可以随意进入校园，这给校园安全带来了很大的困扰。

听着校长的介绍，实践团的老师与同学们也不由得对学校的硬件设施状况表示了担忧。好在吴校长告诉我们，这一切情况都将随着国家的教育扶植资金的到位而得到改善。明年，将有一笔总额逾两亿元的教育专项扶植资金投入云南省鹤庆县，学校的危楼也就此可以得到修缮，墙面能够被重新粉刷，恢复光彩。等到资金到位，学校计划在山顶修建一个三百平方米的操场以供孩子们玩耍锻炼，强身健体。等一切尘埃落定，学校规模确定之后，学校也将建起围墙，为学生以及学校财产提供更加完善的安全保障。

校长眼睛里闪烁着什么，仿佛是跃动着的希望的光芒。这使我们有理由相信，等到明年、后年，等到我们再次来到六合初级中学的时候，一切都会变得更好，变得大不一样。虽然现在即将建成操场的那片土地依旧是一片荒芜，但在国家的政策支持下，校领导及老师的共同努力之下，这座承载希望的操场必将建成，学校的硬件设施也终将改善。我们相信，一切都会变得越来越好，孩子们将不仅仅是凝视这崇山峻岭，幻想山的那一面，而是能够拥有更多的机会走出校园、走出大山，用双眼瞭望更广阔的世界。

说给孩子们

林晨昭

来到这多雨的淮安古城是叫我欣喜的。一下火车便呼吸到湿润的空气，仿佛是久违的重逢。我听着淅淅沥沥的雨声，从窗子向外眺望，星星都被云挡住了。突然想到了艾略特的一句诗，他问：“乌云卷走了太阳，向日葵会转向我们吗？”我迟疑了片刻，眼前好像出现了一大片金黄色的向日葵花海，阳光下它们随着风的方向而摆动，仿佛是一波又一波热情的海浪。

在阿拉伯语里边，“向日葵”一词直译为“太阳的崇拜者”。“崇拜”，抑或“向往、追逐、渴望、期盼”，我把这些词理解为一个意思：来自泥土的黑暗，去往太阳的光明。

我第一次见到孩子们时并没有联想到那一株株热烈又灿烂的向日葵。可能是初次相遇不甚熟悉，从他们身上散发出来的更多的是青涩和羞怯，再加上一点点好奇和兴奋。正是十三四岁的年纪，他们拥有灵动的双眼和柔软的心。他们还未开始冒险的旅行，不曾看过世界的灰暗，也因此容易亲近，像亲近一朵朵可爱的花。

上课说简单也简单，我念一个音标，他们齐声跟读。我喜欢他们响亮清澈的嗓音，所以每当有谁因为不自信而不敢大声朗读，我都会鼓励他们。对我来说，鼓励很容易，可能是一句话，或是一颗巧克力。可是对他们来讲，鼓励也许是一颗种子，用时间灌溉它便能发芽生长。

我也会感到紧张，我怕自己表现得不好，不能给予他们正确的指导。我清楚地知道在支教的这段时间里他们的英语水平不会得到飞跃性的提高，这也不是我所追求的。我只希望能够通过我的付出，让他们感受到语言的美妙和学习的魅力。也许在将来他们遇到困难的时候，能够忽然想到多年前有一个大哥哥教过他们音标，他告诉过他们，要努力，不要放弃。

支教团成员在为学生们讲解西方文化

我不是太阳，也不会发光。我更希望我自己是一阵风，能够将他们托到高空，带往光明。

艾略特在写他的诗，我在读我的诗。“向日葵会转向我们，铁线莲会俯向我们，卷曲的小花枝头会抓住我们，紫杉的手指会弯到我们身上，当翠鸟的翅膀以光明回答光明以后。”

翻山越岭，一见倾“歆”

杨 莹

早晨七点，旭日准时将第一缕阳光送进宿舍。文人骚客笔下有关日出的魅力在这一刻变得亲切可感，哪怕是在这个刚刚踏足的小镇，逐渐变红的天幕也会让人无论身处何处都能生出一种豪迈。看着晨光中逐渐清晰的学校，想起昨晚满天繁星下的操场，难以想象我们前一天还在南下的火车上喧闹嬉戏，今天就已经在大山深处感受万籁俱寂。

是啊，在预想到的情况里，没有需要走上一小时的山路采购必备物资，没有时断时续的信号，也没有四人在一片漆黑里举着手电筒结伴上厕所。记得座谈会上鹤庆领导反复强调着“首都来的孩子一定要对山区情况多多包容”时自己的那点儿不服气，想着我们怎么会不能吃苦呢。然而，现实总是带给我们超出想象的挑战。

但大家收获更多的是惊喜。在我们预想的情况里，同样没有体育老师去镇上办事的时候骑着摩托捎带我们去购置生活用品；没有数学老师告诉我们不要太过客气，不然他们也会觉得不好意思；没有思想品德老师看到我们宿舍桌上放的东西太多，特意搬来自己家里的桌子……

这一切哪怕是用“热情”来形容都略显单薄。我们所谓的“克服困难”却是这里所有师生的日常，而他们还在力所能及的范围内给我们提供最好的条件，生怕我们受委屈。他们的一个腼腆的微笑、一次无声的帮助都如同干旱炎热的环境里的一股清泉，抚慰着我们初来乍到的躁动和不安。踏上这片土地之前，总听到身边的人多多少少带着点儿调侃地将支教冠以“伟大”或“高尚”这样的词汇，但我们只有身处其中才能体会到，对任何一件事最深切的理解从来不完全源于天生的才智，更多的靠的是后天的经历。我们在需要帮助的人和事面前会体会到自己的渺小，不过也同样感受得到自己的力量，它也许微不足道，但我们明白它会给孩子们、给我们自己、给脚下这片深沉厚实的土地带来真切的变化。

初次相遇，便已倾心。未来的道路在旭日下无限延展，真正的教学任务开始在即，我们会抛却急切静静体验，一起感受“经历”这份礼物对我们的赐予。

再见，淮安

——记江苏淮安实践团足球告别赛

吴亚瑜

时光匆匆流逝，转眼就迎来了实践团志愿者们在这里的最后一天。天空阴沉沉的，似乎在诉说着这个校园中的离愁别绪——二十四位志愿者将在一天之后告别这些可爱懂事的学生们。为了上好最后一节课，给学生们留下最完美、最充实的回忆，志愿者们在课前精心准备了写满祝福的书签、小本子、明信片等礼物，字里行间都是对学生们的鼓励和支持。带着留恋和不舍，二十四位志愿者陆续结束了他们的最后一堂课。

在这段珍贵的日子里，志愿者们真真切切地做到了倾囊相授。知识是无穷无尽的，他们虽然不能将知识海洋里的所有都带给学生，但是他们给学生们打开了一道门，这道门通向更广阔的世界和更富有挑战的未来。对于孩子们来说，这不是一个结束，而是一个崭新的开始。

下午五点，绿茵场上迎来了一场精彩的足球比赛。对阵一方是主场作战——英姿飒爽的吴承恩中学的老师，另一方则是朝气蓬勃的“海淀男团”——由北外实践团内的五名男生和清华大学的两名男生组成。比赛开始，两方势均力敌，双方球员都朝对方球门发起猛烈进攻。八分钟后，吴承恩中学老师率先贡献本场首粒进球。这个“开门红”使他们气势高涨，脸上洋溢着兴奋的笑容，一时间士气昂扬。与此同时，“海淀男团”也不甘示弱，奋起直追。热情和活力飞扬在绿茵场上。“海淀男团”敏捷灵活，脚法熟练，屡次创造射门机会。老师队伍虽然化险为夷，但对方强大的攻势仍然形成了巨大威胁。你争我夺，使双方球员的精神高度紧张。比赛紧张激烈地进行着，球员们全身心地投入，全然不顾淅淅沥沥的小雨。球员们在场上拼搏直到比赛结束，顽强、拼搏、团结、协作的运动精神在他们身上体现得淋漓尽致。这种精神也感染了场边的每一位观众，他们纷纷当起拉拉队呐喊助威。

友谊第一，比赛第二，结果并不是最重要的。在最后一天，足球赛点燃了所有人的热情，冲淡了离别的不舍和感伤，让双方建立了更加深厚的友谊。这场雨中的足球赛将会深深地印刻在每个人的心中。

成为一个人的梦想

史　婕

2015 年 7 月上旬，歆语工程暑期实践活动全面启动，又一批热衷于公益，愿为支教事业奉献自我的青年们出发了。

歆语工程发展至今已有十年，有这么多人为了同一个梦想而努力，自然有其存在的意义。在此，我想谈谈自己对歆语工程的认识和想法。

实践团志愿者亲切地鼓励同学发言

首先，我认为支教的意义，不仅是要帮助孩子们掌握课本上的知识，还要因材施教，改善他们学习中的薄弱环节，教会他们学习的方法。“授人以鱼不如授人以渔”。作为志愿者，我们可以更加注重基础教育，帮助孩子们夯实基础，为他们以后更好地学习英语铺好道路。所以，支教时可以多注重英语发音、基础语法等方面的教学。

其次，志愿者可以和孩子们缔结友谊。支教时，志愿者们不仅仅是孩子们的“小老师”，也应该是他们的好朋友。这不仅有利于教学的进行，还能在较短的时间里和孩子们建立起信任。这种信任对于志愿者和孩子们都有积极的影响。作为孩子们的朋友，志愿者们能为他们分担学习和生活当中的烦恼，分享他们的欢乐。有时候仅仅一句话，就可能对孩子们产生很大的影响。如果能成为他们的朋友，成为他们可以信赖和依靠的人，那将会是志愿者们最大的收获。

如果有一天，你教的孩子告诉你：“哥哥姐姐，以前我不知道我为什么要学习，每天就是为了读书而读书，但是现在我知道了，我以后要成为和你们一样的人。”那就请你欢呼吧，这便是支教的意义之一。孩子们也许不知道什么是梦想，什么是未来，他们只知道能读到什么时候就读到什么时候，读不好、考不上就不读了，但是因为有你，是你给了他们一个榜样的力量。也许他们不知道自己想要的是什么，但是你给了他们一个正确的人生导向，你就是他们的梦想，对他们而言大学不再遥远，梦想触手可及。

写下这么多，无非是想说歆语工程支教之旅将会是深刻而充满意义的，我们将会以正确的方式去进行，也希望能和更多志同道合的朋友们相互学习，和歆语工程一起成长和进步。

征途漫漫，信心满满

盛 媛

我是从一个高中同学口中知道“歆语”的。和他同窗三年，高考后我北上，而他选择复读，一年之后却以补习班文科第一的身份，进入北外西葡语系西班牙语专业就读。同学们都称赞他当年的勇气和决心，将他当作榜样，而他却总是轻描淡写地轻轻一笑，只说自己运气好，然后正色道：“能来北外真的是毫不后悔。”这毫不后悔里也包括他和“歆语”的缘分。那是在四年以后，我如愿来到北外继续深造。在一次聚餐中，听他谈及“歆语”，回去后我马上搜索相关通知，心里有些懊恼地想可能今年是要错过了。一切也许真的就是命中注定，当我终于翻出那则报名通知的时候，距离最后的截止日期只剩一天了。

对于支教，我有一种莫名的情怀。刚上大一没多久，我便在朝阳区一所农民工子弟小学支教，大一的暑假去了安徽亳州做暑期调研和支教，大三大四的暑假又在广东中山做英语夏令营的助教。教师这个职业在我的眼中非常神圣庄严，但我对于支教的热情似乎并不是源于对那六尺讲台上慷慨激昂的憧憬，而是源于对给予孩子们新知识的渴望。今年的动员会上，苏老师的一句话让我印象深刻：“支教其实不一定要去条件艰苦的地方，作为教育活动的参与者，在传播知识相互交流的同时就已经实现了支教的目的，这种在更平等的地位上开展的活动反而更有可能实现‘教’的内涵。”

我永远记得在亳州穆阁村离别的那天，在离开的火车上收到了一个孩子发来的短信，他说，本来这个暑假过后他就要去上海打工了，但现在他想继续读书。那一刻的感动和欣慰是无法用言语表达的，我能感觉到有一种力量在传递，它可能只是一个单词、一道题目，又或许只是一个微笑。你自己都不知道的某一个瞬间，却被这种力量凝固成了永恒，我想这就是支教对于我的魅力。

这次去四川，我心里怀着满满的期待。我希望能在“歆语”十岁生日的画板上，描出属于我的色彩。加油！

与你相逢在另一个家

郑田恢扬

我的家在湖南，因“歆语”而有缘去了四川，来到绵竹中学支教。出发之前，从未从事过教学工作的我隐隐担心：我能否很快地适应那里的环境？能否快速适应教师的角色？自己第一次作为老师站在讲台上，又能否得到学生们的认可？但当我真正踏进这所学校之后，耳闻熟悉的乡音，紧张的心情慢慢平复。到了绵竹中学，熟悉的饭菜，熟悉的语言，绵竹师生温暖热情的接待让我感觉就像回到了家里。

从北京到四川，车窗外的平原渐渐远去，一座座山峦排闼而至。透过车窗，看到与北京迥异的风景，大家感到新奇又激动。经过二十多个小时的车程，横跨大半个中国，我们终于到达了绵竹中学。负责接待的老师把我们带到了学校的教工食堂。食堂的饭菜做得很像家里的饭菜，简单而温馨，让我们在疲惫的旅程之后得到了慰藉。食堂的阿姨们满脸笑容地看着我们，主动招待我们这些远来的客人，朴实而真挚的言语和笑容让我们对这个火辣辣的川城不再陌生，都感到如家般的安心和温暖。

第一次走进教室，我努力克服紧张情绪，先向大家做了自我介绍，随后介绍了北外的相关情况。讲台下的学生们也像这座火辣的川城一样，热情又友好。对北外和我们的实践团，他们都表现出很大的兴趣，不停地向我们提出各种各样的问题。相似的方言口音，熟悉而亲切的语言让我仿佛回到家乡的中学。我尝试模仿四川话来回答他们的问题，班级气氛一下子活跃了起来。一堂课下来，我发现方言并没有成为我和学生们之间交流的障碍，反而拉近了我们的距离。

看着眼前这些学生，我想到了我的中学时代。曾经的我也和他们一样，对大学生活有着无限的憧憬和希望，希望用自己的努力走进更大的世界，创造更好的生活。我的到来对他们而言，就像是打开了一个小小的窗口，让他们可以窥探到另一个世界。通过这次的支教活动，我希望不仅能够教授学生们语言知识，也能借助自身经历，给予他们一些生活和升学上的建议，为他们的未来发展尽一份绵薄之力。我会努力让自己的这次支教活动更充实、更有意义，让它成为我和学生们的一段共同的美好回忆。

梦归青葱忆年华

赵英杰

挥别小小的北外校园，踏上离京的绿皮火车，在满车熙攘中驶向千年古都邯郸。初到邯郸，古城的旧与新迎面扑来，略显斑驳的火车站与不远处拔地而起的高楼似乎在诉说邯郸的今昔。来到复兴中学，微微褪色和写满名字的高考横幅、标语以及整齐的课桌仿佛把我们拉回到了青葱的高中岁月。

怀揣着为孩子们教授知识，点燃他们学习英语的热情的梦想，刚刚从期末考试考场转战至北外歆语工程邯郸实践团的志愿者们又投身到紧张的备课工作中。单词、语法、演讲、英语听说、电影欣赏、英文歌曲、话剧表演，志愿者们为同学们准备了立体、丰富且充实的课程。为了讲好每一节课，志愿者们总是备课到深夜。但第二天一早，大家便又准时前往教室，神采飞扬地开始上课。只有下课铃声响起，吃过午饭，他们一个个趴在会议桌上熟睡时，我们才能看出他们久忍的困倦。午后，在一天紧张的课程之后，学生和老师们一起比赛四人五足。夕阳西斜，一天的活动就在同学和老师们的欢声笑语中进入尾声。

在这些孩子们身上，我们看到了昨日的自己。追忆年华，我们的高中时代不过是征途伊始，现在，作为一名为国发声的北外人，我们的远方就在人民需要我们的地方，参与“歆语”社会实践让我们深刻感受到自己身上的责任与使命。

爱上一种生活

王兴凯

不知不觉，来到邯郸复兴中学已有三天了。在这段短暂而又充实的时光里，我切身体会到了为人师所获得的满足感与自豪感。这种感觉难以言表，但却深深地打动了我，鼓舞着我，让我由衷庆幸当初自己做下的选择——参加歆语工程河北邯郸实践团。

理想是丰满的，但教师的工作比想象中的要艰难辛苦很多。我负责的是初一两个班级的教学任务。两个班级一共五十名学生，对于初上讲台的我来说，是个不小的考验。在我暗暗给自己鼓劲之余，心里对中学时期的老师们的敬意油然而生——面对调皮的我们，他们始终泰然自若、游刃有余。而现在，我也会努力做一个好老师，给这些可爱的学生们创造一段美好的回忆。我的任务就是教授他们英语。以前认为当老师是份轻松的工作，但真正做起来，才知道这是一个艰难的挑战。我们每天都要制订相应的教学进度，备课、模拟讲课，然后再正式授课。与此同时，我们不但要在课后批改作业，更要想办法改善教学模式，要寓教于乐，积极融入学生们的生活。

虽然我和学生们接触的时间并不长，但很快和他们成了朋友。上课时与他们互相学习，下课后一起攀谈、讨论问题。这样的情景让我由衷地想念自己的学生时代——向老师请教、一起漫谈生活；与同学坐在一起，共同欢笑、共同学习，分享自己生活里的点点滴滴。在这短短的时光里，我渐渐褪去了大城市的浮躁，开始爱上这里的生活，爱上这里温馨的校园，更爱上了学生们欢欣的笑脸。

在这里，虽然每天的教学生活繁忙而劳累，但学生们高涨的学习热情，在学习单词和语法知识的时候所表现出的对新知识的渴望，

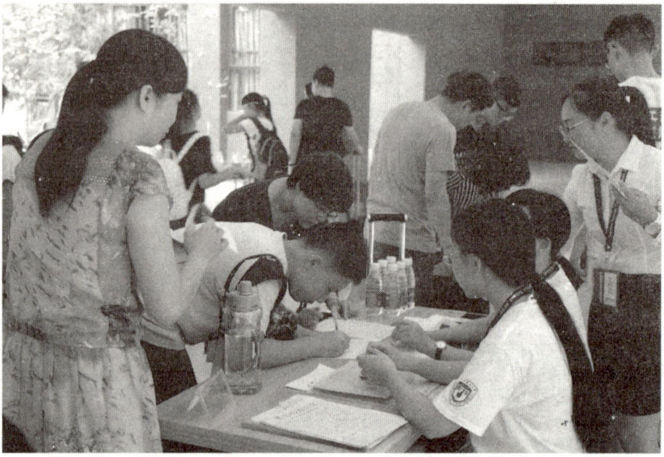

志愿者们在帮助班主任组织学生签到

是给予我们最珍贵的回报。那一双双清澈、渴求知识的眼睛总能给予我莫大的鼓舞和欣慰。

最后，我衷心希望学生们能通过这段时间的学习，了解更多的英语学习方法，了解外面更精彩的世界。当然，我也希望自己能够在支教实践中汲取教学经验，弥补自身的不足，通过自身努力传授给学生更多的知识，与他们分享更多的经历。

大山深处的天使

朱一平

云南一直是我魂牵梦萦的地方，四季如春的昆明、依山傍水的大理、圣洁古朴的丽江、如诗如画的香格里拉、热带风情的西双版纳……然而第一次来云南却来到了鹤庆县龙开口镇的朵美乡，一个我从未听说过也从未向往过的小镇，这种理想与现实的反差让我有过些许的失落。然而当我真正接触到大山深处的孩子，看到一双双清澈明亮的眼睛、一张张纯净无瑕的笑脸时，这种失落感顿时烟消云散。

环顾四周层峦叠嶂、烟雾缭绕，没有大城市的高楼大厦，没有赶公交的匆忙身影，也没有事不关己的冷漠脸庞，有的是淳朴热情的村民、天真纯粹的笑脸和大自然之灵气。

我们住在学校的女生宿舍里，每天和孩子们一同起床、吃饭、睡觉、学习；我们走进课堂，交流英语学习经历和学习方法；我们走入孩子们的生活，了解他们的家庭情况，慢慢地熟悉了关于他们的一切。

朵美初中的孩子们每天早上六点起床，一日三餐的规定时间都是一个小时，晚上十点熄灯睡觉，其他时间都在学习或者自习。看着他们用功学习的身影，我也联想到自己高中时期不知疲倦的学习生活。不同的是，在这里中考的压力比高考大得多，考上高中的学生算是一只脚踏进了大学的校门，而考不上高中的同学就只能进入职高或者在家务农。因此对于山区里的孩子们来说，学习是唯一的出路，否则只能一辈子待在山村中。大部分孩子的家离学校很远，交通也不太方便，所以他们只能选择住校。学生平日的伙食也比较简单，米线是这里的主食。由于当地的地理环境，白天紫外线强度很高。有时看着孩子们消瘦的身体、黝黑的皮肤，我不免一阵感慨，对比自己接受的教育，我切实感受到了“教育分配不平均”这一社会问题的严重性。

虽说人人生而平等，但我们无法决定自己出生在哪个地方、何种家庭。由于地区间经济状况的不同，办学条件存在较大的差异，造成了地区间教育资源不均衡的现状；同时教师队伍的水平参差不齐，也使教育的质量有所不同。教育的不公，归根结底是发展的不公。城乡教育差距大，就是城乡发展差距大，农村地区缺乏经济实力来提高教育质量和整体水平。

但是，我们不能消极被动地解决教育发展不平衡的问题。实现教育公平应有超前的意识，政府应该把更多的资金投入教育事业中，也许少盖几座大楼，少修几个广场，就有更多教师的待遇得到提高，就可能大幅度提升当地的教育水平，从而给学生们提供更加优质的生活和学习条件。

忘不了大山深处孩子们的笑脸，忘不了他们的淳朴热情，今后我也会心系大山深处的孩子们，并且为他们的教育与发展作出努力，为我国的教育事业贡献一份力量。

离别不说再见

郝山山

有些人，一开始就知道是过客；有些相遇，一开始就意味着结束。就像军训时的教官，从今之后再无交集，回忆他们陪伴我们一起度过的那段日子，就伤感得不得了。分别之前张震岳的那首《再见》在脑海中不断回响，看着面前一张张熟悉的笑脸，不免让人眼眶湿润。这次陇县之行也是如此，从一开始我们便知道跟这些孩子们的相处时间短暂。“相见时难别亦难”，如果相遇意味着分别，那愿我们能珍惜每一分每一秒相处的时间。

临走前志愿者们为所有孩子送上一曲《再见》

这些孩子们很乖很努力，能感受到他们那种求知欲和进取心。第一天我给他们讲了一些对于中国学生可能比较难发和易混淆的音标，忘不了他们全神贯注积极练习的样子。他们会跑过来跟老师说想学更多音标，可惜时间太短无法全部实现。但同时，他们旺盛的求知欲让我觉得不虚此行。太多的画面，留给我太多的感动。自我介绍的时候，他们毫不扭捏、落落大方；去书店给他们挑书的时候，偶遇班里两个孩子在超市书店的地上坐着看书；晚上回住所的时候，路遇班上一个学生打篮球回来，他笑着跟我们打招呼的时候，那种温暖能化解我们所有的疲惫。

这些孩子们很可爱，也很有才华，会各种乐器、会街舞、爱运动，他们各有所长，而且都有着非凡的表现力。看着他们踊跃展现自己的特长，我们每一位实践团成员都发自内心地高兴。我们感受到有一种希望在这群可爱的孩子们身上闪现，感谢中国的未来有他们。

支教的最后一天，同学们拿出纸笔，让实践团成员们为他们写下未来寄语。此时此刻，种种不舍油然而生。晚餐时偶然看到窗外路过的学生，他笑着用力招手，我也不禁开心地向他们招手，而下一秒便感觉到了分别的伤感。分别的难过，大概是因为回忆太美好。虽终将离别，但我们会努力珍惜相知相聚的每一刻。

夜深，单曲循环。“我怕我没有机会/跟你说一声再见/因为也许就再也见不到你……”

翩然一梦支教行

赵钰婕

八天的支教，一千二百多公里的距离，从北京到江苏淮安。

正如去时硬座的颠簸，在回京的硬座的摇晃中，思绪开始翩飞。从去支教到回来的这几天，就像一场梦，不舍地到了离别的时候。如果有人问我，你在支教时收获了什么，我觉得我众多的收获似乎都已化成回忆，在每个生命的转角都会再次回想起来。

我收获了一群可爱的孩子们的欢笑。我所带的初中班级，孩子们好学又机灵，虽然偶尔调皮，但是永远充满着对知识的好奇心。每一天，从备课、讲课到听课，我的日子过得忙碌而充实。在课堂上，我们一起跟随显示屏上的动画学习音标，一起为了学习难度大的句子不断练习，一起欢笑，一起游戏。他们会凝神聆听你分享的故事，会用笔刷刷记下你分享的学习方法，会用一双双微笑的眼眸看着你。相处时间虽然短暂，我们的心却已经靠得那么近。

我收获了一帮好朋友和小伙伴。江苏淮安实践团的二十位同学，每一位都有自己独特的个性，并把自己的多彩性格融合成整个团队的一部分。在支教期间，我们分成小组备课，伴着每天的晨光，在上课之前互相鼓励。我们参观了周恩来纪念馆，对着他年轻时帅气的画像喊着男神。我们为小天使康复中心的孩子们送去礼物，和那里的孩子们玩拉火车、捉鱼的小游戏。我们在古镇长长的巷子里漫步，在小桥流水中感受淮安的魅力……似乎我们刚刚在相处中感受到每个人最美的一面，就要不舍地分离。

我还收获了一段分外难忘的教学经历。每晚在灯前备课的时候，脑海里总会浮现出孩子们期待的眼眸，因而分外感到肩上所承担的重量。每天，都在尽最大的努力，让课程变得既充实又有趣。虽然以前的日子里，并没有多么深刻地体会到老师们的辛劳，当自己亲身经历了，才会明白其中各种艰辛。

淮安实践团成员探望小天使康复中心的孩子们

我还收获了困扰我很久的一个问题的答案。通过自己的亲身经历，我明白了网络上很多对于支教的质疑其实都是无稽之谈。作为英语知识传播者、学习方法分享者、人生前进激励者的我们，支教者身上的担子很重、责任很大。那些没有参与其中的人是不应该随意揣测的。其实，并不是所有的支教对象学校都极度缺乏物质资源，我所在的吴承恩中学就是如此。记得有位同学在感悟中说道，“落后可能并不是因为贫穷，而是因为闭塞”。我很赞同这句话，说到底还是因为英语教学资源的匮乏、水平的落后，才有了对支教的需要，对教学资源和方法的沟通交流。在学生们眼中，我们这些支教的大哥哥、大姐姐，有着重要而特别的角色。我们会和他们讲述自己中学时候那些奋斗的日子，以此激起学生们学习的动力和对大学的向往。对他们中的大多数人来说，知识依然是改变命运的唯一途径。正所谓“授人以渔”，我们能留下的更多的是学习方法而不是知识本身。我们把自己从大城市优秀教学资源中学到的学习方法分享给他们，希望他们能够从新的角度，收获更大的进步。

写了那么多收获，其实归根结底发现这些所谓的“收获”都是心底最难忘的经历。多少年之后，我相信回忆这段往事时的自己，也会感到分外幸福和充实。就像每一次梦醒，那份不舍总会延续到身体的每个角落。谢谢支教带给我的一切，我也会在今后的旅途中怀着这份经历的馈赠，且行且珍惜。

他们也可以是我们

罗雪芳

十五个小时，十个日夜，三十五度高温，四十双求知若渴的眼睛。2013 年的这个暑假，初为人师的我们，收获了友情，收获了成长，收获了太多太多令人难忘的回忆。

秦岭最美的地方

“那里的小路牵引着无数山峰走过，那里的清泉流淌着世代耕读的传说，那里的白云开放了万千美丽花朵，那里的山歌唱出了祖辈梦想的生活……”就像歌里唱的，绵延的山峰带我们走进秦岭深处——竹林关镇，一个宛如世外桃源的地方。山如眉黛，水似空镜，十分清新自然。这里的人们淳朴可爱，只会讲陕西方言的旅馆老板总是憨厚地对我们笑，卖水果的阿姨总会为我们挑最好的西瓜。远离北京的固体颗粒与车马喧嚣，每天简单而有规律的生活让我们神清气爽，当然偶尔也有对食物匮乏的抱怨。

为你开一扇看世界的窗

可能是山脉为交通带来了不便，也可能是这里的人们都自给自足，班上四十多位初一的孩子只有一两个出过丹凤县，更不用说出陕西省了。他们的父母大多和他们一样，也有些父母在外打工，他们就成了留守儿童。

我们的任务是英语教学，但这短短的几天，我们不可能教他们多少单词，给他们讲多少语法。我们能做的是激发他们对英语的热情，为他们打开一扇看世界的窗。这些孩子的家里都没有电脑，也没有几个孩子有 QQ 等社交工具，他们了解外部世界的渠道非常有限。因此，我们在上课的时候尽量有意识地让课堂内容更丰富些，尽可能把北京、纽约、互联网、高尔夫球通过图片、视频展现出来。看到孩子们水汪汪的大眼睛盯着屏幕，心中有些许感伤和欣慰。上课时孩子们已经放暑假了，假期还要上这么多天课，真挺同情这些孩子们的。参加社会实践的我们收获的、锻炼的远远比他们多，只希望这些天对他们来说也或多或少有些裨益。

他们也可以是我们

“将司空见惯的思维方式打上一个问号，让盒子里的光芒释放。”这是刘瑜在《观念的水位》页眉上的一句话，也是对我此次支教心得最好的诠释。在竹林关中学的这几天，在这里的所见所闻，不断地将我的司空见惯变成奇闻逸事。

在我的观念里，吃饭是要坐在桌旁的。消毒柜里会有大小不同的碗、汤匙、筷子、碟子。但是在这里，我们更多的是看见他们端着碗蹲在地上围着一个或几个大碗菜吃面条，是因为屋内太热还是习惯如此，我们不得而知。我们也从来没有用过汤匙，装汤的碗和装饭的碗是一样的大小，端起来喝便是了。仅仅是在菜里发现一星半点儿的肉末，就已经能让我们开心一整天了。

在我的观念里，有一种儿时的快乐是把学校新发的书本用新买的书皮整整齐齐地包起来，贪婪地嗅着带有油墨味的书香。但是这里的孩子们，他们的课本都是一届一届传下来的，上面布满学长学姐们的笔记，有的甚至书皮已脱落。看着他们将这样的课本塞到不知是换了几个主人的书包里，心里很不是滋味。

在我的观念里，小男孩儿也是要穿裤子的，即使是开裆裤。但是在这里，在竹林关镇的街道上，我们经常能看见光着屁股的小男孩儿跑来跑去。或许是因为他们太小不知道害羞，但站在他们身边的父母却也一样无所谓，似乎这才是他们司空见惯的场景。

但是，他们也可以是我们。只是出生在不同的地方，人和人的生活状态竟可以如此不同。这里的孩子没有一个人去过北京，出过丹凤这个贫困县的孩子也没有几个，他们的家长也一样。他们不知道外面的世界是什么样的，他们瞪大眼睛打量着我们这群和村里人不一样的面孔。如果我们生长在这里，我们也会和他们一样。无须用同情的眼光看“他们”，无须将“他们”区别于“我们”，无须将“他们”视为社会底层的人。社会应该是由每一个平等的“我们”组成的，只是在这里，没有电子游戏的诱惑，没有毒气污水的危害，没有世俗纷争的困扰，生活淳朴而单纯。

品味世间百态，体验不一样的人生。换一个角度，如果我们是他们，或许这样的思维方式，才是此次社会实践给我们的最大的收获。

最后一课

韩静婷

晨间，依然是走在去学校的小路上，远处的群山还像往常一样环抱着这个宁静的小镇，还想深吸一口带着泥土芬芳的空气，想侧耳倾听空山中传来的鸟鸣，想睁大眼睛把一切都收入眼里印在心底，但是就在今天，我将迎来支教的最后一课。

回想起初到黄坪的那一天，与如今的景象截然不同。那时明媚的太阳和这里的老师们、同学们一样热情，此时的阴雨绵绵却仿佛在诉说着我们五位志愿者和这个美丽小镇彼此间的不舍与留恋。这里的土地忘情地吮吸着久旱后的甘霖，我不禁联想，我们支教的点点雨露是否也能滋润孩子们求知的心田？

我踏进教室，开始了和以往一样的授课。和预想中的一样讲完课，然后给学生们分发小纪念品，说几句离别寄语，以为这就是作别。然而，这堂课却并没有结束——全班的孩子在班长的带领下齐声唱起了张震岳的《再见》，送上了一盒彩纸叠成的小玫瑰花，对我说“希望老师一定不要忘记我们”。这些意外的惊喜与感动，让我不知如何是好，除了一声“谢谢大家”，我竟说不出一句其他的话。是的，对于孩子们来说，我们的到来就如一场甘霖，虽然时间短暂，但是只要能给孩子们带来润泽，便足够了。

对于我来说，这些孩子们是我第一批甚至可能是唯一一批学生；而对这些孩子们来说，我们也是在他们求学生涯中最独特的一批教师。就像《再见》里唱的那样，“我会牢牢记住孩子们的脸，我也会珍惜大家给我的思念，这些日子在我心中永远都不会抹去”。走出校门，带着沉甸甸的情谊和回忆，耳边还回响着孩子们唱的《再见》，不回头地走下去。相信未来的某一天，我们都会变成更好的自己，再一次相见。

歆语札记

赵鲁阳

2015 年 7 月 19 日，是歆语工程陕西陇县实践团在崇文中学的第三天，我们渐渐和孩子们变得熟悉亲密。今天的第一节课是口语课，我对学生们说：“希望大家能够留意生活中的英语，尽力让自己融入英语环境中。”于是在下课前我给大家布置了一个作业——每个人写十句自己身边能看到的英语，然后在最后一天的时候交给我。中午回寝室的路上，我便看到好几个孩子手里拿着本和笔，到处寻找路边的英语，邮局、书店、路牌他们统统不放过，甚至还有同学发现了垃圾桶上的英语，当看到他们蹲在地上认认真真地把“可回收”的英文抄写下来时，我很感动。

当天下午，有好几个孩子跑到我这里来，把自己找到的英语一起交给我，中英对照，整整齐齐。一个孩子觉得自己写得不够工整要求重新抄写一份；一个孩子告诉我说她今天中午骑着自行车去了火车站，去了中心广场，还去了县政府大楼，当时我觉得又欣慰又心疼。如果能够培养他们对于英语学习的兴趣，挖掘他们对于知识的无限渴求，便是此行最大的成就了。

每天的教学计划完成后，志愿者们便会组织班级里的孩子们一起合唱《雪绒花》。从纠正发音，捋顺旋律，到分声部单练，全体齐唱，这首《雪绒花》已经练习了三天。志愿者带着大家一句一句、一遍一遍地练习。中间也有过小插曲，大部分的孩子都不愿意唱低声部，孩子们想让老师唱歌，到自己进低声部时不太配合。我们只好耐心劝导，和孩子们说明合唱的严肃性和团队意识，最后经过反复练习才选出了七名唱低声部的同学。之后，漫长的细节调整开始了，一字一句反复练习，各声部先分后合，领唱、齐唱交织进行，最后节奏配合。下午最后一遍合唱的效果非常好，这让我们觉得这几天的辛苦排练是值得的，和孩子们一起合唱的过程让我们从心底里感到高兴。每一个孩子都是一颗闪亮的星，在他们的眼中，我看到了无可比拟的美丽。

这是一群生机勃勃的少年。无论是在课堂上略带调皮的撒娇，还是全神贯注的响应；无论是课间充满期待地让老师写评语，还是略显拘谨地和我们开玩笑，我都可以感受到他们的真诚和善良。真心是彼此赋予的过程，希望我们的到来能为他们的未来洒进一束光。

还不想离开

季迁迈

如果说，人生中有许多过客和转瞬即逝的美好，那么在歆语工程淮安支教的这八天一定会是我生命中最难忘的一段经历。那里淳朴热情的人，那些简单却美好的事，都深深地印刻在我的脑海里，让我难以忘怀。

虽然此次以支教老师的身份去为孩子们传道、授业、解惑，但其实我更像是一个受到谆谆教诲的孩子。歆语工程教会了我很多的东西，带给我一些已经久违的真实和美丽。

学会快乐

在参加歆语工程之前，在我的脑海里，他们是出身贫寒的农村孩子，是睁着大眼睛皱着眉毛在昏暗灯光下读书的孩子，是要肩负起家庭的重担不得不迅速长大从而失去童真和快乐的孩子。可是当我去到那里的时候，我发现虽然他们的生活压力很大，家庭条件也不是很好，但他们却一直保有一个孩子应有的纯真笑容和烂漫情怀。不自卑，不内向，对生活充满热情，对知识充满渴望，是我对他们的第一印象。每当上课的时候，他们都会积极地张着小嘴跟着我的口型和语调专心地学习每一个他们陌生的音标和单词，也会伸出小手问一些对他们来说很难的问题。当然，孩子们都是爱玩的。我们会在课下举行掰手腕大赛，也会一起追逐打闹，看电影，学唱歌，相处中他们的清脆笑声深深地打动着我。童真，对我们90后来说可能已经远离了很多年，但是和孩子们在一起生活和学习，让我的心也一下子变得轻松和清澈，让我发现在这个世界上，虽然生活会给你无数打击、无数荆棘，但学会快乐却会让一个人感受到善意和美好。

学会做个老师

以前我一直觉得自己是个很没有耐心的人，更不可能去当一名老师。可是歆语工程给了我这次宝贵的机会，让我来体会作为一名老师要肩负的责任和这一身份的崇高与魅力。每天晚上，我都会和同行的志愿者一起认真备课，查找第二天需要的教学资料。虽然那些简单的教学内容对于我们英语专业的学生而言早已烂熟于心，但是为了给孩子们更好的学习体验，我们还是用尽各种方法让他们能更好地接受这些新知识。在这个过程中，我发现原来自己在变身老师之后责任心和耐心也有明显的提升。在课堂上，我时而语气轻柔温暖，时而严厉苛刻，之所以这样做都是为了更好地当一名小老师。我每次进教室时都能听到孩子们热烈的掌声，临走时他们更是好奇地询问我的联系方式。短短八天，让我们的心彼此贴近，不相分离。

收获青春友谊

同行二十二人，二十二人的青春友谊。在北外这样一个学校里，虽然校园圈子很小，大家也都彼此有过耳闻，但却从未有过深入的交流和接触。可是经过八天的同行与相处，我们的心已经紧紧相依，收获了一份难忘的友谊。我们一起坐火车，通宵硬座的辛苦却在欢乐的交谈中显得微不足道；我们一起备课和讨论，时有分歧却在彼此包容中更显友谊的珍贵；我们一起去周恩来纪念馆和淮安古镇，快乐地为青春留念；我们一起为同行的队员准备生日 party，紧张与激动占据着我们小小的好奇心，又在感动中明白彼此的珍贵。八天的生活体验丰富多彩，让人难以忘怀。我们感受到一份美好，它与以往的生活截然不同却又意义深远。

支教生活就此落下帷幕，但是它留下的感动和责任以及因此而萌生的友谊，和孩子们纯真的笑脸、温暖的话语一起，深深地烙印在每一个志愿者的脑海中，终将成为我们弥足珍贵的生命体验。

让我为你点亮一盏灯

李宗纯

近几年来，很多人对大学生支教产生质疑。有人问“短短两周究竟能给乡村的孩子们带去什么”，有人评论“大学生短期支教不过是一场乡村假日旅行”，有人说“很多孩子都是‘被支教’”，也有人认为“学校疲于应付而又不好意思拒绝大学生”……这样的支教

李宗纯同学正在写板书

真的有意义吗？大学生们怀揣着一份激情和一腔热血，会不会好心办坏事呢？我认为支教的意义不仅在于为孩子们带去知识，更在于它所引发的观念上的变化。在我看来，歆语工程是一种双赢模式，无论是对支教学校的孩子还是对大学生志愿者而言。

首先，支教于志愿者本身是有利的。对我们这些生活在“象牙

塔”中的大学生来说，支教与其说是一个付出的过程，不如说是一次学习、收获的过程。支教不仅可以锻炼我们的意志力和生活自理能力，丰富我们的人生阅历，更能让我们学会设身处地地为他人着想。参与支教也让我们更能体会到老师的辛苦。在备课的时候，我们经常会感慨：“终于知道老师们的感受了。”支教带给我们的是一些平时很少能感受到的体验。而对于当地学生来说，支教是否有益确实是一个值得探讨的问题。不少人质疑大学生志愿者，其理由是大学生志愿者大部分是大一、大二的本科在校生，社会实践经验尚未充足，无法给学生们带去高质量的教学内容。而当地的老师与学生朝夕相处，更加了解他们，可以更有针对性地进行授课。这些对于支教的质疑，在我看来是源于对教育的不同认知。我认为，在一个人的成长过程中不仅需要物质营养，更需要精神营养。孩子们不仅要掌握牢固的基础知识和有效的应试技巧，还要开拓自己的视野，了解外面的世界，从而达到思想的进步。拓宽眼界和改变思维方式比单纯获得课本上的知识更加重要。支教的主要目的就是点燃他们心中的那盏希望的灯火。

我在高中时曾经前往香港中文大学接受支教志愿者方面的相关培训，带领我们进行拓展训练的老师在最后总结道：“如果非要给支教加两个关键词，那就是感染和影响。”年轻的大学生往往有一种独特的能力，就是可以和孩子们快速打成一片。志愿者们与学生年龄相仿，更容易和学生们融为一体，他们会准备有趣的、丰富的开放性课程，营造出活跃的课堂气氛，用自己的热情感染孩子们。此外，志愿者往往拥有相对广阔的见识，可以扩充孩子们的知识面，激发孩子们的好奇心，为课堂带去更多的青春气息，让学生们展开对未来的想象，看到自己未来的不同人生的可能性，这是当地在校老师很难做到的。举个简单的例子：在开幕式上，每位志愿者都会向当地学生介绍自己所学的专业，甚至用自己所学的语种来进行自我介绍，告诉他们自己的专业学的是什么以及以后可能从事的职业。作为北外的学生，我们充分利用自己的语言优势，为学生带去更多样化的知识。听老师们说这里的孩子对阿拉伯语很感兴趣，团队里学阿拉伯语的同学就为他们进行了简单的介绍。这次，我们团队里的四名来自日语系的同学就专门给吴承恩中学的孩子上了日语课。在课上，志愿者为学生介绍一些书籍、网站等学习资源，学生们受益良多。

很多人不看好大学生支教的另一个原因是其周期的短暂性。以前看过一篇题为《哥哥姐姐你们不要再来支教了》的文章，大致意思是讲大学生支教来也匆匆去也匆匆，孩子们对此表示苦恼和惋惜。但当我在吴中看见有学生穿着去年歆语工程的文化衫上课时，我认为这一点质疑也是不必要的，因为歆语工程有另一大优势——传承性和连贯性。今年是歆语的第十年，江苏淮安实践团已经是连续第六年来到吴承恩中学开展暑期支教活动。在这里，很多孩子都不是第一次接触歆语工程的志愿者，也不是第一次认识、了解北外的学生。所以，按照时间的延续性来讲，歆语工程支教时间并不短暂，它的影响会一直持续下去。我相信在年复一年地与北外学生接触后，吴承恩中学的孩子会或多或少地从中受益。

十年歆语路，筑梦青春行。当我看到学生们一双双渴求知识的眼睛，当我在下课后仍然被学生们留下来继续上“下一堂课”，当我收到他们一张张写满真诚话语的纸条时，我觉得这一次支教不虚此行。只要我们明白了支教的真正内涵并掌握了最有效的方法，大学生支教就能达到它最佳的效果。

相逢是首歌

彭小龙

短短八天的支教生活很快就结束了，反思在这次活动中我们收获了什么，我想大概我们支教小老师学到的东西比那些学生学到的还要多。

我们中的很多同学从小生活在条件优越的大城市里，享受着最优质的教育，过着最舒适的生活。来到这个小城市后，发现很多来自农村的学生英语基础十分薄弱，有的小学阶段从来没有学过英语，有的都念高中了还不会变换时态。我们是该庆幸我们成长在条件优越的大城市，还是应该同情他们糟糕的教育环境呢？从小作为优秀学生的我们，习惯了接受老师的赞誉，习惯了作业本上满满的都是对勾，当看到他们糟糕的成绩、颓废的学习状态时，我们是该愤怒还是应该忧虑？

在这短暂的时间里，我尽己所能去教学生们学习方法，但是毕竟时间有限。我真希望我能像武林宗师一样，一句话的点拨就能让他们豁然开朗。但显然学习是个长期积累的过程，不下狠功夫，只学一些投机取巧的手段是不会有进步的。不苛求他们在短短的几天爱上英语，至少能做到不再恐惧英语就好。

我想我们在校大学生作为90后小老师，最大的优势就是和他们交流没有代沟。据说是每相隔三年就会有代沟，而我们和他们的年龄差只有两到三年，因此他们所想的、所面临的困难我们都能理解，毕竟都是看着《还珠格格》、《名侦探柯南》并听着周杰伦、五月天长大的一代。他们对未来的焦虑，对前途的彷徨，我们都能理解。处于青春期的他们，往往有逆反心理，不愿接受父母和老师的意见，而年龄相仿的我们设身处地为他们提一些切实可行的建议，他们或许能欣然接受。

总之，相逢是首歌。这短短的八天，虽然忙，但很充实，充满了幸福感。在这个小小的中学里，我得以重温了从前的高中生活，看到了一群纯真快乐的高中生，也结识了一帮北外的朋友。校方无微不至的照顾让我们既惊讶又感激，虽然我们是去支教帮扶，却没觉得帮上太大的忙，学校的殷勤款待反而让我们汗颜。

在淮安的数日，让我们学会了感恩。吴承恩中学的老师们对我们的信任值得去感恩；校方的热情接待值得我们感恩；孩子们很配合地参与到课堂中去值得我们感恩；就连商店老板知道我们是支教团，也给了我们质优价廉的商品还送货上门，这同样值得我们感恩。只要你付出了爱，就必定能收获更多的爱。

歆语工程，不仅是“传播美妙语言，架设沟通桥梁”，也在传播爱与感恩。

窘境与出路

段采薏

现如今，很多大学都在开展暑期支教项目，把一批批的大学生志愿者派到全国各地的中小学，让他们给“偏远地区”的孩子们带去知识和鼓励，比如千里草助学计划以及我们学校的歆语工程。这些支教项目都已经成功举办多年。然而，短期支教项目的意义在哪里？这是我在参加歆语工程之前就一直思考的问题，是给学生们带去知识，还是让学生们感知一下外面的世界？是丰富我们的人生阅历，还是仅仅意味着一次看看好山好水的旅游？

其实，短期支教项目确实有它的局限性。第一，由于是短期支教项目，志愿者们通常没有经过专业教学培训，导致教学过程中存在一些问题。第二，由于时间太短，教学无法达到很高的连续性。教育本来是一项长期的事业，在短期之内很难达到预期的效果。第三，志愿者和接受支教的学校在对口选择上也存在大大小小的问题。比如，北外的志愿者如果到偏远落后地区的学校仍然教授英语、世界文化的话，客观来讲意义和作用都不大。

这些问题都是短期支教项目很难改变的。那在这样的情况下我们短期支教项目的志愿者，可以给学生们带去什么呢？怎样才能使支教达到双赢，利大于弊呢？

我想用实例来说明我们歆语工程四川绵竹支教团是如何努力实现短期支教项目的意义的。我们所在的绵竹中学暑期补课期间除了我们还有另外一批志愿者。他们是来自其他高校某志愿者组织的队伍。学校安排他们负责高一年级的全天教学（这里所指的高一年级是刚通过中考顺利考上绵竹中学的前二百位同学，也是以后高一实验班的成员），我们负责高二年级的英语教学（高一升高二的全年级同学)。通过了解我们发现，他们的教学宗旨和我们的很不一样。他们给高一年级的安排是，每天上下午都上口语课，进行口语练习，晚上安排学生看电影。这个课程安排基本没有什么难度，也没有任何压力，很放松也很随性。而我们的安排围绕听力、口语、阅读、写作四个专题展开，并且在教学过程中会根据本班英语老师的安排作出调整，改为上他们的课本内容。我们希望我们的课堂内容可以对得起“北京外国语大学”这一块招牌，也对得起这群假期里还辛辛苦苦补课的学生。

我们两支队伍共同在绵竹中学进行了短期支教，到了临别时刻，双方成果有目共睹。我们的工作得到了校方的高度肯定，同时也受到了高二年级的普遍欢迎，和同学们之间建立了深厚的情谊。另外一批志愿者的工作也获得了高一学生的欢迎，以致高一年级在听说我们要占用他们的电影时间办讲座的时候怨声载道。我并不是想抬高或贬低任何一种支教形式，没有人规定，支教就不可以走轻松的路线；也没有人要求，支教就一定要正经八百地为了高考赶进度做应试教育。我想，我们的课程安排的唯一准则就是看对学生是否有益，是否符合他们现阶段的学习情况。

我们所面对的是准高二的学生。对他们来说，高考已经近在眼前，只有两年不到的时间。学校让他们在暑期补课的目的也是学习更多知识，早日完成高中需要学习的课程，从而进入全面复习阶段。对他们来说，每一分每一秒的时间都是宝贵的。因为我们也经历过那样的时期，所以我们知道绝对不能浪费他们的时间。学校、老师信任我们，把课堂时间交给我们，我们就应该竭尽全力给他们分享我们的学习经验，教给他们一些有意义的东西。

支教时间虽然很短，但短期支教就是要创造“永恒的瞬间”。其窍门不在于专业的技巧或是昂贵的物质投入，而在于最简单也是最难得的爱与真诚。站在学生的立场上考虑，用过来人的身份去叮嘱、提醒、引导、鼓励。

我们可能无法在短期支教中让他们在试卷上多做对一道题，多得几十分。但我们可以让他们透过我们的眼睛看到更广阔的世界，让他们树立更远大的目标，拥有更高的追求，努力地激发自己的潜能，向着梦想踏实前进。我们会倾尽所有去付出，站在学生的角度上为他们考虑。多年后，他们想起我们的时候，不会是一句句零碎的英语，不会是一帧帧英文电影，不会是一张张模糊的影像，而会是真诚的笑脸、紧握的双手、坚定的眼神以及如烟火般绽放的绚烂模样。这，就是歆语工程的出口；这，就是我们和学生共同得到的回馈。

这段难说再见的旅程

吴雨珩

从启程到归去，转眼间，七个昼夜呼啸而过；从来时长夜火车上尚不熟识的小伙伴间的沉默不语，到离去时大家谈笑风生、不舍分别；从初入课堂面对孩子们时的拘谨与不知所措，到最后一节课时师生间难掩的离愁与感伤，这段从北京到淮安的短途旅程，带给我们太多太多。

2011 年 7 月 9 日，在大虎老师和梦媛学姐的带领下，我们这支由北外不同院系同学组成的社会实践团正式出征，踏上了由北京前往淮安的旅程。面对九个小时的硬座列车，我心生怯意，产生了一大堆担忧。我担心自己没法和实践团的同学们成为好朋友，我担心自己没法融入孩子们当中去，我担心自己不能胜任在实践团里所担负的职务。答案毫无疑问，我的担心是多余的。

到达淮安的第一天，吴承恩中学就给我留下了深刻的印象。校方的热情接待、舒适的寝室环境、优美的绿化乃至临湖的操场，无一不合我心意。

在正式开课的前一天，我团组织了全员前往周恩来纪念馆参观的活动。在社会实践的旅途中，有机会得以一览伟大总理的纪念馆，也令我格外激动。这一次活动令同学们互相熟悉了不少，拉近了彼此间的距离。作为实践团宣传组的一员，我也没有忘记为大家拍摄视频与照片留念。这是我在淮安每天的固定任务，容不得丝毫怠慢。

在正式开课后，我们实践团的同学们都得到了各自的教学任务。我负责教初中部的初一五班，我的教学任务是音标教学。一个星期教会孩子们四十八个音标，其实并不难。而实际上，据吴承恩中学的老师讲，这些孩子的基础很薄弱，因此我决定循序渐进。幸运的是，我得到了季迁迈同学的帮助，协助我一同教学。这次社会实践对我个人能力上最大的锻炼，毫无疑问就是给孩子们上课以及备课了。每天我会花许多时间备课，安排教学进度，查找资料，并为孩子们准备与教学任务有关的小游戏。上课之初，我是十分紧张与胆怯的，我不知道如何面对这些孩子，毕竟我比他们大不了多少。万一他们不听话，我该如何管束呢？

淮安实践团赴周恩来纪念馆参观考察

但在上课后，这些初一的孩子们出乎我意料地配合，而我也克服了自己的紧张情绪，放开手脚为孩子们上课。在上课的过程中，我丝毫没有注意到时间的流逝，直到不知不觉已经下课。我享受着为孩子们讲知识点并领读的过程，享受着与他们一起做课堂小游戏的点滴乐趣。这是我第一次作为一个老师为孩子们上课，我很享受这个过程。我觉得，我能行！当然，孩子之中肯定有调皮捣蛋以及不配合的，初中学生是这样，高中学生也是这样（我曾为一个高中班代过课）。最初，面对他们的不配合，我手足无措，但是我渐渐发现，这些孩子更加渴望得到帮助与正视。我在课堂上更加留意这些孩子的状态与变化，给予他们更多发言的机会，并在课下与之交谈，分享自己的经历以及寻找我们之间的共同爱好。渐渐地，我们成了好朋友，他们在课堂上十分配合我。现在，我的 QQ 好友中，最常与我交流的，就是这些孩子。

除教学任务外，我自认为负责地完成了每一天的拍摄视频与照片的任务。回来后，看着照片上那些小伙伴们的笑脸，我庆幸自己记录下了这一切！

短短一周，我与孩子们成了朋友，实践团的同学们更是变得亲密无间。我们一起为李楠同学补办生日，我们一起探访淮安小天使康复中心的孩子们，我们一起游历神秘的淮安古镇，我们一起……

感谢身边所有一同走过这七天的人，因为我们共同的努力，我们完成了这次社会实践。因为你们，这段旅程，难说再见！

小幸福

关天宇

在我眼中，能站在三尺讲台之上给别人传授知识是一份十分崇高的事业，所以我一直都梦想能成为一名老师。今年暑假，我有幸参与了歆语工程赴河北邯郸实践团，跟随团队在邯郸市复兴中学开展了为期八天的英语支教活动，终于圆了我的教师梦。

学生们在课堂上认真听讲

在这短短的八天中，每天的生活都过得很愉快、充实又有规律，让我的内心产生了一种好像已经很久没有体会到的幸福感。每天像真正的老师那样，按时备课然后按课表进班上课，无论是在走廊中听到学生叫自己“老师好”，还是在课堂上看到学生专注的眼神，一切的一切都让我乐在其中。我负责两门课程，一门美国文化，一门听力。在美国文化课堂上，我一共设计了三个环节。第一个环节是快速热身，问学生关于美国的全称、领土面积、人口、一共多少个州等问题，目的是让学生从宏观上对美国有一个认识和了解。第二个环节是小组任务，我一共准备了四个游戏：分别是根据描述找出对应的中国城市，根据描述找出对应的美国城市，找出美国城市的别名，以及根据图片找出相对应的美国名胜。我将学生分为四组，让每一组完成一个游戏，目的是希望通过题目所给的描述能让学生将美国城市与中国城市作对比，从而对美国名胜、代表城市有一个更具体的认识。第三个环节就是阅读一篇关于马丁·路德·金生平的文章，使学生了解种族歧视这一美国社会问题，了解马丁·路德·金为争取黑人权利所作的贡献。最后，在观看了一段测试当今美国人种族歧视观的真人秀节目视频之后，讨论你对种族歧视的看法。通过一节课让大家对美国产生更为全面的认识。听力课则更偏重基础知识，由于有五个同学一起负责所有的听力课，所以我们采用的是集体备课的方式。我准备了一节主题为 library 的课。首先是课堂讨论，我一共设计了五个问题。这些问题由浅及深，目的是激发大家的表达欲，活跃课堂气氛，让学生对大学生活产生向往。之后再听一个关于图书馆借书的材料，并让学生根据所听到的内容进行填空。无论是在外国文化课还是在听力课上，我都很注重营造英语气氛，尽自己所能大声地热情地说学生能听懂的英语，并且鼓励学生尽量用英语来表达。但是我也发现，我上课没能注意到每一位学生的英语水平，只是尽可能地多讲，所以每次我一说下课，就听见全班同学大喘气放松的声音。这也让我反思可能给学生讲的内容太多了，他们未必能接受得了。就连带队的康敏老师也提醒我要放慢语速，别着急讲。工作之余，我们还参观了磁州窑博物馆、杨氏太极拳纪念馆，还跟当地的太极拳老师学打了太极拳，这让我们对邯郸这座历史文化名城有了更加全面的认识。

虽然时间只有短短的一周，但我收获了与实践团各位同学的友谊。大家在一起每天工作生活，既辛苦又快乐，这让我真正体会到了做一名教师的不易，让我感受到了给予别人知识的幸福，让我看到了自身的价值。作为当代大学生，我们应该主动担当起社会责任，扎扎实实做有益于社会的事，用实际行动践行社会主义核心价值观，为实现北外梦、中国梦贡献青春和力量！

以梦为马

刘炳辰

2010 年 7 月 5 日清晨，我们在逸夫楼前集合，前往北京西站，踏上了我们赴邯郸的旅程。从出发那一刻起，我已经感觉到，这将注定是一场终生难忘的旅程。

开课的第一天早上，我作为北外的学生代表在复兴中学发了言，向复兴中学的师生们介绍了北外。起初我还比较踌躇满志，因为我觉得北外虽然算不上数一数二的一流名校，但名气还是有的。可当我做完报告后，团队里却有同学告诉我，很多学生问他们，北外是二本还是三本，这可真是有点儿让人哭笑不得。我突然觉得这里的孩子可能真的是缺少梦想，因为我们了解到这所中学每年只有几个人能够考上二本院校，大部分的同学都上了三本或者专科院校。可能国内一流的名校对这些孩子来说有点儿遥不可及。但我相信，只要有梦，一切皆有可能。从那一刻起，我觉得在这里，我们能做的最有意义的事，可能就是给这些孩子们带去梦想。

我曾经梦想过要做一名老师，而这次的社会实践给了我这样一个机会。初登讲台，多少会有些紧张，尽管之前备了很多内容，但当我面对学生时又忘了应该说些什么，应该讲些什么。头两节课上下来，多少有些沮丧，总觉得自己没有把内容讲好，没有把学生教会，自己没有做好。但是在伙伴们的鼓励下，经过自己的反思和总结，渐渐地掌握了讲课的技巧，掌握了课堂的主动性。可这个时候，我又遇到了另一个问题，有些学生不认真听，自己以前上课也曾经这样过，直到站在讲台上，我才真正意识到遇到这种情况老师的心里是多么难受和沮丧。

我的班上有一个同学，上课总爱睡觉。我有些忍无可忍了，于是下课我找他谈了话。我看他两眼水肿，眼袋很重，就问他晚上是不是睡得太晚。他说是的。我一开始以为他晚上打游戏，就说以后尽量早睡别打游戏。但是他说，没办法，晚上回去还要帮爸爸干活干到11点。我没敢再往下问，心里觉得很难过，要帮着爸爸养家糊口的他不得不牺牲自己的学习时间。或许我们应该更加了解那些学习消极的学生，他们很多人并不是自身消极，而是背后可能有更深层次的家庭原因。可我们的关心又有多大的意义呢？我们或许可以改变他的观念，却改变不了他的父亲。思考至此，我黯然神伤。而我们能做的可能就是感谢自己的父母，因为在那个年纪，他们给了我们安心学习的环境，给了我们一个安定闲适的家。

一周的实践活动转眼即逝，这一周有太多的欢乐与泪水难以尽言。在这短短的时间里，要说对老师这个职业能有多深的认识，能有多大的体会，我不敢妄言，但这几天的教学经历，却让我对我们当下基础阶段的外语教育有了更深的认识。为了适应应试教育的需要，从初中开始，很多的英语老师们尤其是公立学校的英语老师，他们关注的重点已经不在语言的应用上了，而在于如何能让学生得到更多的分数。他们过多地关注阅读与语法，而对更具实用价值的听说能力则基本上置于任其发展的状态。这些学生在学英语的基础阶段已经丧失了语言最本质的属性与特色。他们学的语言是一种不能使用的语言，是一门枯燥无味的课程。他们不能通过语言开拓自己的视野，了解外国的文化，英语对他们来说成了一种巨大的负担。既然英语变成了这样一门课程，那我们再去学习它，除高考加分外，又有什么别的意义呢？

但是在当下，中国又在以更快的速度融入世界，中国正在变得更加对外开放，在这样的历史条件下，又怎能不学英语呢？歆语工程为我们提供了一个服务社会、奉献社会的平台，也给复兴中学的学生们一个转变观念的机会。但是全国还有千百万的中学生，甚至还有很多地区的教育资源比不上邯郸，作为有责任感的当代大学生，我们有义务回报社会，但是凭借我们的微薄之力想要改变这种现状几乎不可能。我们需要更大力度的政府支持，我们需要更多这样的活动，引领思潮，转变观念，帮他人打开窗户，给更多人带去梦想。为实现中国梦贡献一份力量，这也许就是歆语工程最大的意义吧。

让正能量在歆语中传递

刘　旸

2014 年 7 月 1 日，暑假伊始，当周围的大多数同学或在忙着实习或在为出国考试埋头复习的时候，我却坐上了去往陕西武功县的火车，踏上了一次令我获益匪浅的社会实践活动——歆语工程的旅程。

早在三年前入学之时就听说过歆语工程的大名，大二暑假因为在国外交换留学而错过了参加的机会令我遗憾不已，因此当大三下学期再次看到歆语工程的志愿者招募通知的时候，我便毫不犹豫地报了名，希望作为一名志愿者把自己的知识带到一个需要它的地方去。

然而事实和我的想象还是有着很大差距的——我并没有经历绿皮车倒长途汽车倒拖拉机的几天的不眠不休，武功县的环境也并非穷乡僻壤。第一次看到普及高中高大的教学楼的时候我甚至有点儿胆怯，因为这并不是我脑海中支教的样子。这看起来算得上现代化的学校真的需要我们这样的志愿者吗？我不禁问自己。当真正走进教室站上讲台时，我才发现自己以前对于志愿者和支教活动的认识是肤浅的。

第一次走进这个重点高中的高一年级教室，面对一帮还未开始高中学习生涯的学生时，尽管我内心十分紧张，但还是装作淡定自如。在与学生们进行了交流后，我渐渐地发现学生们对我们的到来充满了好奇与期待，我终于不再那么担心冷场，那么害怕自己会在讲台上不知所措了。在破冰阶段，学生们积极地提出他们关心的问题，关于高中生活、关于大学，甚至关于当今的国际社会……我发现自己之前的担心是多余的，因为来到这里的根本目的本就不是在短短的一周里给他们讲授多少知识，而是开括他们的视野，激发他们追求知识的兴趣。

于是之后的几天，我们按照之前的备课计划，积极地准备既能令学生们感兴趣又能令他们有所收获的内容，开展英语歌、英语电影、英语配音、英语话剧等形式的活动。在他们以后三年的高中学习中老师可能不会牺牲大量的时间给他们开展这些活动，但在这几天的时间里，作为志愿者的我们要让学生们知道还有这些丰富多彩的学习方式。我们要让他们知道学习英语的意义并不仅仅在于高考的分数，更在于打开一扇信息的窗口，进而令他们产生对英语学习的兴趣，这才是这次实践活动的成功之处。

志愿者们与支教地孩子的合影

对于我个人而言，最幸运的莫过于在这次实践活动中度过了一个难忘的二十一岁生日。在当天上午的游戏活动中，收到了来自两个班的一百多位同学的生日祝福，这已然是一份珍贵的礼物；而下午给三百多位学生做公开课的体验，更是我送给自己的一份成长纪念。尽管平时在学校也时不时做一些班级范围内的演讲，但面对三百多个学生时，那种紧张感还是令我在上台之前心跳加速，但随着演讲的进行，学生热烈的配合令我渐渐地平静下来，开始享受台下三百多双眼睛中的期待与赞叹。

经过这次实践活动，我对歆语工程、对支教活动有了更深刻的认识。记得有一个同学在破冰活动室问过我，什么是“歆语”？我回答说，“歆语”就是“美好的语言”，我们要让学生们看到语言的魅力。所谓支教并不只是讲授知识，更重要的是把学生需要的东西带给他们，可能是一种有效的方法，可能是激发他们的兴趣，可能是开拓他们的视野……而对于志愿者自身来说，能通过自己的努力给学生们带去正面的影响，这种成就感唯有自己经历过才会懂，这份成就感也使那些凌晨备课、喉咙沙哑等辛苦付出有了价值。带给别人正能量的同时也锻炼了自己的能力，让自己变得更成熟，这便是我这次实践的最大的收获。

懂 得

潘 南

这次有机会参加支教项目，完成了我一直以来的一个心愿。从一开始对于支教的憧憬、好奇和幻想，到真的走近黄土高坡、走近在那里生活的学生们，我终于明白了支教的含义。陕西武功是一个不算太落后的县城。普集高中作为全县最好的高中，那里的孩子淳朴善良，学习非常刻苦，数理化成绩优异，唯独缺乏外语教学资源。而我们的到来，如同那里的老师所言，是一场“及时雨”。应该说，我们在短短几天内是不能教会他们太多的英语知识的，但是我们所做的却真的唤起了他们对英语的浓厚兴趣，也教会了他们有效的英语学习方法。“授人以鱼，不如授人以渔”，支教最大的意义就在于此，而这也更利于孩子们的长远发展，让他们能真正领悟学习外语、学习知识的方法，树立理想，从而获得不懈的学习动力。因此，我懂得了支教的意义在于信息的传递、文化的碰撞、思维的启迪。

课余的时候，我们和孩子们会进行互动交流，与他们谈心，告诉他们许多原本不知道的事情，比如北京、上海、莫斯科是什么样子的，也告诉他们大学是怎样的一个地方。憧憬之余，同学们纷纷立下志向，准备通过三年的努力考取理想的学校。

在整个支教过程中，最大的意义体现在一种多元视角下的冲击。对于没有走出过乡关的孩子们来说，其实外面的世界很大，他们所知道、经历、感受过的事情还很少。困住他们思想的，其实不再是贫瘠的物质条件，因为他们有大楼，也有现代化的教学工具，随着我们国家交通、贸易、生产的发展，东西部的差距会越来越小。但是这样的一个小圈子，给这个地方的人带来的“单一无知”却是无法轻易改变的。换句话说，即使武功县和北京一样有高速的宽带网，在浩如烟海的信息海洋里，这里的人接触的有效信息仍然只有原来那么多。因此支教的意义就凸显出来了，其实我们奏响的，很多时候是在同学们原有的思维看来从没接触过或从没注意过的音符。通过引导，会让他们有一种全新的体验，发现原来世界这么多元，还有这么多的未知区域。于是，他们会觉得原来我还这么大有可为，我还这么无知，我还有这么远的路可以走。这会从根本上避免很多学生由于信息闭塞而造成的无知，从而避免学业被耽搁甚至荒废的情况发生。

从这一点来看，就会看到歆语工程不同于其他支教项目的特殊性。联合国教科文组织也颁奖给北京外国语大学，赞许歆语工程所取得的成绩，应该说，这绝不是偶然的。北外的一大办学特色就在于多元化，在于它的包容和开放。这种开放的格局，让很多刚刚踏入北外的新生很不适应，当他们逐渐融入校园文化后，就会发现用多元视角审视事物的好处。

我想，这种多元化视角，就是我们带给武功学生们最好的礼物。而武功的支教之行，让我们能够多元地看待外语教学、看待我们这个国家，进而审视我们自身，这也是武功带给我们的巨大财富。

未来属于你们

佚　名

八天的实践活动结束，我的生活又回到了原本的轨道。坐在由北京开往家乡宁夏的火车上，窗外的景色与支教途中所见到的一样美，我开始思考这一次支教经历对于我自己的意义。尽管现在还很难说这短短的几天将会给我未来的生活带来什么变化，但它确实让我认识到一些我原本并不了解也从没有契机去了解的情况，甚至让我直面了自己以前一直忽略的一些问题。就从这两点上来看，我觉得自己没有白白经历这次支教。

先说说陕西武功。武功县是一个安逸闲适的小县城，喧闹却难掩宁静的气质，朴素中带着历史文化沉淀下来的气韵，绝不是什么所谓的“穷乡僻壤”。它让我看到中国改革开放以来乡镇建设的成果。而我们支教的学校二零二中学，不管是在教学设施上、运动器材上，或是安全监控上都相对完备，是一所硬件条件相对比较好的学校。其实在去往武功的路上我就注意到，火车所经过的每一个村庄里，最高大、最漂亮、最显眼的那栋楼几乎都是学校。这让我在注视窗外的时候屡屡被“国家发展，教育先行”的标语所震动。

但是很快的，我认识到了这样一所学校在运行中所缺失的部分。我无法用具体的语言描绘这个部分，只能称之为“软件”——与“硬件”相对。学校师生配比不足，班额过大；教师受教育水平整体偏低；教学方法相对单一，以应试为主要目的，重复练习为主要手段。仔细想想，其实这所学校运行中所缺失的部分也正是这样一座县城的建设和目前中国发展模式中所缺失的——原本就存在的人才地区分布不平衡和穷困地区人才流失问题，再加以机械重复的教育培养方式和由此带来的学生的低创造性与低能动性。这些问题和整个国家发展的框架息息相关，在短期内很难解决，必须依靠更深入的社会变革来慢慢解决。

我一直相信，即使在这样的环境下，在这样短的支教生涯中，也有尽我一己之力就能够做到的事情和完成的改变。我不能改变学校的师生比例，也不能改变教师们的受教育水平，更不能改变他们的教学方法，但我会努力教我的学生们怎样更好地适应老师的教学方法、怎样去跟老师沟通。更重要的是，我告诉了他们拓展思维的意义，试图让他们看到束缚之外的一隅蓝天，好让他们努力挣脱枷锁直上云霄，用自己的心去看、去闯、去感受世界。我能看到几个孩子的眼中已经有了一些不一样的光彩。我希望在我看不到的地方，他们能一直保持这种光彩，直到将来与我在某处再次相会。

我至今还记得我高中时的校长满怀希望地祝福我们："未来属于你们。"在武功的最后一天，我把这句话送给了和我结缘的一群孩子们。在未来的几年甚至更长的时间里，我会与他们尽可能保持联系，帮助他们实现大学梦或者其他梦想。我会一直为他们每一个人祈祷，祝福他们到达属于自己的人生彼岸。

划破天际的闪电

白　蕊

久久不能忘记的是沙漠中甘露降临时划破天际的闪电，那是孩子们面对知识时眼中的渴望，是在那一片土地上我们留下的印记。短短的十天，对于我们来说却收获了这辈子最珍贵的一段经历。酸甜苦辣的点点滴滴，仿佛都已被珍藏在心底的宝盒中。冒着清晨的暴雨从北京出发，又趟着包头马路上雨水汇成的小河深夜返回，我们一行十人，一路有说有笑，从最初对一切还陌生的同学，到最后成为与库布其沙漠心心相系的好朋友。我们贡献自己力量的同时，发现被深深影响的，其实是我们对教育的理解和对发展的反思。

"从内蒙古回到内蒙古，才算一个真正的内蒙古人。"刚下火车，扔下重重的行囊就受到了校方的热情款待。来到沙漠的第一天，副校长听闻我是从内蒙古考进北京外国语大学，又通过这个项目再次回到这片土地上传播希望与梦想的学生，欣喜的同时也感叹现如今的人才外流导致的教育水平低下已不可逆转。我这次参与歆语工程项目，选择回到内蒙古的初衷就是为了用自己两年学来的知识与技能，尽量回报这片生我养我的土地。确实，很多受过高等教育的学生为了更大的发展空间，最终选择了北京、上海等大城市就业。虽然政府对偏远地区给予大量资金上的扶持，但由于地域发展不均引发的一系列社会问题却没有得到根本性的解决。

来到这里，感到最为震惊的是，独贵塔拉这个小镇的教育硬件设施竟然也十分完备。教室里的多媒体设施齐全，成为老师教学的必备辅助手段；图书馆中的书籍从国学到外国原版名著应有尽有；操场宽阔，每天早晚都有保证学生健康的激情跑操；寝室舒适明亮，为学生休息提供了极佳的环境……虽然这里的学习条件较其他一些偏远地区的学校好一些，可是几天下来通过与老师和同学的接触，我们发现，由于观念落后、师资力量不足、改革不利等方面的原因，学校没有办法成为一所能够为高中及大学提供优秀生源的示范校。以下是有关这方面情况的详细分析：

学校缺乏优秀的师资力量和带队人才。师资以内蒙古本地的老师偏多，从内蒙古东部聘请来的老师和外地的研究生极少。单单就英语教学这方面来讲，老师们不可避免地都带有内蒙古西部地区的口音。这也是没办法的事，原因在于地区的偏僻和发展空间的限制。一名来自呼伦贝尔市的数学老师在接受采访的时候就对我们抱怨了回家的困难性。这一点在我看来，的确是一些偏远地区无法真正提高其教育质量的原因之一。解决的办法除了花重金挖老师，培养新人才，还有一条路可走，那就是改革。

改革作为一种必要的有效的教育发展方式，其实是存在一定风险性的。薄弱的师资力量导致不得不靠借鉴其他学校的模式来进行教学。例如，亿利东方学校通过与老师交流和实地调查，采用了河北市一个叫作“3331”的教育模式，打破了传统的“填鸭式”教学，学生以自学、讨论、互学为主，老师讲解只占十分钟。课上不叫名字，而是把学生分为几组并依照成绩为学生编号、点号，通过人的社会学行为及心理调动学习的积极性。但是照葫芦画瓢显然行不通。首先，基于本地学生家庭收入水平问题，很多人平时都没有电脑用来辅助学习，仅仅用课本来自学，老师的讲解只占十分钟，想透彻剖析知识点或拓展就成了难事。讨论虽然是个很好的模式，但互助学习实在是一种对优秀学生时间上的浪费。其次，老师仅仅叫“大号生”、“小号生”其实从社会学的角度来看，就是给学生贴上了差等生、优等生的标签，更不利于学生的努力与正视自己，甚至会对其心理造成一定的伤害。学校领导及老师也发现，这样的改革从执行的短期效果来看，是具有一定负面效应的。

还有一个限制教育水平提高的十分重要的原因，那就是学生家长的观念落后。很多农民或者牧民家长对于孩子的学习很不重视，当学生的学习或生活上出现问题时，老师联系不到家长，家长有时甚至还把责任推给老师。很多家长甚至认为学习，特别是学习英语不是十分必要。这样的观念导致学生在课下学习时得不到家长的帮助及支持，对他们的学习态度和热情也有一定的影响。

在这次实践中，我们大部分活动内容是与教师进行沟通，并帮助同学们调动学习英语的积极性，顺利达到了校长对我们此次行程的预期。短短的十天实践活动不仅开阔了我们的眼界，锻炼了我们的能力，还让我们切实了解到了中国教育的现状。对于这些地区虽然经济迅速发展思想与教育却止步不前的现状，我们感到深深的忧虑。同样，作为来自祖国大江南北优秀院校的学生，我们也在积极地寻找更有效的途径来帮助这所学校走出如今的教育困境。从一定意义上来讲，这增强了我们的社会责任感和使命感。我们就如同那道闪电，即使转瞬即逝，甚至会被忘记和忽略，但至少我们尽己所能，划破了天际，带来了光明和新希望。

难以割舍的曲周八日

周君彦

8 天 = 192 个小时 = 11520 分钟 = 691200 秒。这样的等式，在平日我们不会放在心上，因为在风华正茂的岁月里，八天是一个微不足道的计量单位，年轻的我们有着丰厚的青春资本。八天，在我们看来，无非是挥霍了沙滩上的一粒沙，大海中的一滴水，或是无限的阳光里一段短短的、微弱的光束。

实践团小老师与孩子们合影

而这束光，虽微弱却足可以点亮希望、照亮未来，因为我们在曲周，我们在“歆语”，我们在实践。八天来，曲周的我们亦步亦趋地走在“实践印证理论”的道路上，享受着大家围坐在一起，热火朝天地备课的过程；享受着站定讲台、手握粉笔、挥洒汗水的宝贵经历；享受着与每一位参训教师深入地沟通交流，分享他们学习英语的故事。微风中的曲周，每一块农田里都摇曳着生香的麦浪，公路边盛开着成片的金黄向日葵，还有那卖野葡萄的小姑娘飞扬的裙裾，好一幅乡村美景！只有走在田间地头才能闻见草香，只有极目远望才能看见村庄。“纸上得来终觉浅，绝知此事要躬行”，只有通过实实在在的实践，才能让所学所用体现更多价值。在曲周，没有喧嚣、极少功利，这里是我们实践的殿堂。

短短的八天也因为曲周人而变得难以割舍，变得分秒必争，变成值得一生珍藏的回忆。从踏上曲周土地的那一刻，我们就成了曲周人的朋友。曲周当地的老师生怕我们生活上有所不便，事无巨细，处处为我们着想，以保证我们没有后顾之忧，能全身心地投入教学工作中去。现在想起在车站和照料我们的包老师道别的场景，心头仍旧酸涩，在此深鞠一躬。

还有那些参训教师，他们在课堂上绽放的笑脸和因获取知识而愉悦的满足感，是我们最大的安慰和动力。每一次在黑板上写下单词，都能听见身后的奋笔疾书；在黑板上写下板书后的每一次转身，都有他们熠熠的目光相随；每每即兴调动起课堂气氛，都有他们爽朗的笑声相伴；最后排演节目时参训老师全心全意的投入，换来了经久不息的掌声和欢笑。给他们讲课，与他们聊天谈心，和他们结下友谊，是我此生最珍贵的记忆。不来到这里，就不知道曲周人多么可爱，在此再鞠一躬。

八天时间，转瞬即逝。走出地铁站，行走在熟悉的北外校园里，恍然如梦。八天太短暂，短到做一个梦都嫌不够。这个梦又太美，美到一旦再想起，嘴角都有甜甜的笑意。我们在曲周的欢笑是青春的印记、韶华的见证，愿这欢笑永存，友谊地久天长！

且行且歌

刘新哲

在陕西蓝田，提起实践团这些“大城市的名牌大学生”，家长们总是充满了崇拜与羡慕，言语间也总是流露出对孩子们走出大山的渴望。习村长和胡老师说：“希望你们能在孩子们的心中种下一颗种子！”

这该是一颗希望的种子，一颗梦的种子。我们一路颠簸而来，短短十几日的朝夕相处，我们能够教授的知识是有限的。但是，对于孩子们来说，我们象征着外面的一切，陌生而新鲜。就像陕西丹凤实践团周戚梦羽所说的那样，“一堂课、一部电影、一首英文歌，并不是课堂的全部内容，重要的是我们在传达一种积极的生活和学习态度，告诉他们英语的学习过程并不仅仅局限于课本，世界也并不是他们想象的那么小”。我们想要告诉孩子们，外面的世界很大，只要他们想要，他们可以通过努力学习去开拓一个新的世界。他们也可以成为我们。在这短暂的时间里，希望这颗被我们种下的种子，可以在孩子们的心里生根、发芽，最终长成参天大树。

或许没有这次实践，对我们自己而言，那些破旧的教舍只会在报刊的图片上匆匆瞥过，一个教师身兼数职的故事也只是听说。那么遥远，甚至感到不真实。但当自己亲身走进这样的课堂，给这样一群赤诚的孩子们上课，才能真正感受到这种震撼和辛酸。因为缺乏教师，陕西蓝田实践团的成员们真切地体验到了身兼数职的艰辛。他们初到当地就排出了针对小学低中高及初中四个层次的学生开设的六门课程的课表，从英语课、音乐课、历史课到演讲课、语文阅读课、趣味数学课，无所不包。而这些课程，对于当地孩子们来说真是闻所未闻。这样的体验让我们切身了解到，很多地方的孩子尽管一样地努力、一样地渴望学习，却不能拥有和我们一样优越的教育资源。于是，在这短短的十几天里，在我们心中也种下了一颗种子。这是一颗“歆语”的种子。它提醒着我们，这只是一个起点，我们的路还很长，我们应当记得，有这样一群孩子需要我们长期的关注和支持，而不仅仅是这短暂的十几天。现在所做的这一切，都是为了下一次更好的出发。了解得更多，就更加知道我们应当去帮助他们，也知道了该怎样去帮助，因为在未来的日子里，即使不在歆语工程，我们依旧会心系边远地区的孩子们，并随时准备为他们贡献自己的力量。

十几天的“歆语”，一路走来，我们在播撒希望的同时，也在收获着成长。辛苦的备课中，我们终于体会到当一名好老师的不易，并为曾经的自己还喜欢对各科老师的授课进行评论而感到羞愧不已。看到在艰苦的教学条件下孩子们对知识的渴望，高中学子们的刻苦努力，我能够深深地体会到与之相比自己是多么的幸运，也因此更加懂得了珍惜和感恩。在和这些孩子们的相处中，我感动于他们的淳朴和真诚，惊诧于他们对生活的乐观和知足的态度。最重要的是这段支教经历也让我们感受到了自身的价值，让我们知道了自己的经历、话语可以给孩子们带来这么大的影响，甚至可以让人重燃梦想。感谢这些孩子们，让我们知道了原来自己也可以给别人带来这么多的能量。

“歆语”这一路走来，我们一起成长，就让我们且行且歌。

浓浓师生情，漫漫返京路

胡 宁

十几天的实践活动圆满结束后，经过近三天的漫长旅程，我们终于回到了北京。走下火车的一瞬间，扑面而来的热浪证明，我们真的已经回来了。

在十余天的实践活动中，我们付出了很多，也收获了很多，有欢笑，有泪水，有感动，也有成长。火车上，告别的余韵未散，感动与感伤犹在。我们纷纷拿出当时学生们送给我们的临别礼物，坐在一起，分享自己的故事和情感。学生们送的礼物和一封一封的信堆成了一座小山，学生们的情感和善意简直要把我们淹没。我想，在实践团出发之前，谁也没有想到，我们会得到这么多。

礼物被一件一件地拿起，信件被一封一封地朗读，社会实践的一点一滴都在脑海中随之浮现出来。刚出发时的忐忑不安，凌晨两点的苦战备课，我们辛苦付出的一切，现在看来，都得到了超值的回报。

读信的时候，我们听到最多的话是："谢谢你们来过，谢谢你们给了我一个大学梦。"从这样的话语里，我们找到了自身的价值与此行的意义。教授英语知识、传授高考经验，必然是我们此行的目的，然而仅仅十几堂课，我们能教授的东西毕竟有限。但当我们告诉这些对大学不甚了解的学生们关于大学的一切的时候，当明白我们的出现给一些原本无心学业、迷茫而不知去向的孩子带去了一个大学梦的时候，我们觉得自身的价值得到了实现，获得了极大的满足。我们的出现，使这些与我们当年一样青涩的高中生们，在一片迷雾中隐隐看到前方的微光，我想这才是我们最重要的价值，也是我们此行的意义所在。

火车上的一番谈话，使我们萌生了要把这个精彩的夏天记录下来的想法，把我们的欢笑与泪水、感动与收获，一一留存，并与大家分享。下了火车，相约在第一次见面的地方重现我们的相识，并把它拍了下来，与十几天的实践生活片段一起制成短片，留作纪念。十几天前，我们还是素不相识的陌生人；十几天后，我们已经成了最亲密的同伴。再现初见的情形，不禁心生感慨，我们从这一次的实践中实在收获了太多太多。

情暖马尔康

王　芳

这里是一个天空蔚蓝，抬眼便是青山绿水的地方，说是世外桃源亦不为过。离别在即，仿佛有很多话想说，却又觉得语言的表达甚是无力。

想这短短十天，恰似黄粱一梦。

2013 年 7 月 3 日，我们齐聚“帝都”，而后一路南下。路上几经波折。延安路段有塌方，火车一直晚点；成都有暴雨，继续晚点。火车上待的时间长了，空气不好，难免个个蓬头垢面。但我们这些刚刚认识的“歆语”人却一直坚挺，“三国杀”伴随大家漫漫长路。为了争取到卧铺，亲爱的郑老师和赵老师一直在 3 号和 8 号车厢之间“游走”，天知道通过那种人山障碍需要何等的体力和心力。由于我们统一着装，开始的时候乘客们还会用好奇的目光看看，挪开一条缝让你挤过去，或者会关切地问问你是去哪里做暑期实践之类。来往了三四趟之后，这些也很辛苦的“人山障碍”就透露出一种鄙视的目光了。当你看到一个横在狭小的过道里酣睡的人，却要把他唤醒，心里确实也有少许的愧疚。在各种好奇和鄙视的目光中，我们终于在 7 月 4 日晚上十点来钟全部有了卧铺。感谢伟大的郑老师和赵老师，还有小青同学。火车继续晚点，但是我们能好好睡一觉了。最后到达成都已是凌晨五点多，火车晚点八个小时，而彼时的我们已经在火车上滞留了三十六个小时。

终于和康老师一行还有两位在川外的“歆语”人胜利会师，而之后的一切便是柳暗花明了。在都江堰吃了第一顿比较正常的伙食，一路驶进此行的目的地——马尔康。好多“歆语”人是第一次来南方，也是第一次来四川，对满眼青翠又挺拔的群山突兀的出现，感到很是赞叹和新奇，火车上的疲惫一扫而光。大家很快混在一起，听康老师讲解一路风光，一起说笑，一起唱歌，兴致颇高。途经映秀、汶川、北川的时候，重建的新城让人欣慰，可残留的震后痕迹仍让人心悸。而当时谁也没想到的是，十天之后的这里竟然又遭洪水侵袭，让这里的人民失去了家园甚至是生命。昨天晚上还有灾民跑到马尔康来避难。我们是幸运儿，没有晚一天来也没有早一天走，一直在马尔康这块福地之上安好着。虽是天留人，但多天下来对康老师和欧老师等叨扰太多，相聚有时，离别亦有时，美好总是短暂的，保持在这样的长度刚刚好。前天，我们一行人去了马尔康山上的寺庙，很虔诚地膜拜和祈祷，为家人、为同学、为老师、为朋友祈祷，为马尔康祈祷，为汶川、北川的人民祈祷。唯愿，一切都好。

志愿者在支教地度过一个难忘的生日

昨天是歆语团在马尔康的最后一晚，正值小李生日，可亲、可敬、可佩的康妈妈精心准备了生日蛋糕，从而也为大家的告别和互相表达心声提供了一个机会。

康老师，我更愿意称呼她为康妈妈。从我们在成都站一下火车就开始无微不至地照顾我们，感冒了却还用粗犷热情的歌喉迎接我们，让我们立刻觉得到了马尔康就像回到家一般。欧老师，一位很低调的才子，能写文章能谱曲，艺术气息浓浓的天之骄子。塔尔姆和泽郎准，两位接待办的美女，天天照顾我们的饮食，让我们尝遍了马尔康的特色美食，饱足了口福，服务之周到让我们一度惶恐。还有优雅的邓老师，一直也和康老师一样悉心地照顾我们。康老师的女儿那依赛斯更是大家的开心果，这个小姑娘聪明伶俐，将来必有作为。

歆语工程马尔康支团的成员们个个都活泼可爱。带队的郑老师和赵老师的专业知识和组织能力自不必说，难得的是跟我们没有距离，一起玩一起闹。其他的成员都比我小，90后占了半壁江山，也好，他们的活力和生气感染了我，让我重新体验了一把青春的滋味。仿佛是上天的缘分注定，我们就要在这美好的季节、诗意的地方相遇相识，然后很快地融合成一个具有凝聚力的整体。我们一起备课，一起上课，一起品尝藏族特色美食，一起排练节目，一起疯狂哭泣，一起放声大笑。太多的话和太多的感情，都在昨晚上化作了一个个的泪眼蒙眬和一杯杯的觥筹交错。都说男儿有泪不轻弹，可昨晚，仍旧是马尔康一个风轻云淡的夜晚，两个北方的汉子和两个南方的爷们儿哭得像受了特大委屈的孩子。尤其是小左，哭得很二，大家包括他自己，想笑，却只有更多的泪水涌出来。小刘说不忍和我碰杯，因为看到我就会想哭，貌似我是一把催泪弹。其他的女同志们自不必说，完全像脱缰的野马般失控。那依的哭最让大家不忍，她还只是个小学刚毕业的孩子，却要面对如此伤心的离别。她还小，只记得这些从四面八方来的哥哥姐姐们对她的各种好，突然这样抽空，情绪上难免受不了。康老师、邓老师、塔老师和欧老师，亦且饮且泣，因为大家都互相舍不得，这段经历的难得不是一般人能想象出的。跋山涉水，不远万里，十二个人来到这里，为的是传达一些新的外语教育理念，帮这里的老师和孩子们打开一扇窗，让更多的孩子走出重重大山，考上好大学，认识外面多姿多彩的世界，让他们的人生也和我们一样丰富充实。我想，此行的目的达到了。不仅如此，最后的汇报演出还让参培老师们收获了更多对自己的自信，教学上突出，文艺上也不孬，年龄神马的都是浮云。

我们这个小团队，虽然短暂得像梦一样，却开放得异常灿烂。

康老师说，现在马尔康的老师们都在夸奖我们。甚感欣慰的同时，有压力在肩。短短十天，歆语工程的任务只是开了个头，加强宣传和支持力度，让更多的人知道马尔康、了解马尔康，提升马尔康延至其他边疆深山地区的英语教育，有赖于我们这些各大外语院校的学子们的共同努力。每个“歆语”人在踏上马尔康的第一天起，便不约而同地爱上了这里。这里留给大家的全部是美好的记忆。如画如诗的美景，心怀大爱的康妈妈，热情敬业的老师们，单纯聪明的孩子们，淳朴至真的民风，这些早已让我们乐不思蜀了。马尔康，这个美丽的名字，这个火苗旺盛的地方，这个刷新了太多“歆语”人“第一次”的地方，这个留下了大家太多欢笑和泪水的地方，这种情深情暖镌刻在每个人的心底，让我们铭记一生。我始终坚信，不管时间如何流逝，“马尔康”这三个字和背后的故事，断不会从我们的记忆里除去。

挪威剧作家易卜生曾经说过一段话：在精神上人是远视的动物，离得远看得清，细节使人糊涂；我们要判断一样东西就要离它远一点儿，在冬天才能把夏天写得最好。这短短的几天里，“歆语”人经历了太多，收获了太多。正因如此，对当下的感情并不能充分地表达，至少对于我是这样。在写下这篇总结的时候，深感词不达意之苦。用一个字来表达最真切的感受，便是一个“暖”字。一股暖流，汩汩流淌在每个“歆语”人的心田。

晓风吹酒醒，窗外青山鸟语；目及尽是流连，情暖马尔康。大美，大爱！

十天，一段有关马尔康的旅程

王胜男

十天前，马尔康于我而言是个完全陌生的名词。

十天后，马尔康已然是我永难割舍的专属回忆。

来过，便不曾离开。

2009 年 7 月 3 日，我们从北京出发，团队里的每一个人都来自全国不同的外语类高校。我们不曾相识，却仿佛有着天然合拍的默契，短短几分钟，我们便像久未相见的旧友般相谈甚欢。虽然我们都来自不同的地方，但是从那一刻开始，我们便拥有了同一个名字——“歆语”人，也从那一刻开始，我们共同踏上了这段有关马尔康的旅程。

火车缓缓驶离了北京西站，车窗外的风景在次第交叠着，而与此同时，我内心的期待与忐忑也开始前所未有地膨胀。列车将带着我抵达一个我从未去过的地方，而我又将为那个地方带去些什么。由于那天成都暴雨，我们的火车晚点了八个多小时，到达成都站时已是凌晨4 点。天还未泛白，但成都站已然是一片热闹的景象。第二天早上 9 点，我们便坐上了开往马尔康的汽车，赶赴我们的支教目的地。

透过车窗，目及之处都是不曾有过的风景。天蓝得有些不可思议，云层渐次飘浮流动在一片绵延的苍翠中，空气中时而夹杂着清甜而沁人的青草香气，那是我曾无数次想象过的绝美画卷，而此刻却真实地呈现在我的眼前。那一瞬间，我被这大自然的绝美景致深深地惊艳和感动了。

短短两三个小时的车程，承载了太多不曾有过的风景，也唤起了太多曾深深烙下的记忆。映秀、汶川，当汽车驶达这一个个地点时，脑海中便不自觉地翻涌起太多沉痛却又坚强的记忆。2008 年汶川地震，震痛了汶川，震痛了我们所有人的心，却也让汶川在苦难中越发坚强，让我们在团结与众志成城中找到新的勇气与信心。那一瞬间，当我看到一个全新的汶川出现在我眼前时，我不禁有一阵莫名的鼻酸，有伤痛的情绪翻涌，但更多的是为汶川的勇敢与坚强而由衷欣慰。

我曾无数次地设想过马尔康的样子，但当我真正到达马尔康时，它却完全突破了我所有的定义。它确实偏僻，但当你走在马尔康的路上时，你会发现它的每一个建筑、商铺都有着鲜明的民族特色。它或许没有大城市般的高楼耸立、车水马龙，却浑身散发着无可替代的民族风情，有着你从未见过的远山、高天，有着更打动人心的自然之美。

抵达马尔康的第二天，我们便正式开始了支教任务。我还清晰地记得我第一次见到参培老师们的忐忑与不安，他们都是从马尔康县不同的学校赶来参加这次培训的，老师的年龄也有着很大的跨度，有的甚至已经从教十几年了。所以，在每一次备课时，我都会经历很多的纠结与矛盾。我总是会问自己，你怎样才能让老师们学到他们真正需要的东西，你怎样才能在这短短的四天培训中给老师们带去尽可能多的帮助。每一次站上讲台，紧张的情绪便不自觉地蔓延开来，但老师们的一个会意的微笑、一个肯定的眼神以及低头认真记笔记的瞬间都给予了我莫大的勇气与信心。尽管准备课件总会忙到凌晨一两点，尽管期间会遇到诸多焦头烂额的瞬间，但在得到老师们肯定的那一刻，一切疲惫与辛苦都忘在脑后了，有的只是满满的欣慰和不断增长的勇气。

短短的四天，我们彼此收获的不仅是知识的互动，更是友谊的增进。从某种程度上说，我是老师，我带给了他们一些新的教学方式与理念。但从另一种角度来说，我更是学生，参培老师们教给了我丰富的民族文化知识。从陌生到熟悉，这是一种分外珍贵而神奇的体验，彼此感受，彼此理解，彼此学习。我们就这样渐渐地融合，渐渐地演绎出一段专属而美丽的交集。

在此之前，我根本无法想象在短短的四天内完成教师的培训并筹备出一场汇报演出。每天都会有繁重的教学任务，而参培老师们

实践地孩子们微笑面对镜头

好多都是一边工作一边参加此次培训的，有的离家还比较远，所以要在这么短的时间内排出一场汇报演出无疑要面对太多的困难。但事实证明，我们做到了。虽然我们都倍感压力，但我们却给这场演出共同画上了一个完美的句号。当我们共同唱响最后的歌曲时，我的眼眶不自觉地湿润了，是不舍，是骄傲，更是感动。在节目进行的过程中，康老师说，每过一个节目，她都会用笔勾一个节目，然后深深地舒一口气。不得不说，为了这台演出，我们每个人都付出了很多，但与此同时，我们每个人都绷紧了神经，因为时间太短，我们害怕最后会出现意外和岔子。我们都太希望办好这场演出了，它就像是一颗种子，凝结着我们一点一滴的心血，而我们也期待着它最美的花开。

即使是现在我脑海中还不时盘旋着排练演出的画面。记得在演出正式开始的那天上午，我给小学组的参培老师们进行紧张的排练。一遍又一遍地练习，有的老师都没顾上吃早餐，只是在排练间隙匆匆地吃了几片面包。但大家谁都没有抱怨，每个人都在用心地背着自己的台词，每个人都在反复地练习着自己的表演。也许最后呈现在舞台上的表演仍然有着很多不成熟的地方，但它凝结了我们每一个人最大的努力，呈现在舞台上的都是那个最真最用心的自己。

7月11日，就在即将离开马尔康的时候，我们忽然获悉都江堰发生了严重的泥石流，汶川等地也相继出现了灾情。那一瞬间，简直都不敢相信这一切是真的。我宁愿相信这只是我的幻觉，因为我实在不愿意相信前几天曾亲身经过的那些地方，曾亲眼看过的全新面貌，如今却全然“覆灭”了。手机里还存留着照片，现在看却仿佛一下子拉开了好远，脑海里还有着那段完好无缺的记忆，却在现实中瞬间支离瓦解。这是一种过于残忍的冲击，却又是无法抗拒的残忍现实。

第二天，我们前往马尔康的藏族寺庙祈福。虽然不是藏传佛教的信徒，但我们都虔诚地行了藏教磕头礼，只是希望能祈佑一切安好。我不知道是不是真的存在此般神力，可以消灾，可以保佑平安，可以让一切归复完好，我只希望，在那样的时刻，可以为他们带去某些力量，哪怕只是一点点。

在马尔康的日子，就像是一段奇妙无比的旅程，这儿有着我从未见过的风景，更有着我从未设想过的记忆。走在马尔康的路上，就仿佛置身于一个全新的世界，也许它可以是世外桃源的代名词，也许它能完全突破你曾固守的那些定义。如果我不曾来过，我将永远都无法感受此般绝美的景致；如果我不曾来过，我将永远都无法体会此般独特的民族风情；如果我不曾来过，我将永远都无法拥有这专属而宝贵的四天。那些每天紧张备课的日子；那些与参培老师们共同学习、共同感受、共同分享的日子；那些忙碌着筹备节目，一起反复排练的日子；那些一起收获，一起感动的日子。

“你是此生最美景，我愿长醉不复醒”是我最想用来描述马尔康的一句话，也是我最想用来描述这一次马尔康之行的语句。感恩马尔康，更祝福马尔康。

不负时光

王　雪

使人成熟的，不是岁月，而是经历。短短一周的歆语工程暑期社会实践结束了，而它的果实，却值得用一生咀嚼回味。

歆语工程，传播最美妙的语言。它是针对英语教学在基础教育阶段相对薄弱滞后的现状，充分发挥北京外国语大学外语教学研究优势，在相关地区推出的以中小学英语师资培训、支教帮扶和志愿服务为主要内容，以服务基础教育均衡发展为目标的教育扶贫系列计划。而我所在的是“新加坡红十字会北京外国语大学歆语工程赴四川简阳实践团”。我们的队伍比较特殊，由全国多语言服务联盟的各所高校派出的志愿者们组成。作为队里唯一一个北外人，我担任了组长，前期主要负责协助带队老师进行筹备联络工作。通过飞信与队友们交流时，我总会忍不住想象，我的队友们都是什么样的人呢。于是，在2008年期末考试后的那一段时间，我始终处于兴奋与期待中。

直到7月2日，陆陆续续地接到兄弟院校的志愿者们，才终于见到了大家的“庐山真面目”。稍作整顿，4号下午，我们一行十一人，背着大小行囊，踏上了奔赴四川简阳支教的征程。对于从来没有坐过长时间火车的我，二十九小时的硬座无疑是一个巨大的挑战。在火车晚点一个多小时后，经过一番周折，我们终于在车厢里安顿下来。由于正处暑假返乡高峰期，从北京到成都的火车票源十分紧张。许多人为了能及时回家都买了无座的票，以致过道上或站或坐或躺都挤满了人。若想在车厢内走动，有如翻山越岭一样困难。

大家是傍晚上的车，长夜漫漫，就用各种小游戏来打发火车上单调无聊的时光。扑克、UNO、你画我猜、谁是卧底……来自不同学校的我们，通过一个个小游戏，迅速地拉近了彼此间的距离，增进了感情，一晚上欢声笑语，乐在其中。

到了后半夜，大家渐渐开始尝试睡觉。然而，现实和理想总有很大的差距。由于长时间坐着无法舒展，到了半夜大家已经是腰酸背痛。硬座上睡姿各异，往往刚睡着几分钟就又由于各种原因醒来，持续着浑浑噩噩的状态。

到了第二天，大家都已经筋疲力尽。抵达成都已经是第三天的凌晨，接着乘车前往简阳。与我们对接的学校是四川省简阳中学。简中是简阳市一所知名的国家示范性重点高级中学，是一所具有百余年办学历史的巴蜀名校。来之前得知我们将要授课的对象是这样一所知名高中的优秀学子，并且还是将要升至高二高三的学生时，我们感觉肩上都是沉甸甸的压力。于是，休息了几小时，我们就起来投入紧张的备课之中。因为我们都知道，有一群渴望知识的孩子在等着我们，我们要用最好的状态来迎接他们。

我们教的是准高二高三年级的一共五个班。经过集体的讨论与研究，我们将教授重点放在了英语视听说上。期望通过与孩子们交流我们的英语学习方法与经验，激发他们的英语学习热情，帮助他们找到自己的定位。我的教学主要分为三个板块：语音、口语和词汇。为了达到较好的授课效果，在备课过程中，我搜集了大量的音频与视频素材，进行了有效的整合，尽可能地丰富教学内容，为孩子们带去别开生面的英语视听说课。在整个教学过程中，我坚持全英文授课，根据各班级各层级学生们的状况，适当调整教学节奏，获得了较为良好的互动效果。

在最后一节课上，两个班合在一起表演了各式各样的节目：唱英文歌、朗诵英文诗、讲英语笑话等。一张张兴奋的脸庞，一阵阵爽朗的笑声，让离别显得不那么悲伤。结束后，孩子们送给我好多带有留言的小纸条和棒棒糖。纸条有叠成爱心的，有画了各种图案的，回来一个个地展开看，一点点地感受孩子们的心意，这些天的一切辛苦劳累都显得如此微不足道。

由于我们这个队伍比较特殊，实际教学的时间较短，开始教课前曾想过，短短三天，很有可能刚刚和一个人开始熟悉就要分别，这段时光能给自己留下的记忆十分有限。然而，三天过后，当我最

入夜时支教团团员在听第二天主讲的同学试讲

后一次看到孩子们坐在教室里，用最真诚的心来为我表演节目时，我突然明白，任何时光都是如此独特且无可替代。二十九个小时的硬座，备课到凌晨，早上六点起，吃不上正餐，连上三四节课嗓子冒烟……不是没有抱怨，但是当听到孩子们说喜欢我的课，喜欢我的笑，因为这三天时光更喜欢英语的时候，觉得一切的一切是那么地值得。“We love you，Catherine！”当最后一课结束之际，孩子们一起向我大喊出这句简单的英语时，我已是热泪盈眶。

每年暑期，各大高校都会有不少年轻人奔赴祖国大地的各个角落，进行短期支教。如今，大学生公益支教俨然成了一种风尚。然而，前段时间，《叔叔阿姨，我们不希望你们来“支教”》一文在网上走红。此文以一个孩子的口吻，批判了现行的短期支教活动。“叔叔阿姨，我们不希望你们来支教，我们都担心，这块贫瘠的土地容纳不下你公益的热心。我们担心，我们的‘无知’伤了你们那颗奉献的心。”如果孩子们觉得“我们扰乱了他们的生活，扰乱了他们老师的教学计划，以他们贫穷的名义，毁灭了他们对学习的热情，对老师的信心”，这只说明了一件事，有问题的不是支教这个行为本身，而是我们自己做得不够好。大学生支教，最必要的，不是知识，而是那一份真诚、一份耐心。我很庆幸，我没有听见“不希望你们来支教”的字眼，而是“You'll be the sweetest memory in my heart”这样温情的话语。但是有一句话我是认可的：对于那群孩子，我们只是过客，短短几天的支教，我们没有带给他们太多的知识。确实，一周的时间根本无法真正带给孩子们系统的知识，在很多人眼里，我们就是匆匆过客。但即使是过客，我们也要做最好的过客。“授人以鱼，不如授人以渔”，几天的时间，我们真正能给孩子们带去的到底是什么？是学习方法，是对学习的希望。

这时又有人会说了：给孩子们希望，但当他们逐渐成长，进入这个残酷的社会，那丝希望逐渐破灭，对他们是多么残酷的事情。如果是我，宁愿不要这个缥缈的希望，脚踏实地地安宁地生活。那么，你还记得儿时的梦想吗？想当宇航员、科学家，想当医生、律师？很多时候，这些梦想都没有实现，但当你将它们作为目标，努力过，奋斗过，即使最后失败，回头看时，也会感到欣慰。选择与奋斗是人成长的必备要素，如果连选择的机会都没有，如果连奋斗的方向都没有，那这人生将是多么荒凉可悲。“人生难得几回搏”，至少于我，不愿意做那放羊娃——放羊，挣钱，娶妻，生娃，再放羊。

“谢谢你，谢谢你的笑容，谢谢你的视频，谢谢你的教学，谢谢你的陪伴，谢谢你带给我学英语的希望!”“希望”是一个多么动听的字眼。孩子有梦，少年壮志，“中国梦”方兴。地震灾害来临时，是否因担心灾款被挪用而不去贡献那一份力量?“歆语”之后，我深刻地体会到，真正做完之后才会明白，有些事没有对错，只为值得。

当然，事出必有因。面对质疑的声音，我们应该反省：是不是有的时候我们过于沉醉于“公益”的自我满足中，一厢情愿地盲目支教，而遗忘初衷，没有真正去思考孩子们到底要的是什么，我们到底能给他们带来什么，以及如何来实现。如何在保质的前提下，繁荣公益教育，是国家进行规划时亟须完成的一大课题。而作为大学生志愿者，扎实自己的知识技能，脚踏实地、真诚耐心地与孩子们交流，并建立持久联系，则是对我们提出的基本要求。

“社会实践活动是当代青年大学生运用知识、施展才华、磨炼意志、实践成才的‘第二课堂’，是我们服务人民、奉献社会的重要舞台。今天，我们整装待发，踏上社会实践的征程。我们将利用北外丰富的外语教学资源，充分发挥外语优势，走入基层、服务社会，通过师资培训、支教帮扶、志愿服务和社会调研等方式，在社会实践中受教育、长才干、做奉献。

“在这个庄严的时刻，我谨代表参与本次暑期社会实践的全体志愿者，向各位领导和老师们郑重承诺：我们将珍惜此次社会实践机会，在带队老师的具体指导下，严格要求自己，遵守纪律，克服困难，团结协作，全力以赴，力争圆满地完成预定的各项实践任务。在未来的两周时间里，我们会在社会大熔炉里接受锻炼、经受考验，在基层展现风采、奉献智慧、贡献力量。

“青春似火，青春无悔。同学们，让我们携起手来，用年轻人的热情和创造力，用当代大学生的知识和力量，用北外人的智慧和信心，在自己的青春中，留下精彩绚丽的一页，以我们的实际行动追逐青年梦，践行北外梦，共筑中国梦！”

在出征仪式上，作为二十余支实践团队的志愿者代表发言的情景还历历在目。很欣慰，我没有辜负当初的承诺，没有辜负这盛夏时光。

最后，感谢学校领导对本次暑期社会实践活动的关心和支持，给我们提供这样一个锻炼自我、服务社会的宝贵机会；感谢带队老师的精心组织和安排，让我们得以顺利地完成整项任务；感谢并肩奋战的队友们互相鼓励、互相帮助；最最感谢的是那一群可爱的孩子们，是你们，赋予了我们这些志愿者存在的意义。

短短一周，在人生长河中，仅是清浅一笔，但纵然岁月流逝，空间分隔了你我，时间冲散了你我，这绚烂一抹，将永不褪色。

爱是倾其所有

龚　莹

2013年的暑假，注定因歆语工程而不平凡。

派专车到火车站专门接送我们；校长、老师们等候在门口热情地欢迎我们；在镇上最好的饭店为我们接风；为我们准备全新的洗漱用品和被褥；在宿舍里特地为我们装上无线网；每顿饭菜的种类都不同；全力配合我们准备闭营仪式……所有这一切，我们知道，对于坐落在四处环山隶属于国家级贫困县的马营初中来说，已经是学校尽全力所做的接待了。

抢着替我们拎行李；见到我们总会腼腆一笑再默默低下头；看见我们打水总要上来搭一把手；将自家种的樱桃送给我们吃；在课堂上全神贯注地盯着我们的每一个动作，下课后拉着我们说“老师，你也一起来打球吧”；送给我们的纸条上写着“谢谢老师能从北京来我们这里教书”；积极地询问我们的联系方式，面对我们的离开哭得泣不成声；时至今日仍然通过QQ、短信等找我们诉说心事……我们知道，对于这群远离城市喧嚣、淳朴善良的孩子来说，这一切都是他们的真情流露。

而我们，这支由十二人组成的甘肃通渭实践团，从一开始就不曾懈怠过，也总希望能够倾囊相授。尚未赴甘肃之前一次又一次认真地讨论该给孩子们教什么，不厌其烦地修改自己的教案，热心地为孩子们准备小礼物，抵达通渭后积极地与孩子们和当地老师交流，嗓子再干再哑上课时也要保持音量与激情，上了一天的课依然坚持认真备课、修改教案到深夜，生活条件再差、再苦、再难以适应也不曾有丝毫懈怠……能力有限，或许我们做得还不够完美，但我们已是竭尽全力。

于我而言，面对学校里的老师们为了配合我们的工作忙前忙后的身影，面对那一双双充满渴望的眼睛，我心里总有点儿不安，总觉得自己应该加倍努力。

第一天做自我介绍时，我告诉他们我来自北京外国语大学，那是一个有着“中华人民共和国外交官摇篮”美称的地方，那里可以做到“有五星红旗飘扬的地方，就有北外人的身影”。在讲述北外光辉历史的时候，面对孩子们那向往的眼神，我也油然而生一种强烈的自豪感。我告诉他们，学好英语，你将有更多的机会进入北外，你的世界不再仅仅是马营，不再仅仅是通渭，不再仅仅是甘肃，你的世界将是中国，乃至国际舞台。

讲述关于“travel in Beijing”的课程时，对于这群很少有机会到山外面看看的孩子们来说，即便是一张普通的北京胡同的照片，也能让他们不断发出“哇”的赞叹声。讲故宫，讲长城，讲鸟巢，讲北京烤鸭，讲北京各大高校，孩子们听得津津有味，我总是不断重复着这么一句话“这是以我的视角看北京，等你们再过几年到北京上大学，就会有自己的感受，到时候别忘了和老师分享啊”。因为我笃信，总有一天，这群孩子能够凭借自己的努力，走出大山，走出甘肃，抵达北京，抵达国际，拥有属于他们自己的精彩。

讲述关于“who is your idol”的课程时，对于这群在课外活动时间主要运动是打篮球和乒乓球的孩子们来说，他们中很多人的偶像是姚明、詹姆斯、邓亚萍等。当然，也有爱好读书的同学将拿破仑、钱学森、莫言、达·芬奇等当作自己的偶像。除去这些，我着重给他们讲了美国总统林肯，一个孩子们不怎么熟悉的人。因为我想告诉他们林肯最值得尊敬的不是他的总统身份，而是他出身贫寒却热爱读书，主张人生而平等，坚持破除黑奴制。我想让他们知道每个人只要努力，都能成为自己想成为的人，同时也别忘了关注那些你应该关注的人。我不知道他们能理解多少，但我竭力给他们展示一个不再仅仅只有自己的世界。

说实话，每次上完课，我心里都挺忐忑的，我不知道自己究竟有没有给那些孩子带来点儿什么。但当看到孩子们在纸条上写道，他们想去北京读大学，想尝尝北京的烤鸭，想让我们再多待一段时间时，我知道我的所作所为获得了相应的回应。

此外，此次通渭之行，让我不仅仅结识了一群质朴的老师、一群可爱的孩子，也让我收获了来自北外各院系老师和同学的真挚友谊。在漫长的火车行程中，我们相互逗乐打发时间；在身体不舒服，难以适应当地的生活条件时，我们相互鼓励，保持乐观情绪；在忙得四脚朝天时，我们相互理解，努力完成各自的任务……回到北外，提及那些独属于我们团队的话题，大家都能默契地开怀大笑，团结与合作的重要性在这个团队里体现得淋漓尽致。

的确，支教如大家一致认可的那样意义重大，大可利于国家，小可惠及个体。然而，对我而言，支教却让我逐渐领悟出一个再浅显不过的道理：爱，非十全十美；爱，是倾其所有。

播下一颗希望的种子

赵媛洁

2013 年 7 月，我参加了北京外国语大学组织的“同谱歆语情，共筑中国梦”歆语工程支教活动，成为一名光荣的志愿者。

从出发前的各种准备工作和讨论会议开始，我的心里就充满了期待和忐忑。一方面，激动于自己终于能够通过歆语工程这样一个优秀的支教平台来奉献自我、回报社会；另一方面，想到当地孩子们对自己寄予的期望，心中又多了几分压力。但是，经历过歆语工程的磨炼，所有的期待和忐忑都让心中那份对爱和美好的信仰越发坚定。

此次我们支教的对象是甘肃省通渭县马营初中的初一学生。还记得经过近三十个小时的火车和两个多小时的汽车到达马营初中时，学校领导、老师和学生们夹道欢迎的场面，所有旅途的疲惫瞬间烟消云散，那些期待、信任和鼓励的微笑让大家都充满了斗志和信心。由十位队员和两位老师组成的歆语工程甘肃通渭实践团，开始了在马营初中的支教活动。

在此次活动中，根据个人的特长和支教团里的课程安排，我选择了“英语歌曲及文化”和“英语诗歌及欣赏”两个专题来教授。一开始，真的没有想到教授歌曲也是那么困难的一件事。首先就是要带着发音不准的同学们熟悉歌词，纠正发音；其次还要教给同学们一些英语歌曲里面常见的“吞音”和“连读”现象；另外教授歌曲时还要费心设计一些有趣的动作，方便同学们记忆和学习；最后还要让同学们在开心唱歌的同时也能了解到一些关于歌曲、关于美国和英国的文化背景知识，拓宽孩子们的眼界。而且，即使是专题课程，也不是“一劳永逸”那么简单。在赶赴支教学校之前，我就花了好几天的时间准备了多首风格不同又各有意义的歌曲及相关的歌词和背景资料等。到了学校之后，每一次上课前，我都会到第二天即将上课的班级所住的宿舍里和孩子们聊天，看看她们最喜欢哪一首歌以便第二天教授。而结束了一天的授课之后，也还会到宿舍里找孩子们聊一聊，看看歌曲难不难学，再把忘了的部分教一教。有趣的是，因为我们和孩子们住在一栋宿舍楼里，经常能在宿舍楼里听到他们练习我教给他们的英文歌，用铃铛般清脆的嗓音唱了一遍又一遍。常常有时候放了学，留校的孩子们也会主动来找我，给我唱上午或下午教给他们的歌，认真地用手打着拍子，红扑扑的脸上满是认真。记得有一次我问一个小女孩儿，每天这么练歌累不累啊？小姑娘开心地对我说，怎么会累呢，老师，从来没有人教

志愿者在讲授语法结构

我们唱过英文歌，这是我们学到的第一首，我们一定会好好练习。看着她开心的笑容、笃定的眼神，我忽然觉得这些天付出的努力都值了。

7 月的马营比起盛夏的北京来气温低了 10 度左右，因为气候的突然变化，刚到马营的第二天，我就感冒了，加之无论是教授英语歌曲还是带同学们朗读英语诗歌都很费嗓子，那几天喉咙一直处于

红肿的状态。严重的时候，早上刚醒来都说不出话来，只能猛给自己灌水润嗓，直到9点上课的时候才能发出声来；除了上课以外，能不说话的时候就尽量不说，好保护嗓子。那时候大家的嗓子都不太舒服，又不方便出去买药，药品的稀缺导致润喉药成了队里的宝贝，每人只能是定额分配还得省着吃。没办法，最后找到一瓶止咳糖浆，看到有甘草的成分，就硬逼着自己把它当作润喉药喝完了。而最让人感动的还是那些朴实的孩子。记得嗓子特疼的那两天，一个孩子下了课来问我问题，忽然间就失了声说不出话来，后来咳了一会又喝了几口水，终于能粗哑着嗓子和孩子说话了。我记得还没说完，那个孩子就说“老师，你生病了，我给你买药去吧”；我知道买药也不容易赶忙说“不用不用，老师有药呢”，就继续说下去；可是孩子又焦急地说“老师，你生病了，我给你买药去吧”……这样反复说了多次，才不放心地离开。这个女孩儿，因为性格比较内敛，平时在班里发言也不是很积极，但是我却再也忘不了她眼里的关切和担心，那是人与人之间最美妙的真情！

走的时候，我在马营初中的教学黑板报上看到这样一句话：教育不是灌输一株植物，而是播下一颗种子。在短短十多天的支教活动里，我们也许并不能给这里的孩子们带去彻底性的改变，但是希望我们的努力和付出能够在这些孩子们心里播下一颗种子，为他们的梦想，为我们的希望，在未来生根发芽成长为参天大树！

第一次见你，红色的江西

韩　昱

第一次见你，
在蓝天里，
你微微地笑，
是调皮的风吹开的朵朵骄阳。

第一次梦你，
在黑夜里，
你缓缓地转身，
是无情的花张开的枝枝荆棘。

第一次念你，
在佛塔里，
你默默地诵经，
是慈悲的佛眉宇间的阵阵光华。

第一次爱你，
在十二万年的轮回里，
你，
从我身边走过，
是漫天黄沙，
是了无声息。

成就一座山峰

李　萧

2013 年 7 月，又是一年酷暑时。但这个假期，因为有了歆语工程的实践活动变得不再普通。有一种生活，没有经历过，就不知道其中的艰辛；有一种艰辛，没有体会过，就不知道其中的快乐；有一种快乐，没有拥有过，就不知道其中的纯粹。这便是我这次参加歆语工程支教活动的体会。

这个暑假，作为歆语工程赴江西宜春实践团的一员，我跟随带队老师以及同队的同学们一同踏上了这次支教之旅。现在，当我再次翻看当时拍下的照片，回想起这次实践活动的种种，仿佛一切都历历在目。虽然当时的天气很热，那里的硬件设施也没有那么完善，但我还是会想念那些活泼可爱的孩子，会怀念那座城市和那所学校。因为，在那里的那段日子，平凡却不平庸，忙碌却不失乐趣。虽然只有短短一个多星期，但每一天都格外充实与快乐。决定参加这次支教活动，谈不上出于多么崇高的理想，却也实实在在是想要通过自己的行动为那些需要的孩子们带去一些有价值的东西。在这次实践活动中，我付出了自己的努力与热情，与此同时，也收获了很多。

旅途

2013 年 7 月 4 日，是我们歆语工程赴江西宜春实践团出发的日子。出发当天我们个个都是大包小包“全副武装”，这也使我们去火车站的路途略显艰辛了一点儿。但是因为我们每一个人都憧憬着接下来的几天支教的日子，路途也变得充满了期待。这次的行程预计要坐十九个小时左右的火车，实际上坐了二十多个小时。虽然路途遥远疲惫，但是作为一个团队的成员的我们也有了机会逐渐熟络起来。统一着装的我们一路上吸引了不少人的注意，不时会有人过来问我们是不是北外的学生，是不是要去参加什么活动。而我们每次都会很自豪地跟他们介绍我们学校的歆语工程。每每听到他们赞许的回答，我总会意识到这份自豪背后更多的是一份责任。我们是带着使命奔赴这次实践活动的目的地——革命老区江西的。夜幕降临之后，火车上的喧闹渐渐归于平静。坐在火车上的我开始憧憬接下来的日子。进入大学之前就对歆语工程有所了解，而如今我也有幸成为这个活动的参与者，既兴奋又忐忑。想到自己马上就能见到那边的学生，能够让他们有所改变，所以兴奋；担心自己第一次作为老师面对这么多同学会不会欠缺经验，所以忐忑。可无论怎样，想要用自己的热情和努力带给他们知识与正能量的心都更加坚定。

第一堂课

经过近一天的行程，我们终于抵达了这次实践活动的目的地——江西宜春。当地的领导和学校的领导、老师们热情地接待了我们，并与我们探讨了接下来几天的教学计划。稍事调整后的我们很快投入了教学当中。

于我来说，印象最深的可能还是给同学们上的第一堂课。做了十几年学生的自己第一次站在讲台前面对六十多名学生，这种心情颇有点儿复杂，说不清是忐忑、紧张抑或是激动。现在想起来，那时的情景仿佛还历历在目。

早在上课之前，我就带着准备好的材料、课件走进了初二 4 班的教室。一面调试着多媒体的设备，一面回答着同学们各种提问的我着实是忙出了一身的汗。抬头间，我看见一个问我问题的小姑娘正拿着一张纸给我扇风，那一瞬间的感动有些难以言说。我环望了一下班里坐着的同学，他们用或是好奇或是期待的眼神看着我在前面忙活。突然之间一种责任感油然而生，确确实实是一种责任感。在三四十度的天气里，他们挤坐在只有风扇的教室里期待着我们能够带给他们不一样的知识、不一样的体会，似乎只有更努力才能不让他们的期待落空。伴随上课的铃声，我开始了人生第一次的授课。第一次站在讲台上的我其实很是忐忑，加之感冒导致的声音问题让我更加不安。虽然极力掩饰着，但是自己还是能感觉到声音中的紧张。好在同学们都非常配合，随着课程的进行，我也逐渐进入了状态。交流互动、谈论学习英语的方法、唱英文歌、学习英文动画，近两个小时的时间不知不觉地在欢声笑语中流逝。

课程结束后，依旧有同学围着问我各种各样的问题。虽然只是短短两小时的交流，我却感觉到了这群孩子的可爱与贴心。他们会在课间来问自己不懂的问题，会在与我交流时说“I love you”，会在课程的最后给予掌声和微笑……

看到他们，我更加坚信自己参加歆语工程是一件多么正确的事情。谈不上什么献身教育、无私奉献的崇高理想，只是按自己的内心去做，希望自己确实能做点儿什么。哪怕是影响一个孩子，哪怕是让他们有一点儿的收获，都会让我心境温暖坦然。

支教生活

虽然我们这里支教的环境比偏远山村好了不知多少倍，但是刚来这里的我们还是极不适应的。闷热的天气、只有床板和一台风扇的宿舍、常年都是冷水的浴室……但是我们每一个人都深知自己是带着使命而来的，所以没有人去抱怨什么。因为不太适应这里的天气和环境，我们中的好几个人都不同程度地感冒了。但是大家都尽职尽责地完成了自己的任务。

在正式上课后，才发现三四十度的天气里四五十个同学要坐在只有四台风扇的教室里上课。每每看到他们汗流浃背地认真听课的样子，我都会觉得很感动。虽然会辛苦一点儿，但是每次看到课堂上那一张张笑脸，听到下课后那一句句询问，就会觉得一切都是值得的，因为这样的日子是纯粹而快乐的。

在这次的实践活动中，我多少是有一点儿遗憾和抱歉的。因为刚到时的感冒，加上几天下来讲课的用嗓过度，中间有两天我因为不能说话而无法上课。但同组轮休的同学会帮我把课上完，带队的张老师也专门帮我去药店买了药，能够待在这么一个温暖的团队当中，也使我在这里的生活更加美好。我收获的不仅是一次经历、一些感动，还有一个团队的团结和友谊。所以在嗓子刚有所好转的时候，我又立马投入到了教学活动中去，因为我明白，这是我来这里的责任与使命。看到大家都是边含着润喉片边讲课时，我更是觉得热情倍增。

再见，再相见

没有了路途上的忐忑不安，褪去了第一天的紧张拘束，接下来的几天里我和每一位站在讲台上的志愿者都渐入佳境，显得游刃有余。我们逐渐与同学们建立起了感情、加深了了解。在此基础上，大家与同学们进行了沟通，并针对之前的教学效果进行了总结。在各自分享了自己的经验并进行讨论后，大家对于自己的教学计划、内容做了适当的调整，尽量在教学过程中做到难易适中、风趣易懂。

在志愿者们即将回京之际当地学生在衣服上留言

分享学习经验、欣赏英文电影、教唱英文歌曲、英文配音比赛……寓教于乐，尽量让大家以轻松愉快的心情学到知识。教学楼中回荡着同学们的读书声和欢声笑语，教室中还不时爆发出阵阵掌声。在整个支教过程的最后，我们还与学校高中的同学进行了一次交流分享会，大家从不同方面谈了自己学习英语或是其他学科的经验，希望对他们有所帮助。

日子总是过得飞快。一个多星期的支教活动很快就进入了尾声。

临行之前，有太多的不舍。舍不得这里的学生，舍不得这里的点点滴滴，这里的一切，带不走却也忘不掉。住过的宿舍、吃过的餐饭、走过的道路、站过的讲台，这些都将变成最宝贵的回忆。但我相信，说再见，可能就会再次相见。

这次的实践活动收获了太多：一次宝贵难忘的经历，一个友爱团结的团队，一群可爱好学的学生，一份温暖坦然的感动……至今，依然会有几个学生偶尔通过我们留下的联系方式向我们询问问题。

记得曾经看见过这样一段话：一个志愿者就是一把泥土，但我们存在的意义，不是被淹没，而是与无数把泥土聚集在一起，成就一座山峰、一条山脉、一片群峰。这样的山峰，可以改变风的走向，可以决定水的流速。感谢歆语工程，把我们这“一把把泥土”凝聚在一起，让我们有机会用自己所做的一切使这些孩子有所改变。

感谢你，给了我整个春天

马子策

很长时间以来，我一心向往支教生活，这个夏天，我终于有机会可以真正地实现自己的愿望。歆语工程是学校的精品社会实践活动，我有幸获得了参加的资格。不过，深知自己不曾有过如此经历，心中甚是不安。去程的火车上还在问自己到底能给孩子们带去什么，可是真到了该回来的时候才明白，也许，收获最多的，是我自己。鹤庆的老师、孩子们，我可爱的老师、队友们，谢谢你们每一个人，给了我整个春天。

七十几个小时的火车把我们从繁华的北京带到了一个名叫鹤庆的云南小县城，来之前很多队友甚至没有听说过这个名字。于我，十二岁那年在云南旅游的路上却与之有过一餐之缘，因此，也可算是故地重游，所以感情还是有一点点复杂。

说起火车，七十几个小时，我不敢想象若是自己独自前往会是什么感觉。在一个团队中，这七十几个小时似乎也算不了什么路程了。说实话，尽管在同一所校园里一起学习、生活，可是我还是只认识其中一人，其他几人都是大二的小姑娘，作为大三的学长，一时间竟不知道该如何与这些大孩子相处。一路下来，我们几个人却已完全混成了熟人。所谓“羞赧”，也终归只是过去时。从那时起，我便知道，这次活动定会给我留下无限美好。

抵达当日，县里以及学校的领导对我们的到来表示了高度的重视，我们也与领导们就此行的目的进行了简单的交流。随后，我们几人分成两组，分赴鹤庆一中和三中，为未来数日的支教活动做最后的准备。当时的我并不知道随后的几天我究竟会遇到什么，但是领导的重视让我们受宠若惊，于是，我在心中答应自己，绝不让孩子们失望。

说起鹤庆，这是一个夹在两座大山之间的白族小县城。由于位于云贵高原，所以我们之间有人出现了高原反应，幸运的是并不是很严重。此地隶属大理白族自治州，却和丽江距离很近。起初，大家向往的大部分是大理、丽江的秀丽风景，后来，让人想不到的是，鹤庆这个仅有六镇三乡的小县城却成了每个人大学生涯中不可磨灭的记忆。

我分在了三中组，三中只是鹤庆的一个乡镇中学，各方面来讲都不如一中。三中的孩子多来自山村，有的孩子回家甚至要翻越几座高山。尽管如此，一中和三中也还是创造出了“鹤庆”现象——高考成绩始终排在大理白族自治州前列。这也让我们这群大学生对于学校有了更多的期待。

第一天上课，从未站上过讲台的我们还很拘束。然而看到讲台下正襟危坐的学生们，我们想起了当年的我们，也不知道是怎么回事，所有人都不再紧张。到现在我都对他们说，现在的他们让我回忆起了自己的高中时光，那段辛苦却无限美好的温暖回忆。高中时代，可谓是人生最美好的一段时光，在那三年，或许我们什么都没有，但是我们拥有为梦想不断奋斗着的青春。梦想是什么，梦想就是一种让你感到坚持就是幸福的东西。有梦的生活才是幸福的生活。我不确定也不知道我所讲的英语知识孩子们能记住多少，但是我希望他们通过我可以改变对曾经枯燥的英语学习的看法，改变对曾经感到绝望的高中生活的看法。如果能这样，我觉得我这次没有白来，我给孩子带来了我对英语、对生活的认识，希望他们也能找到属于自己的学习方法和生活态度。第一天很快结束了，两个小时下来，大家慢慢适应了讲课的节奏，在课后的交流中能看到大家都被这些孩子真诚的态度所打动。

上课第二天，在和校方交流之后，我们决定加课。如果按原来的课表走，上的课太少，听过课的孩子也少。此外，我们还增设了与上课形式不同的经验交流，重在介绍我们几人各自在高中学习中的感受以及向孩子们展示大学生活的美好图景。那天晚上，我们和三中的英语教研组老师进行了座谈。老师们对我们的授课活动表示了肯定，同时也给我们提出了新的要求：带早读、开办英语角。说实话，这在一开始我们是没有准备的，但是老师们都说我们的到来给学生们的学习方法注入了新的活力，使他们的思路更加开阔，希望我们能全方位地与学生进行交流沟通。我们几个当时毫不犹豫地答应了，因为我们知道，真正支教的时间并不多，希望在有限的时间里能给孩子们带来尽可能多的知识。座谈会结束后，老师们盛情邀请我们去当地有名的新华村转转。在路上，天空下起了雨，然而，淅沥的雨并没有浇灭老师招待我们的热情。看到如此淳朴的老师，我们几个都深受感动。我那时觉得，就算让我一天上二十小时的课我也愿意。为了这些老师和孩子，我愿尽我所能。

第三天，课程依然照上，唯一不同的是我们在晚饭之后增添了英语角的活动。学生们自愿来参加。我们几个各自带一批学生，令我惊讶的是，每个人周围都围了大概一百名学生，而且还有中途才来的学生。三中学生总数不过八九百人，英语角活动规模之宏大是我们未曾想象到的。这些孩子们很害羞，不肯用英语讲，于是我就将英语角改成了英语学习交流会，对于孩子们的问题一一解答。我知道还有很多孩子没来得及问问题就回去上课了，可是我希望他们能在我回答别人问题的过程中解决自己的疑惑。本应一小时结束的英语角整整持续了两个半小时，若不是老师帮我们把孩子们拉回教室自习，我觉得我们晚上可以在操场睡了。回寝室的路上，每个人的嗓子都是哑的，心却都是暖的。

最后一日，大家五点多便早早起床，鹤庆却下起了雨。鹤庆的早晨还是有点儿凉的，再加上下着雨，连我这个三中组唯一的男生都拿出了自己最厚的衣服。然而，我们几个没有一个人抱怨起得早，因为我们知道，我们的肩上还有责任，三中的教室里，还有等待我们的学生和老师。之前，并没有告诉学生们我们要带早读，当我们踏入教室时，孩子们还有点儿不知所措。这里的孩子能吃苦也肯吃苦，可就是有一点——太害羞，早读一个班的声音甚至还不如我一个人领读的声音大。我告诉大家，英语要是不读出来是永远学不会的。在我的鼓励下，孩子们开始学着大声去读，尽管发音还不是很标准，不过我知道，他们有了英语学习最重要的东西——勇气。我相信，这群孩子一定会学好英语，只要他们克服心理障碍，取得高分只是时间的问题。

支教活动的最后一项是讲座，这不是一般的讲座，而是有一整个年级的学生在听的讲座。高中时代，在听其他人的讲座时，我也曾幻想过——什么时候我也可以上去讲讲。那一天，我实现了这个梦想。在讲座之前，感觉整个人紧张得都快说不出话来了。尽管事先有过准备，但是第一次在讲台上面对这么多同学，还是难免紧张的。在讲座中，我们几个人分别谈了自己高中时代的经历以及对大学生活的体会，希望孩子们能珍惜时间，为梦想努力前行，最终实现自己的理想，上一所好大学，成为有用之才。当讲座结束，看着孩子们搬着凳子离开的时候，我知道，这一次实践活动结束了。我无法用语言描述我当时的心情，是不舍，是难过，或是对孩子们的期望，还是对三中老师的感激。我至今仍不能确定当时我的心情到底是怎样的，或许这些情感早已经融合在一起了。

这次活动时间虽然不长，但是留给我的感触颇多。鹤庆本就是一个不大而且地理位置偏僻的小县城，三中的孩子又都来自农村，可以说，这些孩子中的很大一部分甚至都没有出过县城，更不要说去过北京、出过国。我也是来自小地方的学生，我能了解当一名大学生来给我讲他的经历时的感受，那是一种很奇怪的感受。你想和他们近距离交流却又怕自己可能会无礼冒犯了他们，少年的青涩让我想起了我的过去，人虽然不能总活在回忆中，可是当回忆过去时，我们总会给自己一个会心的微笑。

鹤庆的老师和同学，谢谢你们，你们淳朴的性格、认真的态度、学习的精神带给我深深的感动；队友们，谢谢你们，你们的活力、你们的负责、你们的知识让我由衷地敬佩；当然还有我亲爱的老师，谢谢您这一路上对我们的悉心照顾，帮我们与领导协调沟通，给我们无微不至的关怀。谢谢鹤庆，是这个地方让我在这个夏天收获幸福。最后，想用汪国真的诗作结：

让我怎样感谢你？
当我走向你的时候，
我原想收获一缕春风，
你却给了我整个春天。

梦想不会被大山阻隔

赵卓人

今天是我第一次走上讲台。看着台下孩子们的眼睛，心里有点儿慌，但更多的是感动。他们的眼神里有好奇和期待，甚至有点儿不知所措。他们很热情，很友善，很淳朴，但往往也很羞涩，表现在我们面前的便是不自信。我在上课时总是想尽一切办法让他们开口，但有时一个简单的英语单词也可以让他们迟疑很久，那本来就有着高原红的脸蛋似乎总是在告诉我他们很害羞，很担心说错，担心同学们会嘲笑他。

从小生活在农村的他们，几乎没有一个孩子走出过马营，但他们深深地渴望着能够看一看外面的世界。他们知道北京的故宫、天安门、长城，知道西安的兵马俑，知道北京烤鸭，知道肯德基、麦当劳，但是没有一个人去过这些地方，没有一个人吃过这些东西，甚至没有一个人知道肯德基、麦当劳里面卖的是什么。当我告诉他们我来自浙江时，他们几乎异口同声地说出“杭州西湖很美”，但他们甚至连照片都没有看到过。他们只能靠想象——那种孩子们特有的想象，不会因为距离的阻隔就被挡在山外面的想象。

当我让孩子们问我问题时，几乎所有的孩子都对西湖——这离他们无比遥远的地方——有着浓厚的兴趣。他们想知道“西湖的夏天热不热，冬天冷不冷”，想知道“浙江离甘肃有多远，浙江有什么特产和风土人情”，他们甚至想知道“西湖里有哪些种类的鱼”。于是，我突然感觉到自己的重要性，似乎我真的成了他们看外面世界的眼睛。

今天我给孩子们讲了有关“world”的主题，当说到美国时我提到了NBA，几乎所有的男生都滔滔不绝地向我介绍NBA的具体情况，他们是那么热爱篮球。略显简陋的学校里所有的运动器材只有篮球场和乒乓球桌，但总能看到孩子们奔跑跳跃着的身影。当说到英国时，我向他们展示了一段英国伊丽莎白女王的演讲。所有的孩子是那么认真地看着大屏幕，虽然他们听不太懂，但当我说好好学习就可以走出马营，走出甘肃，去看外面的世界，去用英语和更多的人交流时，他们的眼睛是发着光的。在他们的眼睛里，总能看到希望，看到不会被大山阻隔的梦想。

青春不散场

龚　莹

不是所有的梦想，都来得及实现
不是所有的话语，都来得及诉说
离别就在眼前
群山间却找不到一朵可以相送的花
谢谢你给的如花笑靥
谢谢有你的快乐时光
我看到
你的眼中饱含希望
承载着对知识的希冀
我知道
对于你
我就是山的那头
那头有你未知的精彩
你羞涩
贫瘠的土壤没有赐予你傲然的身姿
你不必羞涩
你有崇山与瀚辰
它们为证
傲骨与壮志应当属于你
青春飞扬
山，再高、再险
终抵挡不住展翅的雄鹰
我会牢牢记住你的脸

我会珍惜你给的回忆
再见难道
不诉离殇
请与我一起相信未来
奔赴那份荣耀
拥抱这份感动
青春不散场

一生鹤庆情

徐雪惠

我永远都忘不了在云南支教的日子，那是我整个夏天最快乐的日子。我很幸运能参与歆语工程，很幸运能加入鹤庆的团队，很幸运能遇到这么好的一群朋友，很幸运遇到在云南的每一个人和体验到的每一件事。

2007 年 7 月 10 日清晨 6 点半，我们结束了两天两夜的舟车劳顿。强睁着惺忪的睡眼，迷迷糊糊地在老师的催促声中急匆匆地下了火车。未及安顿停当，我蓦地抬头远望，仿佛有神灵召唤，一刹那竟然呆住了。纵横的山脉横亘于面前，向我们张开宽阔的胸膛。群山连绵，有雾遮面，天地浑然，造化钟灵，豁然开朗，美得摄人心魄。

尚未回过神来，迎接的车队已经一字排开。热情的鹤庆人为我们洗尘接风，用最具当地特色的粑肉饵丝和米线招待我们。热气腾腾的早餐端上桌，谈笑间众人奔波之苦一扫而光。饭后，教育局的领导和刘副县长带我们来到了教育局。座谈会上，教育局李局长和刘副县长语重心长，我们深深觉得自己身上的担子不轻。与往年不同的是，我们将下到每个乡镇，进入教学第一线，去体会真正的教学条件。老师的良苦用心我们牢记于心。我们被分成了四个组，分别下到六合、中江、朵美、黄坪四个乡村的中心校。我所去的六合乡，据传条件最为艰苦，但风光却最好，事后证明所言不虚。

中心校的校长亲自开车到县城接我们下乡。蜿蜒山路，九转十八弯。沿途景色秀美，桉树、桑树附着绝壁拔地而起。校长一边开车一边向我们谈着当地学校的情况，并不住地感叹当地英语教学条件与师资的落后。我暗下决心，一定竭尽所能，不负初心。两个小时车程在一路的言笑晏晏中很快过去，我们到达了高山上的六合乡。

及至六合，我不由自主地被此地的淳朴人情所感动。来云南之前我不慎烫伤了手，手上一直包着绷带，天气炎热只恐溃脓。一下车校长就带着我去了乡里的卫生所，诊断之后，校长就立刻驱车赶到自己的办公室摘了芦荟叶子回来替我敷手。我执意要付钱给医生，被医生连连拦住，又拿了纱布给我。心里一股暖流涌动，我不由感叹自己的幸运。

当天下午，我们就在学校的会议室见到了英语老师们。令我惊奇的是，仅四名英语老师独力承担起了学校所有的英语教学任务，并且这四名英语老师中只有两名是专业学习英语的，另外两名却是从其他学科转过来代课的。交谈中，我听到老师们对改善教学现状的迫切心情，于是我们很快就各自承担起了自己的任务。

来云南之前，我不止一次地想过，我到这里究竟能做什么，究竟能留下什么。短短十天的时间，我能教给他们多少语法知识？我能让他们多背几个单词吗？我能帮他们改多少错题呢？我能帮他们在期末考试中提高几分吗？还是我秀出在北外培养出的流利英语，让他们憎恨命运的不公吗？就算可以，十天过后，我来这儿的意义，又到哪里去了呢？十天过后，我当真只是“挥一挥衣袖，不带走一片云彩”，也不留下任何痕迹吗？来这一趟，没少给当地学校添麻烦。吃、住、行我们统统都不必操心，当地学校全部为我们安顿妥当；可是反观我们自己，又到底能给他们带来什么？我们要做什么，才能对得起他们这番苦心。

第一节课，我们一行四人，并没有讲评试卷，也没有教授课文。我们每个人，站在讲台上，诚诚恳恳地讲了我们大学之前的故事。我们的心路历程，如何走过挫折坎坷，如何从一个差生走入一个顶级院校的课堂，如何一步一个脚印脚踏实地地达成目标并继续为梦想而努力。我看到台下的眼神。我感觉他们干净的眼睛、热切的目光和纯真的笑容是蓝天下最好的馈赠。贫贱出身与艰苦条件并不是他们的错，知识改变命运这句老话依然没有过时，我看到他们想要改变的渴望。我突然心潮涌动。我想也许这次真的没有白来，也许我们真的可以为这些孩子们带来一点点改变，也许我们真的可以在一定程度上开阔他们的眼界，让他们纵使身在深山，也有想象外面世界的热情。这略略减少了我的一点儿愧疚与不安。

放学后孩子们冲到食堂去打饭。我惊奇地发现原来他们是没有坐着的地方的。六合日日都是阴雨连绵，我看到孩子们在雨中排着队打饭，打完了又匆匆在雨中寻觅可以蹲着、坐着、靠着吃饭的地方。有凉棚的地方真少啊，连个蔽顶之地都难以寻到，任何可以暂时栖身的地方都能看到孩子们埋头吃饭的身影。大家成群结队，一手一个饭碗，淋着雨或是就近找栖身之地，或是冲回宿舍。我撑起雨伞拦住身边的两个姑娘送她们回宿舍，不经意回头却发现更多的人淋在雨中。两个姑娘羞涩地微微笑着怯怯地喊了声“谢谢徐老师”，我却突然痛恨起自己的无能为力。我能做的太少太少，就算我这十天里掏心掏肺，所能留下的，也只能是于心有愧。

心事重重地回到住处洗洗睡下，第二天步行去学校的路上又被山中的景色深深折服。喜人的晴天，云消雨霁，彩彻区明。清晨有雾，高山与苍穹仿佛被一道宽阔的雾柱相连，好像要有神仙下凡；飞鸟三五只，时而直飞冲天，散落在枝杈与电线上，时而落地蹦跳觅食，煞是可爱。山峦远近层次分明，云雾蒸腾，雾气涌动，恍若仙境。薄薄的雾气好似面纱，遮住了清晨少女羞涩的面庞，山腰处被浓重的雾气缭绕，玉白色的雾气好似海潮有涨有落，好一条缠腰缎带！不知下一次，王母娘娘会不会选在这里开蟠桃盛会。不知名的飞鸟从头顶飞过，灰瓦白墙的小屋错落在青山中，古朴可爱、别有风味。六合万种风情，一支拙笔竟描绘不出其万分之一。

我好爱这个地方。这里的天空分外湛蓝，这里的云彩亲近得让人忍不住想攥在手心儿，这里日光明澈让人不由自主地快活起来，这里的月光又温柔又迷茫，混沌地投在我们四个小伙伴的身上，这里深蓝的夜幕垂下时整个六合乡都会被寂静笼罩，可爱的人们蜗居在这小小的村庄里。我们有着说不完的话，我们讨论支教的感受，我们聊学校、聊生活，我们痛快大笑，我从来没试过生活可以如此简单又快乐。

为了不影响学校期末考试的进度，我们接下来就开始了帮老师讲评试卷与赶上教学任务。在课上，我惊喜地发现这些孩子真是机灵，真是听话。要是条件跟得上，说不准又是一个个的状元苗子。他们没有复读机，没有课外材料，听力只能靠老师放的录音带，离开课堂就没有任何接触英语的机会。我多想把我知道的都教给他们，多想有一支神笔马良的笔，挥手涂涂画画就让他们的命运从深山飞到云端。

可惜神笔马良的笔不在我的手中。不过也许有一天我能帮到他们更多，“安得广厦千万间，大庇天下寒士俱欢颜”，某一天也许也不只是停留在纸面上。而现在我只能做我手头的事情，教给他们怎么背单词能更快更牢，怎么做题可以更加有效率，要好好学习才能不辜负父母苦心。要走出这里去接受更好的教育，学更多的知识，好回来建设家乡，让家人过更好的生活。十天过后我将离开这里，我好希望自己的影响在这十天之后依然存在。不过我的心永远不会离开六合，我将继续做我能做的事情。

命运之手最是调皮，正如它妙手一挥将我放置到云南来一样，多年以后，它会让我眼前的这些有着清澈眸子的孩子们去往不同的地方，或是回到家乡，或是在城市有了新的生活，他们会拥有不同的选择与生活，拥抱不同的爱人和人生。但我唯愿他们会一直得到命运的垂青，保持着他们鲜活的个性，成长为正直、真诚、挺拔的少年。我多希望我来这儿短短的几天，可以让他们看到更好的未来。

我会再来的，待更久，做更多。

歆语连心，传递梦的声音

刘笑男　于书茵　赵树宇

2010 年 7 月 13 日上午 9 点半，北京外国语大学歆语工程暑期社会实践活动赴湖南桑植实践团集合出征，前往张家界市桑植县四中开展为期十天的支教活动。全团由北外胡毅、刘丹两位老师带队，十七位同学参加。每天我们都会走进新初二到新高三五个年级三十四个班级开展英语教学，内容新颖多样，形式生动活泼，赢得了学校老师同学的一致称赞和好评。同时，我们也与桑植的同学建立了深厚的情谊，结下了不解之缘。在最后的“桑植实践团歆语之夜”联欢活动中，我们和孩子们一起跳舞唱歌游戏，依依惜别，场面十分感人。十天的时间虽然短暂，但是在每位老师、同学心中都留下了宝贵而难忘的记忆……

衣带渐宽终不悔

曾几何时，老师，这个崇高而威严、陌生而熟悉的称呼，离我那样遥远。求学生涯长长短短近十五年来，我见证了无数老师在讲台上的青春流逝、岁月蹉跎。庆幸有桑植，这个圆梦之旅，让我的生命里浮现出那么多可爱温情的看客的笑脸，让我如梦幻般成为自己仰慕的人。

回想起第一天的那一声“老师好”带给我的惊喜，回想起孩子们主动送给我的山歌，回想起他们趴在我耳旁告诉我我是最好的老师……相聚是不曾设计的缘分，离去是不可避免的悲伤。从那些已留存在我记忆深处的天真烂漫的笑脸和清脆嘹亮的歌声中，我了解了教师的信仰和梦想。对于教师这一人类灵魂的工程师而言，支撑他们几十年如一日的信仰便是对孩子们最真挚深沉的关爱。有的人，他们为自己活着，这样的人很知足；有的人，以自己的生命改变着他人的轨迹，这样的人很伟大。当我成为一名老师，看着学生的思想从无到有，看着学生的努力从少到多，看着学生的梦想从小到大，看着他们成为今天的我们，这时候，我所感受到的正是由信仰而生的幸福与满足。“长大后我就成了你”，教师，不只在学生身上使自己的梦想得以实现，更把梦想传递于后世后代，生生不息。

最好的时光里，2010年的这个闷热潮湿的夏天，那些衣带渐宽，那些青春不悔。作为一个支教于桑植仅仅十天的小老师，我见证了信仰的力量，并且幸运地拥有了这种力量。感恩桑植，感恩我的这些精灵们，感恩他们对梦想、对未来的呼唤。有一天，我会实现我的梦想，许精灵们一个大未来，许精灵们一个不见不散的约定。美好时光，你最珍贵，我们且行且珍惜。

绝知此事要躬行

温暖的大棚里不会培育出临寒独自开的梅花，平坦的滑雪场也不会造就优秀的选手。生长在新时代的我们，被父母老师百般呵护，生活在家庭和学校的保护之下，却也失去了经历风雨磨炼的机会。我们就像笼里的鹰，想要鹰击长空却又受到层层保护，只能怅然兴叹。而今，备受呵护的我们终于有机会可以挣脱层层的羁绊，在天空中自由飞翔一次了，但是却发现，理想和现实总是有出入。

总是厌烦于老师那千篇一律的教学风格、如出一辙的教学手段；总是幻想着有一天自己当老师后会尝试新颖的方法、创新的理念，却苦于没有机会。如今，支教活动成为自己实践理想的绝佳平台，但是却惊奇地发现，事情并不是想象的那样。

当自己在讲台上一次次重复同样的内容时，当自己在讲台上苦于台下气氛沉闷时，当自己精心准备的内容无法获得同学们的共鸣时，才能真切感受到老师的不易和苦衷，才会觉得自己以前的想法是多么幼稚，才可以理解“老师”这两个字的深切内涵。

传道授业解惑，多普通的字眼，但实践起来却又是多么困难啊！对老师看法发生变化的类似经历在实践活动中是常有的事。在一系列的经历中我们终于认识到书本知识和社会实际的距离，看到了理想和现实的差距，也深深感受到了知行合一的重要性，体会到了理论和实际相结合的必要性。在社会实践中曾经稚嫩的心渐渐成熟，曾经幼稚的想法渐渐改变，曾经脆弱的性格渐渐坚毅，曾经……总之，我们在社会实践中逐渐成长，不断成熟，渐趋完善。

相见时难别亦难

从未料想过会来到桑植，从未期许过会与这样的山山水水、朝朝暮暮尽数相逢，从未意识到过会对这里的每一草、每一木、每一寸日光、每一滴晨露、每一个孩子的面庞眷恋如斯。不愿设想分离的那一天，不敢预想说再见那一瞬间，只怕心念闪动的刹那，早已泪水滂沱。火车晚点、道路塌方、夜行山路、水土不服、熬夜备课、教案修改……这次相见太过劳苦，太过艰辛。李义山曾扼腕而叹：相见时难啊。兀自认为不会有什么更难以承受的事情，却发现离开渐渐成为避忌的话题，折柳送别情已成了万万不敢触碰的禁区。只怕，别更难吧。黯然销魂者，唯别而已矣。

从北外到湖南张家界桑植，不长不短的距离，竟原来可以牵扯出那么多绵密深沉的不舍与思恋。那些明媚纯净的眼神，那些毫无矫揉的笑靥，那些质朴真挚的语言，那些嘹亮悠远的歌声，那些孩子们带给我们的，数不尽讲不完的感动与震撼，都早已悄悄地在我们记忆的书页里镌录下了如此深刻炫美的一笔。从此，这片土地的悲欢喜乐与我们的心紧紧相牵，一次的相遇，便再难以割舍。

如此美好的遇见，你们教给我们太多。无价珍宝，大抵如是。你们纯净，你们乐观，你们执着，面对人生际遇的不公，相信爱、相信世界、相信未来。你们的眼是最纯净澄澈的海，荡涤心灵的蒙尘；你们的笑是最宽广蔚蓝的天，抚慰世事的伤痕；这个时代太过喧嚣嘈杂，而你们的所在，便是净土，便是桃源。

相见时难别亦难，自古如是。深深俯首，为孩子们祝福，为桑植祝福。这里的每一草、每一木、每一寸日光、每一滴晨露都将在今后的日日夜夜承载着我们最真挚的希冀与祝愿，无休无止，无停无歇。

是你让这一切都值得

王玉珏

“老师，你可不可以不要走啊?” “老师，你们明年还会来吗?” “老师，你回去后一定要记得加我 QQ 哦。”车行在高速上，两侧的树木飞快地向后退去，

远处就是祁连山脉了，孩子们临别时的话语仍回响在耳畔。我的心情也从十多天前的期待到不舍，又从不舍到回味。天空一如来时的晴朗，湛蓝得如最纯净的蓝宝石，偶尔从云层间隙处漏下几缕天光，带着神秘又圣洁的色彩，这就是祖国的大西北，广阔的大西北，质朴的大西北。

缘起

之前从来没有想过我的暑假会有近半个月在大西北度过。大学的暑假时间很充裕，大家都利用这难得的两个月清闲时间做自己的事，有的报了新东方的补习班，想在假期给自己充充电；有的早早开始计划世博之旅，一圆自己的旅游梦；还有的打打小工，做做实习。而我选择了北外的传统暑期实践项目——歆语工程。为此，我放弃了上 GMAT 的计划，退掉了早就买好的回家车票。至今回想起来，没有一丝后悔，反倒是庆幸，不虚此行。

艰辛知人生，实践长才干。对于大部分时间都生活在象牙塔中的大学生来说，利用暑期做社会实践无疑是一次很好的增长见识、锻炼能力的机会。能走出自己生活的城市，到那些还不是很发达的地区，去体验那里的学生们的生活，去看看那里生活条件的艰苦、教学条件的落后，自己便会更加珍惜现在的生活和学习环境了。况

且，作为大学生，我有能力、有信心、有热情完成这一任务，我希望用自己的所学帮助更多需要帮助和需要关注的群体。7 月初，经过一轮简历，二轮面试，我顺利成为方大公司项目组的一名成员，其后，又得知所要前往的是方大炭素兰州厂区。兰州，在我的印象中是座坐落于黄河河畔的城市，而且是中国唯一一座黄河穿城而过的城市。与家乡南京这座长江江边的江南古都不同，甘肃有中华艺术瑰宝——神秘华美的敦煌莫高窟，有古代流传下来丝绸之路，还有甘甜飘香的瓜果和闻名中外的牛肉拉面，更有大口吃肉大碗喝酒的豪爽的西北人，那是不同于江南温婉水乡的另一种风情。于是乎，出发前，我除了对此次支教和调研工作充满期待和憧憬，也为即将去西北——我从未踏足过的遥远地区而兴奋不已。

越来越接近出发的日子，我也一直在思考支教的意义。我想，我参加这个活动的想法不外乎两个：一是期待一个不一样的假期，让自己在实践中磨炼，在经历中成长，正如兰州七十中学的校长所言，“珍惜这个濡养心灵的机会”。二是用自己的生活经历和见闻，给支教地孩子介绍外面的世界，介绍学习的感受感悟，让他们知道外面的世界很精彩，让他们燃起内心的理想。我们绝不是以给予者的身份去的，而是分享者和展示者。在活动之后，我才真正地体会到，在这个过程中，我得到的可能远多于孩子们得到的。他们让我重新认识自己，探索自己，他们带给我快乐、纯真，他们还教会我感恩。这是我读“支教”这本无字之书学到的。

支教

2010 年 7 月 18 日，迎着熹微的晨光，我们走进了兰州七十中学（原兰炭中学）的教室。自此，不平凡的六天、有意义的六天、快乐的六天、感动的六天英语支教生活拉开帷幕。在来时的路上，我的内心在勾勒学校的一番景象：黑暗简陋的教室里学生们明亮求知的双眸，泥泞的操场上同学尽情嬉戏的欢乐身影，甚至有的孩子每天需要翻几十里山路来上学。不过，现实情况要好一些，教室还算整洁，孩子们的生活条件也都还不错，只是教学硬件差了些。教室的窗户有的没有玻璃，夏天透着风还比较凉爽，可不知道冬天坐在窗口的孩子会不会瑟瑟发抖；教室没有电扇，老师在讲台上挥汗如雨，下面记笔记的学生也不时用练习本扇着风；教室的日光灯没有电，所以板书不得不写在黑板的正中央，因为两侧的黑板反光后排同学看不见。当然，也没有多媒体设备，没有幻灯片，老师所有的只是黑板和粉笔，一遍一遍的板书，伴随底下刷刷的笔记声，一面写满后，擦去，在飞扬的粉尘中继续。常常一节课下来，满手的粉笔灰，连带遭殃的是备课记录和笔记本电脑。电脑里装着来之前下载的英文动画片和电影，可惜由于条件不允许而没付诸实践，这是一点小小的遗憾。

第一节课用英文自我介绍，是为了了解班上的基本水平。但很快我们发现大部分学生很沉默，不愿意站起来开口说英语，自愿发言的更是少之又少。于是，我们想尽一切办法鼓励学生发言，用英语口语表达自己，更有队员用自己的亲身经历说法，取得了较好的效果，情况稍有好转。下午开始正式授课，我和陈聪负责初一一班，我们班有五十个人左右，是五个班中人数最多的，学生全来齐时，会出现六个小男孩儿挤在三张板凳上的情况。一个人面对五十多双眼睛授课不是件轻松的活儿，经常半天下来，口干舌燥，累倒在休息室的沙发上。为了更深入地了解我们班学生，我会在课间走到他们中与他们聊聊天，聊聊他们的学习生活和对英语学习的看法，找到他们的兴趣点。我的授课内容主要是英语谚语、外国文化和英文歌曲，其中也穿插英语小游戏、英语学习方法和对大学生活的介绍。每当看到孩子们那种对知识渴望的眼神，清澈的眸子里充满了对未来的期望，我好想可以多教他们一些知识和本领，恨不得倾囊相授。

当然，在这几天的教学活动中，我也发现了一些问题。比如，第一天授课结束时，我发现我们班存在英语水平参差不齐的情况。班上的十几位初一升初二的同学英语基础很好，词汇量也不错；而六年级升初一中的约二十名同学却连系统的音标都没有学过。这样的差距不是一两天可以弥补的，怎样兼顾不同水平学生的需求就成了我们急于解决的难题。后来和搭档商量后，我们决定先教授大部分同学都能接受的内容，在讲单词时连带复习语音、音标和进行纠音。另一个问题是每天快下课时，同学们的注意力不容易集中，听不进课，开始在下面做小动作，扔纸团、纸飞机之类的，这个问题后来也解决了。我和搭档每天都准备一两个英文小游戏，在课前的十几分钟和学生做做游戏，或者是复习前一天刚学的英文歌。每当这时，同学们的积极性就上来了，气氛十分活跃。还有就是后排的部分男生有不记笔记的坏习惯，我的搭档在前面讲台讲课时，我会坐在后排，看到学生有不懂的地方就加以指导，引导孩子们形成勤记笔记的良好习惯。

每天的生活几乎都是一样的，早饭、上午授课、午饭、下午授课、开会小结、晚上集体备课，偶尔也去别班代代课，但是每天又绝不相同，不同的班级、不同的笑脸、不同的故事、不同的而又相似的快乐……其间，还有一段温馨的小插曲。因为我的搭档第二天病了，那两天大部分课时都落在我身上。第三天的时候，我的嗓子有点儿哑了，上课上得有些吃力，便休息了半天。第二天一早到了教室，就有一位学生递给我一盒西瓜霜含片。他说，老师，我看你的含片用完了，就买了一盒给你。当时我已经感动得说不出话，能成为你们的老师，被你们每天这样叫着，可以说是我最大的荣幸！

这是我第一次真正以老师的身份站在讲台上，第一次点名，第一次备课到深夜，第一次绞尽脑汁地思考明天做什么课堂游戏。真的，在这之前，向来被作业、考试折磨的我从来没想到当老师是件这么折腾人的工作。为了给学生解释一个单词或词组的用法，需要搜肠刮肚地寻找合适有趣的例子；为了向孩子们介绍一些外国趣闻，经常是在网上花几个小时搜索，自己先把它了解得详详细细、明明白白。可当看到孩子们认真记笔记的模样；当听到孩子们欢快的歌声；当发现孩子们在听大学生活时眼中的向往；当下课铃响过后，孩子们还意犹未尽，说“老师，你接着讲”……我觉得背后付出的艰辛和汗水都值得了。

关于支教，我也总结了一些经验：一是备课内容和课程设计要基于当地学生的水平和教学条件，可能先前备好的内容在支教地不适合，需要具体分析学生情况而定。二是准备一些简单的英文歌和小游戏，用来活跃课堂气氛、调动学生积极性之用，轻松有趣的课堂内容可以培养学生对这门课的兴趣，让他们喜爱这门课。三是教中小学生一定要有耐心，要时常鼓励他们，这样做容易激发学生的学习热情，使他们不断进步。

快乐的时光总是短暂的，支教生活很快就结束了。也许短短的六天支教并不能改变什么，但是我希望通过这几天的相处能在每个孩子的心中埋下一颗梦想的种子，期望它发芽、生长、开花、结果。

调研

六天支教结束后，我们团队又走进了方大炭素厂区，参观了厂区内各车间，了解了产品生产过程及员工工作状况，通过与员工座谈，开展对方大炭素企业党建工作的调研。公司代表给我们讲述了方大公司如何由国企转向民营企业的历程，耐心回答了队员们提出的关于公司党建工作的相关问题，使我们更加深入领会其“团结务实高效奋进”的企业精神和其注重细节的企业文化。整个调研的过程，也是大学生把书本所学与实际相结合的过程，书本知识只有与实践相结合，并用之于实践，为实践服务，才能得到深化和完善。

尾声

离别似乎总是感伤的。当孩子们让我们留下自己的联系方式，一遍遍地问我们明年还来吗，而我们不能给出明确的回答时；当孩子们一边跟着音乐大声地唱着“I will miss you”，一边悄悄抹掉眼角的泪珠时；当孩子们将自己准备的小礼物一股脑地塞到我们手里时；当写满留言的纸片如雪花般飘落一桌时，我才知道这短短的六天教师生涯对我而言弥足珍贵。我知道时间太过短暂，我们的力量太过微薄，但是我也知道我们的感情不会完结，我们的故事不会有终点。

距离与希望

王国媛

记得一年前师姐去香港做交换生时说：进入香港城市大学的图书馆，看到的除了差距，就是绝望。7 月 17 日到 7 月 27 日，我随学校歆语工程暑期实践项目赴甘肃省兰州市，为方大集团的职工子女提供教育服务，并且对从国有企业向民营企业成功转变的方大炭素进行了较为全面的调查。九天的实践虽然短暂，但是在这九天里，我看到了大西北与东部的差距，更看到了大西北的朴实与坚韧、未来与希望。

回到北京后，我在地铁上见到一个男孩子，十五六岁，穿着哈佛大学的 T 恤，背着耐克包，拿着 iPhone。这样的孩子在北京很普通，却让我想到了我在兰州的学生们：他们有着相仿的年纪，却过着截然不同的生活。他们最远大的梦想是清华、北大，从没有看过美剧，没有听说过苹果公司，生活里除去课本练习册就是校园小说，没有对未来的思考，甚至不知道自己是不是要继续读大学，日子简单得像一把黄土。

这也许是大多数西部城市普通学生的生活。也许很多学生就这样将就着读完了高中，简简单单地就业，走着和他们父辈一样的路，终其一生。但幸运的是，有那么一些人希望作出改变。于是，就有了歆语工程与方大集团的合作。我们十分赞同方大对此次支教活动的计划与理念：希望通过此行我们能够提高孩子学习的积极性；激发他们考大学的斗志；给他们讲述外面的世界。于是，在支教的过程中，我希望给他们一些不一样的东西：比如英语国家的文化现象，比如我们为什么要学语言，比如我们对大学的思考。

在谈到为什么要学习英语的时候，我说在我上中学的时候，只是因为自己英文成绩好，所以选择英语作为自己的专业。但是当自己回过头看学习英语带来的收获时，却真切地感慨外语带给自己的是整个世界。我告诉他们，生活最美好的地方在于它的柔软与刚强，它带给你的感动与惊喜。小的时候，我们的生活圈子只有自己、父母和好朋友。随着年龄的增长，我们开始关注身边的同学、老师，自己生活的城市，然后扩展到自己的国家，感受着这一切带给我们的源源不断的思考和感动。然而当我们思想渐渐成熟，我们将不再满足于国内的信息与咨询，我们会发现生活中的欢笑与泪水、愤怒与沉思是没有国界的，我们会渴望接受异国文化与思想的洗礼。而在这些欲望面前，语言的障碍就开始变得有分量。我们不希望自己成长的脚步被语言所耽误，所以英语学习是教育过程中很重要的一部分，它带给你的将会是整个世界。所以，当你拥有较高的语言水平的时候，你会发现自己的思想是自由的，这个世界上美好的一切都是自己的。而这些，都是我们努力学习外语的原因。

在最后一节课上，我给他们播放了自己高二那年看过的于丹在《鲁豫有约》的访谈节目。当年因为于丹的一番话我明白了人为什么要上大学，两年后我希望自己的学生也能从中受益。于丹说：人为什么要接受大学的教育？其实是要你建立起一种人格的觉悟，让你找到你的自信，然后在一个匆忙的旋转的世界里面找到一个恒定的点，让周围生动起来，让你的生命被激活。绚烂之极应该就是在这个时候。然后走出校门，你真正去穿越世界的时候，可能会逐渐归于平淡，但到那时，你的仓皇和忐忑就会隐去，而内心的圆熟和自信会在举手投足之间表现出来。小时候的岁月就像是一张白纸，我们学着画格子。画圆圆的七等分，然后涂上红色很灿烂；涂上绿色很灿烂；然后赤橙黄绿青蓝紫都涂完后，拿铅笔戳着圆心一转，我们看到的其实是白色。就是说当你堆积了生命所有的色彩，但最终需要有一个生动的圆心，让你圆融成为一种最透彻的色彩。这个时候它不是一种苍白，而是所有的生动熔铸起来，成为你生命的状态。所以大学是用蜡笔涂色的过程。我很欣慰同学们在看这段访谈的时候都很认真，我希望通过于丹这番生动的表述，他们能够对自己为什么要上大学有新的思考，一种区别于传统主流价值判断的思考，一种更个性化的深入的思考。我想让他们明白，大学不是家长的唠叨与强行逼迫，不是压力与负担，而是一个人走向人格成熟至关重要的教育阶段。

除此之外，我还尝试教孩子们怎样提高学习效率，怎样直面自己的问题并迅速解决，怎样为自己的理想勇敢地行动。同时，我与他们分享了我和我身边同学们一些值得借鉴的成长经历与学习习惯，希望对他们有长远的影响。支教过程中最大的遗憾是没有营造出一个好的课堂讨论氛围，没能真正听到学生们对大学、对英语学习的想法。这点是值得以后探讨和实践的。

对我和孩子们来说，六天实在太短暂了。我不能手把手地纠正他们不良的习惯和心态，耳提面命地告诉他们去用功学习，但我希望能够通过自己的经历、感悟和思考，以一种温和实在的方式，让他们明白英语学习的重要、读书求知的重要。

难忘今宵

段采薏

2015 年 7 月 19 日晚，四川绵竹实践团在绵竹中学教师会议室成功举办北京外国语大学歆语工程——四川绵竹中学英语全能挑战赛暨支教成果汇报演出，为本次歆语工程四川绵竹实践活动画上完美的句号。

实践团成员段采薏与同学合影

晚上六点半，演出正式开始。实践团先为学生们播放了精心制作的暖场视频《歆语工程我想对你说》。视频中展示的都是志愿者们拍摄的照片：多位绵竹中学的学生手持着小黑板，上面写着想对歆语工程说的话，如“遇到你们是我最伟大的成功”“我们爱你”，等等。寥寥数语却饱含真挚的情感，实在暖人心田，让志愿者们感动得红了眼眶。

暖场视频播放结束后，全能挑战赛正式开始。共有五支队伍参加比赛，每支队伍由六名代表组成，他们是来自高二年级一到五班的学生。这次比赛的形式仿照北外英语学院每年一度的“新生全能挑战赛”赛制——整场比赛共分三个环节：英猜中词、连词成段和一站到底。绵竹中学的同学们积极参与，妙语连珠，现场气氛热烈。这次比赛的亮点是五个班各自准备的精彩节目表演，如《白雪公主》英语短剧、英文歌曲演唱等。高二年级的学生多才多艺，节目精彩纷呈。每个班级都发挥了自己的特长，呈现了最精彩的表演。台下不时掌声雷动，欢呼声一片。

“全能挑战赛”结束后，实践团志愿者为获奖班级颁发了从北京带来的特色奖品。在随后的彩蛋环节中，实践团为同学们播放了“惊喜”视频——记录了八位志愿者临别之际想对高二同学们说的话。视频中，志愿者们对参与实践活动的全体教师和领导们的大力协助与教导致以诚挚的感谢，向在整个实践活动中热情参与和积极配合的全体同学表达了衷心的感谢和祝福。视频播放结束后，志愿者们上台演唱歌曲《再见》。当唱到“我会牢牢记住你的脸，我会珍惜你给的思念”时，台上台下，志愿者和同学们都默默地流下了眼泪。

随着歌曲演唱结束，整个活动也落下了帷幕。但同学们迟迟不愿意离场，都围着各自的志愿者老师一一话别。实践团成员在学生们的本子上写下了祝福，同学们也送上精心准备的礼物，教室里充满着浓浓的眷恋和不舍。

7 月 20 日早晨，志愿者们和高二同学们告别，离开了绵竹中学。在整个实践活动中，同学们的善良深深地打动了实践团成员。不知未来是否还会相见，但我们坚定地相信，那句“我在北京等你”，一定会实现。

浅谈大学生支教问题与解决方案

张一然

歆语工程的志愿者们普遍具有较高的英语水平，工作热情也很高，但由于大多数志愿者缺少教学经验，支教过程中难免出现一些问题和遗憾。

缺少教学经验，对实践活动盲目乐观或过分担忧

歆语工程实践活动的主体是大学生，大多数志愿者并没有丰富的教学经验。志愿者们虽然备课很认真，信心十足，但是在授课中仍然会遇到与当地学生知识衔接不上的问题，导致积极性受挫；又或者主观放大了未来会遇到的难题，产生胆怯甚至退缩的心理。因此，在教学初期了解当地情况显得尤为重要。在条件允许的情况下，实践团队可以利用对接会、集体备课等机会向当地教师了解学生的学习进度，并向他们请教常用的教学方法，好对自己未来的支教方向有一个大致的认识。在心态上，同学们应当积极适应当地的自然和人文环境。

容易被突发事件影响，不能掌控课堂

缺乏经验的志愿者们课堂管理能力不足，容易导致课堂纪律混乱。这不仅会给志愿者的教学造成影响，也会影响学生们的学习热情。针对这种情况，志愿者可以选择在课堂上使用多种教学方式（如小组讨论、图片展示等）将学生们的注意力吸引到教学内容上来，或者采取适当奖励的形式维持课堂秩序。对于常见的课堂突发

事件（如争吵、学生身体不适等），要提前做好预案。

没有完善的教学计划，教学中忽略细节

与长期支教不同，假期支教作为正常教学内容的补充和扩展，一般应当与正常教学内容和进度相平行。但这并不意味着志愿者不需要一份完整而系统的教学方案。从了解学生情况，到适合当地学生水平的知识性教学，再到激发学习兴趣的各类活动，以及最后的教学成果验收，整个教学流程应当清晰有条理，同时注重与学生们情感上的互动，从而使志愿者和当地学生共同受益。

志愿者的首要目标不是在支教期间做一个“比当地教师更好的老师”，而是让学生们对学习有更深刻的认识，激发他们的学习动力，让他们在实践团离开后依旧可以在原有的学习环境中获得进步，达到既授人以“鱼”又授人以“渔”的效果。

捷径抑或瓶颈

——对江苏淮安吴承恩中学日语教学的探究

张　璇

应试教育下的高考制度是短时间内培养人才的有效方法，各学校在改革教育教学方法的同时，也找到了一些捷径，如在高考中选择小语种报考。江苏淮安的吴承恩中学（以下简称“吴中”）高中部实行“双语教育”制度，班级分为日语班和英语班，也是淮安地区唯一一所教日语的高中。目前日语班已经开设将近八年，高一到高三每个年级一个班。不同于往年从高二才开始学习日语，今年的学生从高一就开始学习日语，以争取更多的复习时间。笔者在与“吴中”日语教师陈老师交流后得知，之所以选择高考报考日语，是因为当地学生英语基础较差，而日语入门简单，相比报考英语可以算作一条捷径。

在支教活动中，笔者负责的是高一年级的日语教学，通过这几天上课，与学生交流、采访老师和对比反思，发现了在走日语高考捷径的过程中也存在“瓶颈”。与英语教学相比，日语教学只是所教内容不同，学生的积极性没有大幅提高。究其原因，笔者认为有以下几点：

一、学习资源不足。学生们的学习资源只有教材《新标准日本语》，上课也只是围绕课本和习题来讲解。如此一来，长期的学习必然变得枯燥乏味。

二、硬件设施落后。平时我们习惯使用 PPT 等形式，但这里的教室没有配备播放设备，学校也没有图书馆或是阅览室向同学开放，外来信息以及学习资源的获取途径十分有限。

三、教师资源不足。目前学校三个年级的日语班只有两名日语老师，每个学生得到的个人指导少，个人的学习问题得不到及时解决，阻碍了成绩的提升。

四、由于接受的学习资源和信息少，很多同学缺乏对日语的学习兴趣，甚至产生抵制心理，单词、语法掌握得不牢固。

通过采访老师，再结合实际教学经验，笔者发现学生在学习过程中出现了前期基础不牢固、后期缺乏学习动力、不能灵活运用语言等学习瓶颈。针对这些问题，笔者认为可以从以下几个方面入手：

一、改善学校的基础设施。

二、增加师资力量或小班教学。

三、注重补充学习资源，创造学习氛围。

四、拓宽学生的学习思维，增强学生学习的能动性。

五、当地政府和教育部门应当增加教育投资，提高对日语教学的重视。

吴中是淮安地区唯一与北外建立支教合作关系的学校，每年都会有北外日语专业的学生对其日语班级进行拓展教学。吴中师生认为北外实践团的这一课为日语教学带来了活力，提高了学生对日语的认识，增加了兴趣，对于突破教学瓶颈有很大的帮助。在现行高考制度下，教育模式的改革存在很大的阻力，吴中在各种教学形式的摸索中，不断进行有益的尝试。

一路芬芳

张新宇

时光荏苒，歆语工程江苏淮安实践团的支教活动已经接近尾声。这些日子的点点滴滴，将成为我们人生中难以复制的回忆：踏上征程时的期待，商讨教案时的认真，寻访周恩来故居时对红色革命精神的追思……十年“歆语”路，我们播撒希望的种子，采撷人生经历的硕果。歆语工程的可贵之处在于，它是一种双向学习；它不仅让孩子们收获了知识，也让大学生志愿者们迅速成长起来。

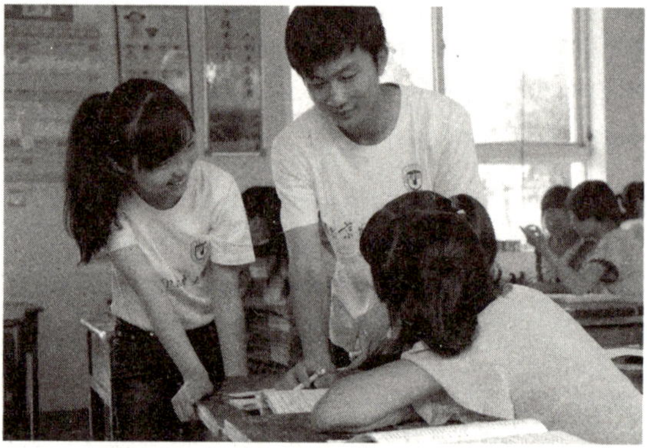

志愿者们在课堂上为学生解答问题

刚到班里的时候，一个小男孩儿冲上来接过我手中的电脑，接着打开投影仪，降下屏幕，然后笑着跟我说“老师好”。上课时，孩子们高高地举起小手，争先恐后地回答问题，他们真挚的笑容和信任的眼神让我放下包袱，在课堂上发挥自如。吴承恩中学的孩子们的热情深深印在我的心里。我感到很幸运，因为我能够遇到这么多可爱的孩子，被他们信赖和认同。这也使我认识到支教工作任重道远，让我更加努力地投入其中。更让我感到高兴的是，还有一群志同道合的人在为青春筑梦。实践团的成员们从最初的素不相识，通过讨论合作、共同生活渐渐变得熟悉，逐渐培养出了默契。

歆语工程让我们结识了更多一路同行的伙伴，也让我们懂得了合作和包容的重要性。时值盛夏，我脑海中却回想起松尾芭蕉笔下充满诗意的旅行，“今年春天早晨，我换上新袍，变成另一个人”。当我们结束这段旅程，换下载满记忆的“歆语”文化衫时，我们将会完成一次蜕变，成为更好的自己。无论何时何地，当我们再次回首往事，“歆语”一路必定充满芬芳。

念流连

左于恒

念
流连
意难迁
马尔康县
尘埃落定处
落花骄阳不减
歆语追梦谱情缘
孜孜授业夯实基础
更有旅游教学为重点
哈达献敬礼青稞醉人愿
道虽艰辛决心更又坚
塌方暴雨不畏艰险
只愿启梦火苗边
民风民情燎原
忆马尔康县
梦起漪涟
心相牵
回首
念

顺着酥油之香，回家

王　芳

跋山涉水而来，我有幸与美丽的马尔康约会，她甚至比我想象的还要可爱。支教生活刚刚进入第二天，我却感到仿佛已来这里良久。

实践团成员和小朋友们为了第二天的汇报演出排练舞蹈

山黛之上冉冉墨云，山岚脚下酥油飘香。青灯燃起，显出了这里古色古香的韵味。生活在这里的人们也安然自在，在青山绿水中自有一方欢喜天地。或劳作，或上班，或写作，或采药，闲时饮酒，晨起登山，在麻将牌的碰撞声中，一切随心，万事随缘。这里的藏族是一个对人、对动物、对植物、对一切生灵崇敬有加的民族，他们让我想起了海子的一句诗：给每一座山、每一条河流起一个温暖的名字。

因为喜欢悠闲的慢节奏，对自然有着天然的归属感，虽然身在深山，虽然语言稍有不通，我却意外地找到了回家的感觉。这并非真正意义上的回家，而是一种心灵上的皈依。我多次梦想能够身处一个与世无争、山清水秀的桃源之地，听风赏月戏水、调琴观书为文。

顺着酥油之香，回家。

让青春在实践中闪耀

——专访歆语工程学生代表王彤宇

佚　名

我校2011年歆语工程暑期社会实践活动已正式启动。从7月16日起，先后将有二十三支代表队分赴祖国各地，开展支教和调研活动。在各队出发之前，我们采访了歆语工程学生志愿者代表王彤宇。

记者：今年是歆语工程走过的第六个年头，也是你第二次参与到这个项目中。我们就从你的“歆语”之缘谈起吧，能告诉我们你参与歆语工程活动的初衷吗？

王彤宇：很荣幸在大一暑假接触到歆语工程。选择“歆语”，源于一种信念，更源于一份责任。一方面，歆语工程是社会实践的平台。正如胡锦涛总书记向当代青年学生提出的“向实践学习、向人民群众学习”的要求，社会实践应成为当代青年学生成长成才的必由之路，而歆语工程就为我们提供了这样一次走出象牙塔，投入社会基层的机会。另一方面，歆语工程是回馈社会的窗口。通过我们点点滴滴的努力，为中国教育事业做一些事，踏踏实实为国家富强、民族振兴作一些贡献，这也与我校所提倡的“胸怀祖国、服务人民”的精神相符合。

记者：每一次志愿者活动总能让参与者收获良多，能请你谈一下歆语工程给你带来的最大的收获吗？

王彤宇：我觉得歆语工程对个人的成长成才有着极大的帮助。尽管起步阶段遇到诸多困难，但是在大家坚持不懈的努力之下，整个工作终于能够有条不紊地运转。总之，“歆语”极大地提升了个人能力和团队意识。

记者：去年你曾经是歆语工程校总队的一员，你对校总队的工作有什么认识？

王彤宇：对于总队的工作而言，比起赴外支教和调研相对有些枯燥，但是意义重大。一方面，总队负责前方各支团队的后勤支援工作，为其他团队工作的开展提供了重要的保障。另一方面，总队需要做好歆语工程的宣传报道工作，让更多的人了解“歆语”，了解前方各支团队的工作情况。希望今年总队的各位同学能够迎难而上，切实完成后勤和报道任务。

记者：出征在即，同学们即将奔赴各地，用青春和热血践行“歆语”精神，你有什么话想和大家分享？

王彤宇：希望通过歆语工程，每一个人都能够有所成长，有所收获。在此借用胡锦涛总书记给北大研究生支教团队回信中的一句话与大家共勉——“让青春在实践中闪耀”！

困境中求发展

——专访马营初级中学书记陈振华

赵卓人

马营初中成立于2004年8月，是一所乡镇独立初级中学，学校位于通渭县马营镇。经过马营初中一班人的艰苦奋斗、不懈努力，学校教学条件不断改善，办学水平稳步提高，学校在制度建设、信息技术教育、教研教改、安全管理、校园文化环境建设等方面都取得了一定的成绩，办出了自己的特色。

马营初中能够取得今天这样的成绩，与陈振华书记的苦心经营是分不开的。自2002年建校之初，学校便面临许多困难和问题，即便如此，陈书记依然带领全校教师迎难而上，为筹足经费而四处奔波，在一片废墟和洼地之上建起校舍，一步步走来，才有了马营初中今日的局面。

通渭县在甘肃省可称得上“书香之县”，也正因如此，学校非常重视学生的全面发展。在文化课之外，学校经常开展各类活动促进学生德、智、体、美、劳全面发展，譬如开设武术、音乐、绘画和舞蹈等兴趣小组，针对学生们的兴趣进行专门辅导，并每年举行文艺汇演，极大地提高了学生们的兴趣。

在一般农村地区，由于对教育不够重视，辍学率较高，但在马营地区，从小学到中学，孩子基本能够完成义务教育。马营初中的辍学率也一直保持在较低的水平。究其原因，陈书记认为，是因为学校对辍学问题的重视，学校对选择辍学的学生绝不轻易放弃，由教师上门进行耐心劝导，鼓励学生家长，努力使其完成学业。

在问及学校现在面临的问题时，陈书记表示，当前学校面临的最为紧迫的问题有两个：一是在师资方面专业教师的缺乏，特别是教授音乐和数学的教师；另一个则是学生的住宿问题。学校现有八百多名需要住校的学生，但由于宿舍不够，只能容纳四百名学生，其余学生就只能在校外住宿，而在校外住宿的学生的住宿费和生活费负担比较重。

同时实践团成员在实践过程中了解到，当地许多学生的父母外出务工，学生留守在家，其中有些学生的家庭条件特别困难，教育系统方面又没有专项的补助，只能得到一些来自其他地区的个人援助。现在，马营初中正在努力通过网络让更多的人关注这些贫困生，为他们争取来自社会各界的援助。

对于北京外国语大学歆语工程实践活动，陈书记认为此项活动非常有意义并且很有必要，对于提高当地教师和学生对英语的兴趣很有帮助，学生对实践团成员的评价也很高。陈书记希望能够建立起歆语工程与马营初中长期合作的平台，让马营初中的学生在这个平台上学好英语。此外，希望这次活动能给马营初中带来一定的积极影响。马营初中是在困难中发展起来的学校，教学设施、教学器材、实验器材相当短缺。新加坡红十字会通过歆语工程实践活动捐赠了一些教学设施和一些体育器材、音乐器材，对于马营中学是莫大的帮助。

当问及歆语工程在北京的师资培训项目时，陈书记表示，由于当地教师参加培训的机会较少，十分需要这样的培训项目。如果能够参加，这样的培训是非常必要的，同时学校方面也会鼓励当地教师积极参加。

感悟歆语·新闻篇

十年歆语路，筑梦青春行

——2015年暑期社会实践出征仪式顺利举行

田念平

赵旻书记在会上发言

7月4日上午，“十年歆语路，筑梦青春行”——北外2015年暑期社会实践出征仪式于行政楼配楼二层多功能厅顺利举行。今年，我校的二百一十四名志愿者，共十支团队将赴云南、广东、福建、四川等地开展支教实践活动。北京市团市委大学部副部长郭昊、校党委副书记赵旻、校党委宣传部常务副部长陈海燕、校教务处副处长蔡连侨、校团委书记陈洪兵及各实践团队带队教师和志愿者参加了仪式。仪式由校团委副书记李文斌主持。

郭昊副部长肯定了北外在北京市多语言志愿服务方面所作的贡献，并对今后的服务提出了希望。他提到，今年的工作重点主要有两个方面。第一，在抗战胜利七十周年的背景下，志愿团队应响应号召，积极寻找红色基因。第二，世界田联锦标赛将于今年举行。我校志愿者将在多语言志愿服务中扮演重要角色。

赵旻老师则对志愿者们提出了五点要求。第一，实践是一种教育和思维方式，志愿者们要积极从实践中学习。第二，作为北外的一分子，每一位志愿者都应该为服务地带去正面积极的文化，言传身教。第三，实践活动是有教育意义的，志愿者们要能有所收获。第四，北外校史源远流长，各团队要为追溯校史作出自己的贡献，到实践地寻根。第五，重视实践安全，确保顺利平安。

陈洪兵老师宣布了2015年暑期社会实践团队名单和具体支教项目。今年，我校将派出四十五支团队，六百余名师生参与包括歆语工程项目、寻访红色足迹·传承红色基因项目、世界田径锦标赛志愿服务项目在内的各类社会实践活动。

南征老师作为带队教师代表，与同学们分享了自己的经历。他说，作为一名教育工作者，希望教育能最大限度地发挥其功能，让更多的人接受更优质的教育。支教过程中，每位志愿者都代表着学校的形象，我们有责任弘扬北外精神。学校外的舞台很大，希望志愿者们能通过实践活动有所收获。

来自欧语学院2013级捷克语专业的翟东钰代表志愿者们发言。她承诺，志愿者们将珍惜机会、团结合作、全力以赴。

陈海燕、蔡连侨老师为实践团代表颁发社会实践手册和爱心平安卡。赵旻老师代表学校预祝今年的实践活动圆满成功，并为社会实践总队授旗。最后，在“人民需要我们到哪里，我们就到哪里”的校歌声中，出征仪式圆满结束。

自6月27日起，志愿者们开展了教学法、调研方法、财务、宣传、招生等方面的系统培训。同学们在培训中受益匪浅，并期待在支教实践中锻炼自我，收获成长。

秣马厉兵

——2015年6月27日歆语工程行前培训大会

柏 捷 刘 殊

2015年6月27日，歆语工程开幕前集体培训在北京外国语大学东校区十二大教室举行。为临行的同学们培训的有来自北外附属外国语学校的陶懿老师以及来自北外的吴玫老师和张静老师。接受本次培训的学生都是来自北外各级各院志愿支教的热心同学。会场气氛良好，各位老师授课风趣幽默，在座的同学都听得十分专注。

在上午的一个半小时内，陶懿老师为我们带来了一场名为"How to Prepare an English Class"的培训课。在课程中，陶老师先从什么是一节好的英语课谈起，把上课时应当注意的规范以及授课的标准讲述给同学，尤其强调了"以听课者为根本"的指导思想，要求志愿者们多多与学生交流，激发学生兴趣，构建英文思维，培养其自身信心。之后老师又讲述了做英语教师的基本要求，要求受训学员做心理和能力上全面合格的英语教师。在讲述了对课堂以及教师的要求后，陶老师直扣主题，为同学们阐述了如何去备课。陶老师谈到要从主客观两个方面去准备：客观上是准备知识、准备能力；主观上是准备授课心态和情感价值，在此基础上按照相应的步骤去设计教学。

在下半场，首先由吴玫老师为志愿者介绍有关项目宣传的有关事项，提出了对每个小队的具体宣传要求。支教工作的进行与支教生活的点滴、感想将会通过一篇篇通讯稿和一张张照片展现，其中有许多统一的硬性要求，从数量到质量的规定，从文件格式到照片构图的细节，老师通过实例向志愿者们进行了一一说明。通过本次培训将会提高志愿者们在宣传工作上的积极性与责任感，掌握宣传工作的实质与要点，更加出色地提高自身工作素质，向更多人展现“歆语”志愿者们的风尚。随后，张静老师为志愿者们具体介绍了有关财务事项。

通过这次培训，志愿者们收获颇多。它不仅全面地介绍了歆语工程项目，还为志愿者们的支教活动做好了充分准备。

走出一条新路

曹文泽

社会服务作为继人才培养、科学研究之后现代大学的第三大重要使命，越来越受到教育主管部门和大学自身的重视。建校 70 年的北京外国语大学充分发挥外语教学研究优势，积极探索反哺方式，走出了一条服务育人、服务社会的新路。

甘肃武都实践团老师与实践地同学集体合影留念

“歆语”五载，“文晖”铸彩

2006 年，学校针对基础教育发展不平衡的现状创建的歆语工程服务项目，经过五年的培育和发展，走出了一条以“高校 + 基础教育中边缘化群体”为两端，地方政府、师生志愿者和企业等各方力量广泛参与的社会服务道路，成为北京外国语大学教育扶贫、服务社会的新名片。五年来，歆语工程已累计培训了来自中国河北、湖南、广西等八个省、直辖市和自治区的四千一百多名基础教育阶段的外语教师，并先后派出了七百六十多名师生志愿者赴河北、四川、甘肃、湖南等十二个省、直辖市和自治区开展语言文化志愿支教，当地直接受益人群达三万九千多人，取得了良好的社会效益和示范带动效应，受到了中央和教育部领导的肯定和表扬。2010 年，歆语工程项目在三十四个申报项目评审中脱颖而出，荣获联合国教科文组织亚太地区文晖教育创新奖，成为中国唯一荣获该奖项的项目。

“歆语”模式，形神并具

歆语工程一路走来，已经建设成组织严谨、特色鲜明、成绩突出的社会服务品牌项目，深化参与效度，彰显服务价值。北外通过建立青年、企业、政府、学校多方参与的反馈机制，准确、客观地了解和检验歆语工程服务团队的实践能力与服务的有效性，不断调整组织结构、团队构成和工作机制，在服务青年成长成才的同时将社会效益最大化。

转变领导方式，增强组织韧性。在种类繁多、规模不一、要求不齐的系列社会服务中，服务形式、内容和服务时间、环境等方面都具有复杂性和多变性，这对团队的组织和领导是极大的挑战。歆语工程在实践工作中，不断强化团队的阵地服务能力，同时注重团队适应能力和协调能力的培养，增强歆语工程组织的灵活度和韧性，增强组织生命力及抗压能力。

强化常态服务，巩固实践成果。由于歆语工程的参与主体大部分是青年学生，他们参加社会实践活动的时间多集中在寒暑假。为巩固寒暑假短期实践成果，北外注重学生在校期间的志愿服务活动，如帮扶在京农民工子弟、帮扶孤寡老人、参与机场及奥林匹克公园志愿工作等，通过校内外的活动衔接，增强实践服务的连续性，将歆语工程实践活动从临时性向常态化过渡。

“歆语”心愿，社会共鉴

歆语工程启动五年来，取得了丰富的实践成果，也获得了大量的宝贵经验。歆语工程独创的行动模式也为中国其他高校和社会力量提供了借鉴，具有很强的示范效应和复制潜力。

拓宽服务视角，构建全方位、多层次服务体系。随着改革发展的进一步推进，区域发展的不同步性、社会软件发展相对滞后等问题日渐凸显；多元化的社会构成、经济体制、文化格局逐渐形成，无论是学校、企业还是政府，都面临着诸多类似于“变与不变”、“多变与少变”的发展矛盾；都存在从“找出问题”到“分析问题”，再到“解决问题”的选择和决策难点。因此，高校构建全方位、多层次服务体系是满足社会发展之需，是完善反哺社会功能之需。一是要立足语言专业优势，夯实主体服务功能；二是要注重对实践队伍服务技能的开发和培养，满足社会对多样化人才的需求；三是要引入“分类引导”思想，对实践队伍进行条件分类，并有针对性地输送到不同服务领域、服务层次，提高服务水平和服务质量。

深化服务内涵，打造一体多翼、一举多效实践载体。歆语工程发展至今，正逐步形成以歆语工程建设为主体，以社会发展、个人发展为羽翼，以语言参与、经济参与、文化参与、责任参与等为触角的“一体化、多羽翼、多触角”组织结构。实践是手段、是路径，育人是目标，要充分借助歆语工程，搭建一举多效的实践载体。首先，以社会实践为载体，寻找知识的源泉和价值落脚点，促进青年的专业学习。其次，以社会实践为载体，加强思想引导，坚定青年的中国情怀和共产主义信念。再次，以社会实践为载体，提升青年的社会服务能力，培养服务精神和奉献精神。最后，以社会实践为载体，让广大青年积累一定的生存、生活和工作经验，更好地为社会作贡献。

强化社会融入，促进成长成才、服务发展大局。社会实践是个人成长成才的一部分，社会实践活动是社会主义现代化建设的一部分。在全球化浪潮的影响下，在建设中国特色的社会主义伟大实践中，国家的蒸蒸崛起，激发了广大青年的参与热情。每一位青年都是社会建设的主体，以歆语工程为载体，积极融入社会的经济、文化、教育等领域中去，汇聚个人之力为组织之力，履行社会责任，发挥青年在社会建设中的生力军和主力军作用。

创新服务理念，坚持实践思想的时代性、科学性。一份思想、一种行为的长久延续，依赖于对经验的有效提炼，对现存环境的全面分析，对战略发展的精准定位。要以更高的眼光、更宽的眼界审度日新月异的发展环境，思考跨越式发展、加速度发展问题；以更大的战略愿景，更快的发展步调投身到伟大的社会主义现代化建设中去。

不谋全局者不足以谋一域，不谋长久者不足以谋一时。五年来，歆语工程始终以“社会需求”为风向标，将需求差异转化为组织发展的阶段性差异，不断更新服务理念，提升服务意识，将实践活动转化为建设活动，不断深化歆语工程的主体性、本体性。歆语工程的实践模式和价值理念符合中国中长期教育改革和发展规划纲要，符合联合国二十一世纪教育议程，符合人类自身通过接受基础教育实现可持续发展的根本要求。歆语工程充满持续的发展动力，拥有广阔的发展空间和美好的发展前景。

永远跟党走，青春献祖国

潇　逸

7 月 12 日下午，我校“永远跟党走，青春献祖国”2011 年歆语工程暑期社会实践出征仪式在配楼二层会议室举行。北京团市委大学部副部长孔毅，我校党委副书记、副校长曹文泽，学生处处长丁浩，团委书记陈洪兵，哲学社会科学学院院长张妮妮，团委副书记岳洋以及暑期社会实践团队的带队教师和志愿者共一百八十余人参加了出征仪式。仪式由今年我校暑期社会实践召集人冯刚老师主持。仪式在庄严的国歌声中拉开序幕。

首先，学生处处长丁浩宣读了本次暑期社会实践各项目名称。本次歆语工程社会实践团队将奔赴韩国、日本等国家以及台湾、河北、湖南、陕西、广西、江苏、河南、山东等地区开展文化交流、法制宣传、社会调研、语言服务、扶贫支教以及师资培训等项目。随后，学生代表王彤宇发言。他说，要高质量完成实践任务，必须树立安全意识和团队责任感，发扬吃苦耐劳精神，多看、多听、多想、多记录，深入了解当地社会现状，并为地方发展奉献青春和才智。指导教师代表郑大鹏在发言中指出，参加各项目的同学应当严守纪律，服从安排，以专业的水准高质量地完成各项任务；队员间要互相帮助，互相理解，互相支持。他同时希望同学们能通过此次社会活动有所收获。

团市委大学部副部长孔毅随后发言。他号召广大青年深入学习胡锦涛总书记给北京大学第十二届研究生支教团成员回信中的精神，全面贯彻落实总书记在庆祝清华大学建校一百周年大会上“把创新思维和社会实践紧密结合起来，把全面发展和个性发展结合起来”的讲话精神。以纪念中国共产党成立九十周年为契机，立足京内，面向全国，广泛开展社会实践活动，大力弘扬爱国主义精神，深入推进青年学生思想教育工作，坚定广大青年学生跟党走的中国特色社会主义道路的信念。他同时指出，北京外国语大学在首都高校社会实践、志愿服务中逐渐发挥出示范性引领作用，并对今年我校暑期社会实践活动提出三点希望。最后，他在北外七十周年校庆之际，向北外献上诚挚的祝福。

随后团委书记陈洪兵代表暑期社会实践领导小组讲话。他表示社会实践是当代青年成长成才的必由之路，是大学生接受教育、服务基层、增长才干的有效平台，也是大学生思想政治教育工作的重要路径。广大青年学生要积极响应中央领导关于青年大学生参与社会实践的科学论断和指示，把创新思维和社会实践紧密结合起来，向实践学习，向人民群众学习，通过社会实践，追寻中国共产党成立九十年来的光辉历程，牢固树立在党领导下走中国特色社会主义道路、实现中华民族伟大复兴的理想信念。他还对实践团队提出三点希望：一是要发挥专业优势，服务地区发展。二是要丰富实践内容，开展社会调研。三是重视实践安全，切忌麻痹大意。希望全体师生以自身的实际行动向北外七十周年校庆献礼。随后，党委副书记、副校长曹文泽教授向即将出征的各实践团队授旗。

最后，在激昂的“人民需要我们到哪里，我们就到哪里”的歌声中，出征仪式圆满结束。

发挥特长，双向对接

——歆语工程鹤庆支教实践团对接座谈会顺利召开

黄子珮

2015年7月11日上午，鹤庆县人民政府副县长潘华珍主持召开北外鹤庆支教实践团对接座谈会，全面部署安排支教、调研工作。鹤庆县教育局领导及下辖各乡镇中心学校校长出席了会议。鹤庆县电视台等当地媒体对会议进行了报道。

会上，潘县长发表了题为“发挥语言特长，落实双向对接”的重要讲话，从搞好接待工作、服从集体安排、传递积极能量、团结克服困难五个方面对合作学校和支教实践团作出指示。潘县长要求实践团成员兼顾英语支教、鹤庆县县情调研及各校教学调研三方面的工作，在了解当地具体情况的基础上，发挥专业优势，制订详细的教学活动方案，并加以落实。同时她指出，对接中学要安排专人负责协同工作，确保支教人员生活与安全得到基本保障。

来自黄坪镇、龙开口镇、六合乡的四所初级中学的校长依次发言，就“鹤庆是国家级贫困县，而四个乡镇又是贫困中的贫困，教育相对落后”这一具体情况对北外师生提出三点希望：一是支教同学深入了解学生学习水平，在符合县情的情况下充分发挥专业优势，采用先进的教学方式，传播先进的教学理念，营造浓厚的英语学习氛围，激发学生的积极性；二是各组成员在组长的领导下有序开展工作，遵守纪律、服从安排；三是各方齐心协力、克服困难，以最高的水平完成教学任务。

队长杨莹代表实践团学生发言，表达了传承十年“歆语”精神，为山区同学搭建了语言之桥的决心。

会议结束后，来自北外各院系的二十一名师生分赴黄坪、中江、朵美、六合四所初级中学，正式展开支教实践活动。

“歆”火相传

——歆语工程京郊师训项目开学典礼成功举行

邱　辰

2015 年 7 月 12 日下午，歆语工程京郊师训项目开学典礼仪式在会议中心的第五多功能厅顺利举行。外语教学与研究出版社副总编辑王勇，北京外国语大学中国外语教育研究中心、教育学院副教授、中国教育学会外语教学专业委员会常务理事徐浩，北京市中小学中职学校教师培训中心继教科科长邹雪梅，各参训老师以及志愿者参加了仪式。

首先，王勇代表北京外国语大学、全国基础外语教育研究培训中心及外研社致欢迎辞，简要对外研社的基本情况、歆语工程师训团的发展成就以及各种培训方式进行了介绍，并表达了他对北京市基础外语教育未来发展的衷心祝愿。

邹雪梅代表市教委、市中小学中职学校教师培训中心讲话。她对京郊师训项目提出了三点希望：一是要合理利用教育资源；二是要将本次培训内容与日后教学实践相结合；三是希望老师遵守培训纪律，出色完成任务。

参训教师代表徐靖提出了三个关键词：感谢、幸福与责任。她在讲话中表达了身为人民教师所义不容辞的一份责任感，对参与本次培训的所有工作人员的感谢以及获得此次宝贵机会的幸福感。

庄逸抒同学代表志愿者们发言。庄同学简单介绍了本次志愿工作，并表达了对培训活动成功举办的决心。他承诺，志愿者将珍惜机会，团结合作，全力以赴。

老师们经过短暂的休整，继续听取了安佳宝老师的项目解读与入学教育。徐浩博士以“英语教师的职业发展之路”为主题开展讲座，从专业、进修等各方面为老师们细致地指引道路。晚饭过后，小学组与初中组的老师们进行了素质拓展及破冰活动，彼此增进了了解，加深了友谊。而志愿者们也在活动中收获了宝贵的实践经验。

人民需要我们到哪里

——2010年暑期社会实践活动出征仪式顺利举行

佚　名

7月10日上午，我校2010年暑期社会实践出征仪式在配楼二层会议室举行。出席仪式的领导和嘉宾有教育部民族教育司副司长张强，我校党委副书记、副校长曹文泽，湖南省教育厅副厅长葛建中，方大集团党委书记何忠华，北京团市委政策研究室主任龚波，我校学生处处长丁浩、副处长高印祺，团委书记陈洪兵。我校暑期社会实践团队的指导教师和同学参加仪式。团委副书记孟庆坤主持出征仪式。

团委副书记姚胜介绍了2010年暑期社会实践活动的基本情况。学生处副处长高印祺宣读了暑期社会实践活动各项目的名称和指导教师名单。今年我校暑期社会实践活动项目包括歆语工程、世界武搏会志愿服务、韩国文化交流等，志愿者们将围绕社会调研、外语支教、语言服务、文化交流等形式展开社会实践。其中，歆语工程项目覆盖了辽宁抚顺，江苏淮阴，河北平山，湖南桑植，永定，怀化，方大甘肃兰州，方大北京郊区等地区。

学生代表赵岩发言，表示将树立安全意识和团队责任感，发扬吃苦耐劳精神，多看、多听、多想、多记录，深入了解当地经济发展和社会现状，高质量完成实践任务。指导教师代表蔡芝芳发言，表示将按照学校安排，尽职尽责，做好同学们的坚强后盾，保证同学们的安全，保持与学校的信息沟通，指导和帮助同学解决疑难问题，与同学们一道争取实践活动成果最大化。

团委书记陈洪兵讲话，期望同学们带着问题、课题和责任投入社会实践中去，在了解国情中坚定理想和信念，发扬“胸怀祖国、服务人民”的北外精神；在艰苦环境中磨炼意志、增长才干；在服务社会中彰显人生价值，将外语优势与社会服务充分结合；切实增强安全意识和效果意识，注意人身安全，认真做好实践成果的凝练和升华。随后，曹文泽副书记等出席仪式的各位领导分别向即将出征的各暑期社会实践团队授旗。曹文泽副书记还向我校首批选派的中国青年志愿者扶贫接力计划研究生支教团颁发荣誉证书。

最后，在“人民需要我们到哪里，我们就到哪里”的校歌声中，仪式圆满结束。

背上行囊

——歆语工程河北曲周师训项目开班典礼成功举行

黄　莹

7月15日上午，2013年歆语工程河北曲周项目开班典礼在我校阿拉伯语与伊斯兰研究中心举行。河北省曲周县政协副主席、教育体育局局长李献林，我校团委书记陈洪兵、网络与继续教育学院副院长高晓东，出席了此次典礼。此外，与会的还有来自河北曲周的一百多名英语教师及我校部分教师和师训志愿者。典礼由继续教育学院教师李冬梅主持。

八点三十分，典礼正式开始。校团委书记陈洪兵首先致辞，他对曲周县英语教师的到来表示热烈欢迎，对他们的敬业精神和学习热情致以崇高的敬意。他回顾了歆语工程自2006年启动以来的成就，总结了7月11日结束的河北曲周英语夏令营的经验，并希望挖掘出北外与曲周县更大的合作潜力，同时保证北外相关方面负责人会尽最大努力为参训教师做好学习和生活保障。最后，他代表学校预祝此次培训项目取得圆满成功。

随后，河北省曲周县政协副主席、教育体育局局长李献林进行了发言，他提到以下三点：一是对歆语工程实践团再次赴河北曲周组织夏令营表示衷心的感谢，认为今年的合作取得了圆满的成功；二是真诚希望参训教师珍惜学习机会，严于律己、扎实学习、充实自我、完善自我，确保此次培训活动取得实际效果，同时希望培训团队能够创新培训模式，加强之后的跟踪辅导；三是真诚祝愿北外将歆语工程做成精品工程，使北外与曲周县各参训单位的友谊更加牢固。

最后，参训教师代表、曲周县实验小学教师杨秀静发言。杨秀静老师代表全体学员表达了严守纪律、认真学习的决心。

典礼结束后，北京外国语大学外国语言研究所副所长韩宝成进行了题为《中国基础英语素质教育的途径与方法》的讲座，通过与学员现场互动和案例讲解深入地解析了英语素质教育的目标与方法。

一次注定不平凡的旅程

——歆语工程湖南省民族地区培训项目开学典礼顺利召开

外研社相关人员

7 月 16 日，2013 年歆语工程湖南省民族地区中小学英语教师培训项目开学典礼在我校隆重举行。该项目由湖南省教育厅、北京外国语大学主办，全国基础外语教育研究培训中心、外研社承办。来自湖南湘西、张家界、邵阳、怀化等地的一百名少数民族地区英语教师将在我校参加为期二十天的研修培训。

湖南省教育厅副厅长玉买尔江，湖南省教育厅民族教育处处长曾四清，新疆吐鲁番地区教育局副局长祁怀好，湖南省教育厅民族教育处主任科员李进军，北京外国语大学副校长钟美荪，北京外国语大学教授、全国基础外语教育研究培训中心理事长陈琳，歆语工程领导小组办公室副主任、北京外国语大学学生处副处长高印祺，外语教学与研究出版社副总编辑王勇，全国基础外语教育研究培训中心秘书长、外研社基础教育出版分社社长申蔷出席了开学典礼。典礼由歆语工程领导小组办公室主任、北京外国语大学学生处处长丁浩主持。

对于此次湖南省歆语工程少数民族地区中小学英语教师培训项目的开展，钟美荪副校长和玉买尔江副厅长在开学典礼上都表示了肯定。钟美荪副校长指出，湖南项目作为歆语工程师资培训最重要的项目之一，是北外积极主动承担社会责任、努力推动社会发展的重要举措。

玉买尔江副厅长则表示，歆语工程湖南项目的开展是加快湖南少数民族地区教育发展、提高少数民族外语教师素质的重大举措。自启动以来，在北外各级领导和教职员工的帮助支持下，项目取得了很好的成效，湖南省少数民族地区教师受益匪浅，湖南省教育厅将继续重点支持该项目。

作为项目承办方代表，陈琳教授和王勇副总编辑在开学典礼上对项目的组织和筹备作了详细介绍，表示将尽最大的努力使大家学有所获，共同为湖南少数民族地区基础外语教育的发展作出更大的贡献。

湖南省湘西西州民族中学的黄捷老师和北京外国语大学西葡语系的孙巍分别代表学员和志愿者发言并作出郑重承诺。黄捷老师表示，此次参加培训的学员大多来自湖南少数民族地区，当地的教育环境相对闭塞，教师的教学理念和教学方法也相对落后，因此此次培训对于学员们来说，是一次快速提升自身素质的好机会。志愿者代表则表示，他们将以最饱满的热情和最充沛的精力投入工作中，努力确保各项教学工作的顺利进行，高质量地完成各项任务。

征程开启

——湖南省民族地区中小学英语教育培训开班典礼

佚　名

7 月 20 日，2011 年歆语工程湖南省民族地区中小学英语教育培训在邵阳新宁县举行开班典礼。我校党委副书记、副校长曹文泽教授，湖南省教育厅党组成员、副厅长葛建中参加开班仪式并讲话，开班典礼由湖南省教育厅副巡视员廖湘生主持。参加开班典礼的领导还有湖南省教育厅民族教育处处长王玲，邵阳市人民政府副市长李兰君，邵阳市教育局党委书记、局长莫良斌，新宁县常务副县长孙洪波，外语教学与研究出版社副总编辑王勇等。

曹文泽副书记代表我校致辞，感谢湖南省教育厅对歆语工程的关心与支持，感谢承办此次培训的邵阳市、新宁县政府与领导，并对所有参加培训的老师表示了亲切的慰问。在简要介绍歆语工程几年来的发展历程、所获成绩以及今年的培训情况之后，曹书记表示北外将继续支持湖南省的民族教育发展，并提议在现有合作框架的基础上，进一步将歆语工程湖南师资培训项目的覆盖面从民族地区延伸至省内其他基础外语教育相对薄弱的地区。

葛建中副厅长在讲话中充分肯定了歆语工程的意义和两年来取得的成绩，对北京外国语大学选派优秀的专家、教授来湖南培训基础教育阶段的教师表示由衷的感谢。葛厅长要求参加培训的学员珍惜机会、认真完成培训课程，并且要求学员将学习成果带回所在学校进行交流和推广。最后，葛厅长结合湖南省民族教育和基础教育的现状，从建设教育强省、人才强省的高度肯定了开展教师培训的重要性和急迫性，希望借助歆语工程这个平台继续和深化与北外的合作。

歆语工程湖南项目从一开始就得到了湖南省政府、省教育厅和我校的高度重视。在教育部副部长、我校原校长郝平同志以及我校杨学义书记和湖南省郭开朗副省长等同志的直接关怀和领导下，2008 年年底，北京外国语大学与湖南省教育厅签订了《关于实施湖南省农村义务教育英语教师培训项目的协议》，决定从 2009 年开始，共同实施歆语工程义务教育英语教师培训项目，充分发挥北京外国语大学人才和资源优势，支援湖南省的少数民族地区教育，逐步提高湖南民族地区义务教育阶段英语教师的专业水平和教学能力，每年培训一百名左右农村少数民族地区的中小学英语教师。

据悉，今年是歆语工程湖南师资培训项目实施的第三年，本次培训共有来自湘西、张家界、怀化、邵阳、永州、常德等州市的民族县、少数民族过半县、民族乡，以及湖南省内地西藏班、新疆班办学学校及高校少数民族预科教育基地的英语教师一百零九人参加，实现了培训对象民族地区全覆盖和民族地区小学、初中、高中、高校的全覆盖。

到达，只是开始

龚　莹

7 月 10 日上午 9 时左右，经过火车上二十多个小时的颠簸后，2013 年北京外国语大学歆语工程赴甘肃通渭实践团乘坐校方特意为实践团成员准备的汽车，顺利抵达实践基地马营中学，并受到了学校全体师生的热烈欢迎和周到接待。

启动仪式在学校会议室举行，马营中学校党委书记陈振华、校长田贵元、后勤主任崔耀龙、英语教研组组长焦成龙、对接组长司军龙等领导和实践团十二名成员参加了仪式。双方就教学目的、课程安排等进行了热烈讨论，一致认为支教的目的在于通过带有北外特色的教学模式，激发学生们学习英语的兴趣，鼓励大家多说多听，引导大家积极探索更广阔的知识世界。

当日下午，恰逢一年一度的马营庙会，为了让北外师生更好地了解当地人文风情，马营中学领导带领实践团观看了别具特色的秦腔和歌舞表演，并详细介绍了当地的著名景观和文化名人。实践团由此真切感受到了当地深厚的文化底蕴和热情淳朴的民风。

晚间，实践团成员与部分学生见面，在同学们表演节目之后，北外师生们也展示了自己的才艺。通过简单轻松的英语会话，实践团成员与当地学生建立了友谊，同时也对学生们的英语水平有了初步了解。

虽然还未正式开展教学活动，但一天的互动交流已让实践团对通渭的教学情况与风土人情有了充分了解，为接下来更切合当地实际的教案设计提供了条件和保障。

第一次见你

——赴江苏淮安歆语工程夏令营见面会顺利召开

李宗纯

2015 年 7 月 14 日下午，歆语工程江苏淮安实践团顺利抵达吴承恩中学。稍事休息后，实践团全体成员与吴承恩中学的校领导和老师们在会议室举行了首次见面座谈会。

座谈会上，吴承恩中学校长徐丛玉、副校长李士敏、初高中各年级班主任，以及各学科负责老师对实践团的到来表示欢迎。随后，实践团全体成员一同观看了吴承恩中学的介绍短片，进一步加深了对学校的感受与认识。徐丛玉校长向实践团成员介绍了吴承恩中学的历史起源、发展改革、近年来的生源情况和办学理念等，并且带领实践团成员回顾了北外歆语工程与吴承恩中学的合作历程。

徐丛玉校长对实践团全体师生提出了希望。希望实践团的志愿者能针对各年级学生的具体情况，发挥北外专业优势即语言特长，激发学生英语学习的兴趣，同时帮助学生夯实基础，并分享自身学习过程中积累的经验和方法，减少学生对英语的陌生感和畏惧感。

实践团带队老师孙巍向在座各位介绍了北外今年歆语工程发展的主要情况，强调今年是歆语工程走过的第十个年头，承载着“十年歆语路·筑梦青春行”的希望与愿景。

依照安排，今年共有二十四名志愿者来到淮安吴承恩中学支教。会议上，志愿者们进行了简短的自我介绍，与自己所负责年级的老师进行了沟通，有效地开始了前期的课程筹备工作。本次实践团的主要工作是初中、高中六个年级的英语教学，包括介绍音标和构词法等英语教学基础内容。本次实践团团队中，我校 2013 级日语系的四位同学还将充分结合自己所学专业，发挥自己的专业特长，配合在校老师进行日语方面的教学。

歆语工程夏令营座谈会结束后，各志愿者便投入紧张的备课工作当中。相信志愿者们会将最精彩的课堂呈现给同学们，帮助他们实现自己的目标和理想。

生活无法将我压垮

——甘肃通渭实践团家访实录

王雪宇　张宇策

2014 年 7 月 15 日晚上 7 点，在完成了一天的授课工作后，甘肃通渭实践团的六名成员和两位带队老师先后来到两名当地学生家中进行家访。这两名同学在班里的学习成绩都很优秀，但家庭条件比较困难。实践团还为两名学生带去了牛奶和生活用品，并打算进一步了解他们的生活状况。

第一名接受家访的学生名叫蔺涛。据实践团成员了解，以前蔺涛家的条件还不错，但是去年的一次意外使她失去了父亲。现在，蔺涛的母亲带着她和刚考完中考的哥哥一起生活。“尽管家里有空房能租出去，可以赚点儿钱，但跟我和哥哥的学费、生活费比起来，这一点儿收入还是不够。”蔺涛说。为了能供两个孩子上学，蔺涛的妈妈不得不去建筑工地打工赚钱。

家访时，成员们未能见到蔺涛的妈妈。小蔺涛告诉实践团成员说，妈妈得工作到很晚才能回家。成员们临走时，小蔺涛正准备做饭等待妈妈赶回家一起吃。看到小蔺涛如此懂事，成员们和老师感到十分欣慰。

下一名接受家访的是康芮同学。康芮是家里最小的孩子，她还有一个在兰州上大学的姐姐和一个在定西一中念高中的哥哥。康芮的母亲个子不高，因日夜操劳眼角已爬上皱纹，发间还有几缕银丝。在她的操持、打理下，家里的一切都井井有条。康芮的父亲长年在新疆打工，所以家里的农活、家务和照顾兄妹俩生活的重任就全部压在了母亲一个人肩上，再加上家里还有两位老人需要赡养，母亲就更为辛苦。然而这位母亲却始终对生活充满希望，“只有学习才有出路”，她一直这样坚信。闲暇时间，她还会绣一些十字绣来赚钱。

就这样，凭借自己的辛勤劳动，她已经供大女儿上了大学，儿子也考上了定西市最好的高中，小康芮在班级里成绩也名列前茅。

康芮是个活泼开朗、乐观向上的女生。老师和母亲在屋内交谈时，小康芮和她的同学们也在院子里给我们表演起了节目。在欢乐的歌声中，成员们从小康芮和她的家人身上看到了一种对生活积极乐观的精神，一种持之以恒的信念，还有对知识的渴求、对美好未来的向往。

“生活的重担不会将人压垮，只会让人更坚强。”实践团成员张宇策在家访后说出这样的感想。通过这次家访，成员们不仅详细了解了两位同学的家庭状况，也为两个家庭的信心和毅力所感染。学生们在困境中乐观开朗，这种精神更激励着“老师们”在接下来的支教中付出更多的努力和爱心，为通渭的孩子们带去更多的知识和关爱，祝愿他们健康快乐地成长。

期待下一次遇见

——赴甘肃通渭马营初中夏令营闭营仪式顺利结束

陈崛翔

7月19日上午，新加坡红十字会北京外国语大学歆语工程2013年赴甘肃通渭马营初中夏令营活动的闭营仪式在马营初级中学举行。

参加本次闭营仪式的领导有北京外国语大学校长韩震、党委副书记文君、英语学院党总支书记兼副院长路兴、团委书记陈洪兵、甘肃省教育厅厅长助理赵盛伟、师范处处长张兆勤、定西市教育局局长董勇、通渭县委常委兼常务副县长黄强、通渭县教体局局长张新社、定西市教育局人事科科长伍小东，以及马营初级中学党支部书记陈振华和校长田贵元。

上午11时，韩震校长一行在当地有关领导的陪同下乘车来到了马营初中，参加了此次闭营仪式。

闭营仪式在庄严的国歌声中开始。在座师生首先观看了由实践团成员精心准备的纪念视频，随后由马营初中校长田贵元致辞，对我校领导的到来表示欢迎，对实践团成员在马营初中开展为期十天的支教夏令营活动表示感谢。

之后，我校校长韩震发表了讲话。在讲话中，韩校长首先对甘肃省教育厅、甘肃省通渭县马营初中给予本次歆语工程的大力支持表示感谢。接着，他向大家介绍了北京外国语大学的具体情况，鼓励马营初中的广大学子报考北外，并鼓励同学们好好学习、放眼世界。最后，韩校长对本次甘肃通渭实践团成员的工作成果表示了赞赏。

实践团成员代表邱晗芝和马营初中学生代表徐静也先后发言。邱晗芝在发言中对本次社会实践活动做了总结，对参加此次歆语工程感到十分荣幸，并代表全体实践团成员，对当地师生的帮助、配合表示感谢。徐静同学在发言中用英语向实践团成员表达了谢意，并立志要成为和他们一样优秀的人。

随后，我校党委副书记文君和甘肃省教育厅厅长助理赵盛伟共同为北京外国语大学社会实践基地揭牌。

闭营仪式的后半部分是由实践团成员们和马营初中学生精心编排的汇报演出。欢快的英语舞台剧 Doe Ray Me 体现了实践团成员们和马营初中学生之间的默契配合；马营初中学生自行编排的藏族舞蹈《阿佳姑娘》展现了当地学生的不俗才艺；七年级学生在英语诗朗诵中的精彩表现则展示了此次英语夏令营的教学成果。最后，实践团成员和马营初中的学生们携手登台，共唱英文歌曲 Hand in Hand，将整个闭营仪式推向了高潮。

闭营仪式结束后，与会领导上台与实践团成员一一握手，亲切交谈，并合影留念。

旗开得胜

——陕西丹凤实践团圆满完成当日授课任务

马君媛

丹凤支教团成员以“了解外国文化，介绍中国经济”为主题，用讲授与游戏结合的方式向竹林关中学的学生们介绍了不同国家的文化以及中国当代国情下的经济发展状况，开拓了同学们的视野，激发了大家的学习兴趣。

一大早，大家照常来到竹林关中学开始一天的授课。第一、二节课是英语阅读课，阿拉伯语系的徐天逸同学和回族的马君媛同学利用自身优势分别向孩子们介绍了阿拉伯文化以及穆斯林的传统习俗，涉及阿拉伯国家的待人礼仪、服饰、宗教、语言等，让同学们在领略异域文化的同时学习了一些英语词汇。徐天逸同学还现身说法，向孩子们教授了阿拉伯语中传统数字的书写以及拼读方式，同学们都积极参与，热情高涨，表现出了对这次身临其境般的“阿拉伯之旅”极大的兴趣。

第三、四节课是由张雨嘉同学主讲的口语课，也是以旅游为主题带学生们去领略洛杉矶、开罗以及剑桥三个景点，感受异国风情。张雨嘉小老师先给同学们看了景点视频及图片，然后讲了一些基本的旅游中会用到的如询问景点、问路等英语句型，并依此让同学进行了对话训练以更好地掌握这些日常用语。

下午第五、六节课是闫孟昭同学介绍中国的经济发展状况。闫孟昭中英结合，向同学们介绍了一些如货币、产品、银行、中国经济特点等和经济学有关的概念，用形象的比喻结合循序渐进、答疑解惑的方式给孩子们解释了这些抽象名词，同学们也都积极踊跃地提问并相互解答，对中国经济有了基本的了解。在最后看完一些宣传上海、北京等大城市的视频后，孩子们眼神里充满向往，都表示以后一定要好好学习，去北京上大学，然后回来把家乡建设得更加美好。

最后两节课是周戚梦雨和管梦圆讲授的词汇课，两个小老师别出心裁，用做游戏的方式教给孩子们一些关于颜色、数字、人体器官之类的英语词汇。同学们兴趣颇高，每个人都积极参与，课堂气氛十分活跃，教室里充满了欢声笑语。老师们寓教于乐，让孩子们在欢乐的游戏氛围中学习并掌握了新知识。

再接再厉

——陕西丹凤实践团圆满完成当日教学任务

闫孟昭

2014 年 7 月 10 日是陕西丹凤实践团为竹林关中学的同学们进行全日制英语课程培训的第一天。在这一天里，实践团成员童婷婷、闫孟昭、管梦圆、马君媛、徐天逸、高欣为学生们上了精心准备的英语课，激发了当地学生学习英语的兴趣，开阔了学生们的视野。

当日，新加坡红十字会歆语工程赴陕西丹凤实践团给丹凤县竹林关中学的学生们开展了全日制的英语课程培训。

上午的第一、二节课是童婷婷讲授的英语词汇课程。在课上，童婷婷为当地学生们介绍了多种实用的单词记忆方法，诸如形象记忆法、谐音记忆法、词根记忆法、词缀记忆法等，学生们在课堂上学到了许多新单词与记忆方法。尤其是词汇故事环节，同学们都积极展开想象，用课堂上所学的新词编出了一个个有趣的故事。通过这堂课，当地学生们懂得了只要掌握正确的方法，单词并不难记，英语并不难学，他们学习英语的热情与积极性得到了极大的提高，都表示非常愿意听我们上课。

上午的第三、四节课是闫孟昭讲授的英语语法课程。这一节课是英语语法概论课，闫孟昭向当地同学们系统介绍了英语语法的基本知识。刚一上课，闫孟昭就热情地给当地学生留下了他的联系方式，表达了非常乐于帮助学生们的意愿。随后，闫孟昭和同学们展开了互动，让同学们发言说出自己所学过的语法知识、对语法的认识等，激发了同学们参与课堂的热情。之后，闫孟昭又用互动与讨论相结合的方式向同学们介绍了语法的本质、词的种类、句子的构成等语法学习的关键点。最后，闫孟昭以英文歌曲为载体为同学们复习了课上所学到的语法知识，让同学们感受到了学习的趣味性。

下午的第五节课是管梦圆讲授的英语语法课程。在这一节课上，管梦圆主要讲授了数词。她向同学们介绍了数词的种类、用法，并让同学们用所学的数词造句。在同学们发言造句的环节，每当学生出现不标准的发音和用法错误时，管梦圆总能耐心地一遍遍纠正同学们的发音与用法，充分照顾到基础不同的同学们，让每位同学都能感受到自己的进步，让每位同学都有成就感。

下午的第六节课是马君媛和徐天逸讲授的英语阅读课程。马君媛和徐天逸主要采用了讲练结合的授课方式，通过阅读题目的实战训练向同学们介绍实用的阅读方法。在课上，两位老师介绍了精读法、泛读法、寻读法等实用阅读技巧，同学们感到自己的阅读能力有了很大提高。

下午的第七、八节课是高欣讲授的英语听力课程。在这节课上，高欣为同学们放了很多原汁原味的英语视频资料，引发了同学们的阵阵欢笑。每当一段视频过后，高欣总能就视频内容发表评论，为同学们讲授视频中的外国文化。在课堂上，同学们既看到了有趣的内容，又学到了外国文化。这是寓教于乐的两节课。

值得一提的是，在竹林关中学支教的几天里，我们不止为当地同学们讲授了课程，还帮助当地学校做了很多力所能及的校务方面的事情，得到了学校领导、老师的一致好评与感谢。

歆语工程，我们丹凤实践团正在努力！

深入课堂，言传身教

——鹤庆实践团黄坪分队工作部署会顺利召开

黄子琊

2015年7月12日下午，鹤庆黄坪中心校校长杨学忠主持召开北外鹤庆实践团工作部署会，具体安排未来一周支教师生的活动日程。鹤庆县黄坪初级中学校长杜志文、各分管副校长及各年级骨干教师出席了会议。

会上，杨校长对北外作为“中国外交官摇篮”的成就作出充分肯定。他要求歆语工程支教实践团以身作则，做到“三个深入”：深入班级听课、与当地老师深入交流、深入了解黄坪县情。在协商制订实践团具体工作计划的过程中，杨校长指出，支教同学要结合接收班教学计划，开展“以口语交际为主的穿插引导式复习”，侧重于提高学生口语、听力和书面表达能力。他对实践团拟于7月16日举行的全校性励志教育讲座提出“立足专业优势”“结合自身经验”两方面的希望。黄坪教科室主任黄银花就“趣味音乐课”“趣味背单词”两个板块的活动提出了指导意见。

来自北外高级翻译学院、德语系、俄语学院、国际新闻与传播学院的五名同学轮流介绍自身专业背景及特长，并依此被分派到初一、初二的四个班级。

会后，实践团同学与接收班班主任进一步磨合、磋商，制订了详细的工作计划。

带着感动前进

——鹤庆县领导一行慰问北外歆语工程云南鹤庆实践团

朱一平

2015 年 7 月 13 日上午，鹤庆县人民政府副县长潘华珍、乡党委书记高泽斌、龙开口镇镇长王剑一行前往朵美初级中学，看望了在鹤庆县龙开口镇朵美初级中学进行支教的歆语工程鹤庆实践团成员，并与实践团成员进行了亲切的交谈。

上午 11 时许，潘副县长等一行人来到朵美初级中学，看望在这里进行支教和志愿服务的宋冰玉、文婧、华倩倩、钟玄和朱一平五位同学。潘副县长代表鹤庆县政府向他们表达了亲切慰问，并详细询问了大家的生活、工作情况，了解队员们的食宿情况，并勉励大家克服困难，开展好支教活动，在实践中历练自己，在实践中服务社会。

潘副县长作为北京外国语大学在鹤庆县的挂职干部，代表北外感谢当地政府以及学校对歆语工程社会实践的全面指导和帮助，并详细介绍了历年来北外结合自身专业特色，发挥党团青年学生示范引领作用，在社会实践中积极开展爱心支教、生态调研的具体情况。潘副县长指出社会实践是当代青年践行群众路线的主要方向，是大学生合作学习的有效途径，对于大学生道德品质的塑造、理论知识的深化以及综合能力的拓展具有重要作用。希望同学们继续磨砺品格，提升素养，活动结束后要认真总结凝练实践成果，在学校乃至社会中传播志愿服务的正能量。

实践团成员向领导汇报了工作、学习和生活情况，纷纷表示将深入实践中，并感谢领导们的关心和照顾。

在实践中成长

——我校歆语工程赴江苏淮安实践支教工作有序进行

孙天朗

2015年7月16日，我校歆语工程赴江苏淮安实践团支教已经到了第二天，支教的工作正有条不紊地进行着。

早上7时许，支教的实践团成员们满怀信心与热情地踏入了各自的班级，并开展了教学任务。团员们大多已经把握了备课与讲课的基本方法和规律，把自己所学的英语知识尽可能地以多种方式传授给吴承恩中学的同学们。在讲课过程中，他们运用各种教学方法，把英语知识生动形象地展现在同学们面前。初中组的庞德凯、吴亚瑜、陈嘉蕊等团员在课堂上教同学们唱英文歌曲，刘维奇、孙天朗等同学在课堂上为同学们放映详细的音标发音讲解视频，曹苓苓、刘德婧等团员在讲课中积极地与吴中的同学们进行精彩的互动，通过在课堂上讲故事、谈各自的人生经历等方式拉近了自己与同学们之间的距离。刘沛、何正、李宗纯等高中组的团员把吴中同学们的兴趣和高考要求结合起来，为吴中高中部同学带来了生动而实用的英语讲解。

实践团成员们除了讲课，还在课余时间到其他班级听讲。在听讲过程中，他们还给予授课同学以鼓励与支持。其中，李宗纯同学负责各班摄影，留住了每堂课的精彩瞬间。带队教师孙巍、王玉娥亲自来到团员们授课的所在班级，聆听了同学们的精彩讲课并进行了指导。其中，孙巍老师对团员们授课的方式给予了很高的评价。他还指出，实践团成员们应多多挖掘吴中同学们的内心生活，为他们带来更贴近他们实际生活的讲解。英语专业的王玉娥老师则在专业方面对实践团成员们提出了要求，她提出要做到精益求精，把最标准、最纯正的发音教给吴中同学们。

实践团成员陈嘉蕊为同学们讲解音标

实践团成员们各自授课班级的班主任们和英语老师们也到各班去聆听同学们的精彩讲解，并对同学们的课堂教学给予了肯定，同时也指出了同学们的不足。例如，团员们要尽量不拘泥于站在讲台上，要经常走下讲台，融入同学们的学习中，充分发动同学们展开讨论，并做到循循善诱，将同学们逐渐地、有层次地引入知识的海洋中去。

下午 18 时许，淮安全市普降中雨，实践团成员们在雨中结束了一天的工作，回到宿舍开始继续为明天的授课作准备。

携手并进，扬帆起航

周紫君

2015 年 7 月 13 日，北京外国语大学在福建晋江养正中学的歆语工程支教项目于养正中学综合报告厅举行开营仪式。出席开营仪式的有养正中学校长江建闽，党委书记沈慈勇，养正中学教师代表，晋江实践团带队老师南征、王雪及十四名队员，以及来自养正中学及其兄弟院校的三百多名中学生。

江建闽校长表示，这是养正中学第二次参与北外的歆语工程，校方给予了高度重视，将全力配合北外歆语工程实践团的工作。江校长也对学生们提出了几点要求，希望他们勤于学习、倾听师长、团结友爱、自立自强。他希望同学们在与北外学子朝夕相处的这段时间里，向大学生、研究生学习，拓展视野，过一个充实、有意义的暑假。

南征老师代表北外实践团向大家介绍了北外的历史，强调了“十年歆语路”。南老师表示北外永远向在座的优秀学子们敞开怀抱，虽然本次歆语工程为期不长，但在这个过程中，学生们将对快乐学习有所体会，也能学有所获。

在支教老师和学生代表的讲话环节，双方均表示要开阔视野，提升学习方法，不拘泥于传统的英语课堂，同时，对双方互动和交流表达了殷切的期望。

最后，双方交换了歆语工程旗帜。开营仪式气氛良好，为项目的顺利进行奠定了基础。

号角已经吹响

——歆语工程赴福建晋江实践团顺利开课

徐仕佳

2015 年 7 月 14 日，歆语工程赴福建晋江实践团正式开课。本次支教活动采取夏令营形式，北京外国语大学同晋江养正中学合作，对来自晋江当地十七所初中的三百余名学生进行了英语听说会话能力的培训。本次教学以提升中学生英语能力为目标，通过教授英语听、说、读、写等基本技能，夯实中学生英语基础。同时计划在课程中穿插文化和通识讲座，向在校学生介绍外国文化，开拓学生视野。

上午的课程以提升听力和口语表达能力为主，采取主题学习加知识拓展的形式，带领学生们领略外语的魅力。实践团成员与在校的夏令营学员做英文游戏，教夏令营学员唱英文歌曲，指导中英口译要领，解析英文电影，激发学生对英语的学习热情，深化学生对于英语文化的了解。学员们课上主动参与课堂活动，课下积极提问，与老师沟通交流，学习氛围十分浓厚。

下午，实践团成员充分发挥自身专业特长，为夏令营的学员们开设讲座。讲座内容包括希腊神话、北欧风情、法国美食、日本茶道、阿拉伯文化、法律基础等，内容丰富多彩，生动有趣。同学们听得津津有味，更在讲座过程中积极配合，参与互动。

在教学安排中，实践团成员还带领学员们进行创意手工制作。学员们积极发挥想象力，用 A4 纸做出一座座造型别致的纸桥。夏令营学员们热情参与整个活动过程，与实践团成员相处十分融洽，在手工制作活动中不仅获得了乐趣，也锻炼了思维与实践能力。

歆语工程晋江实践团在本次实践活动中，将充分发挥北外语言优势，认真授课，积极教导学生，教授英语基本技能知识，开拓学生视野，提升学生文化素养，让学生充分感受外语魅力与外国风情。

有些事不曾忘记

——四川实践团参观地震遗址学习抗震精神

罗　宁

2015 年 7 月 13 日，四川绵竹实践团前往汉旺镇参观地震遗址公园，体验绵竹地震伤痛，学习汉旺抗震精神。汉旺地震遗址公园于汶川特大地震三周年纪念时全面开放，是汶川地震中保存最为完好的地震遗址，也是汶川地震中最大的工业地震遗址纪念地。

当日上午，实践团抵达汉旺地震遗址公园，进入遗址区。成员们先后参观了遇难者公墓、感恩墙、西山坡断裂带等遗址。当实践团成员看着破败的厂房、被废弃的艺术长廊、居民楼还有远处汉旺市政府大楼的废墟时，不禁触景伤怀。“看着这些废墟，能够想到七年前的地震是多么的可怕。”实践团成员郑田恢扬说，“然而，人在灾难面前是渺小的，同时也是伟大的。”

随后，实践团参观了抗震救灾和灾后重建纪念馆以及工业遗址纪念数字馆，更是感触颇多。一边观看照片和录像，一边聆听工作人员的讲解，我们了解并重温了抗震过程中的诸多感人片段。成员们在体会到地震的无情的同时，也被人性的温情深深打动了。

参观完纪念馆之后，成员们在实践团带队老师段林杉的带领下，游览了距汉旺地震遗址公园三公里的汉旺新镇。新镇里各种公共配套设施一应俱全，优美的环境和合理的城镇规划让成员们感受到了灾区人民的智慧与重建美好家园的决心。“地震后绵竹人的生活态度和方式发生了很大变化，”段林杉说道，“我希望成员们能了解绵竹的伤痛，更希望世人能看到绵竹人在地震中的坚强和新生。”

本次的地震遗址参观之行让实践团成员感触良多。地震带来了灾难，带来了考验，但相信人的坚强与勇敢之心，互助友爱之情，还有背水一战的信念就足以战胜一切灾难。

温暖鹤庆

——副县长潘华珍慰问歆语工程鹤庆县实践团第四小组

樊　晶

2015 年 7 月 16 日上午，鹤庆县人民政府副县长潘华珍前往鹤庆县黄坪镇初级中学，专程慰问在此进行支教活动的北京外国语大学歆语工程鹤庆实践团第四小组的成员们。

潘副县长刚一下车，就亲切询问了实践团成员在校的生活情况以及备课情况。随后，在黄坪镇中心学校杨学忠校长的带领下，潘副县长与实践团成员共同参观了黄坪镇初级中学的校园，了解了学校的基本情况。

由于学校条件有限，潘副县长、杨校长、黄坪镇初级中学的校领导以及实践团的各位同学在物理实验室召开了座谈会。会上，潘副县长首先询问了同学们的备课情况、教学任务完成情况以及实践收获等，实践团向副县长汇报了自己的生活和工作情况，并积极分享了这几天的感受。随后，成员们汇报了旱情调研的情况，展示了记录当地受旱灾影响的农作物的实拍图。潘副县长称赞了歆语工程深入民间进行实地调研考察，并就云南干旱问题与同学们进行了讨论。潘副县长提议向“西部母亲水窖”项目负责人反映情况，请专业人员对黄坪镇的干旱问题提供帮助。

杨校长重点反映了黄坪镇教师数量不足的问题。以黄坪初级中学为例，该中学在编教师人数为八十八人，而实际在编人数只有八十三人。本就人员紧张的教师队伍又面临人数缩水的问题，直接导致了某些班级的重点科目无专业教师可教的尴尬局面。据悉，语文课程的任课教师职位有两人的缺口，数学缺少四人，英语缺少一人，物理缺少三人，历史缺少两人，政治缺少一人，生物课程的教师暂缺，只能由其他专业的教师在任本专业课程之余学习生物，边学边教，这对同学们的学习效果有很大影响。除教师数量不足外，后勤人员数量也严重不足。由于财政紧张，在编的后勤人员人数应为二十六人，而实际在编人数仅有四人。因而黄坪初级中学的教师不仅要完成教学任务，同时也要负责学生的生活起居以及日常管理任务，这无疑加重了教师的工作负担。潘副县长在了解相关情况后表示，鹤庆县政府一直十分关心黄坪镇的教育发展状况。为此，北京外国语大学于八九月将会派三名西部计划研究生支教团志愿者到黄坪镇支教一年，希望能够帮黄坪镇解决一些教育问题。

实践团成员纷纷表示，自从他们到黄坪中学以来，感受到了杨校长及各位校领导无微不至的关怀，以及各位老师与同学们的热情欢迎。最后，潘副县长叮嘱实践团的同学们注意身体健康，认真工作，重视配合学校完成后期的监考工作，为本次实践活动画上了圆满的句号。

感受世界的丰富多彩

——四川绵竹实践团举办“世界文化沙龙”活动

郑田恢扬

2015 年 7 月 17 日，“北京外国语大学——四川省绵竹中学世界文化沙龙”活动在绵竹中学德远楼教工会议室顺利举行。本次活动针对高二年级各班，以“世界那么大，你们应该去看看”为主题，旨在发挥北外的外语教学优势，帮助学生们了解不同国家的文化，拓宽学生的知识面。绵竹中学校方对此活动给予了大力支持。

整场活动共分为主题沙龙和现场互动两大部分。下午六点半，学生们入场完毕，主题沙龙环节正式开始。此环节共分为英美文化、捷克文化、阿拉伯文化和日本文化四大板块。英美文化由实践团成员刘希和罗宁负责介绍。罗宁将美国看作一个色拉盘，而不是传统的大熔炉，随后对美国种族平等的发展历程作了全面的剖析。刘希同学详细讲述了英国文化，介绍并解释了英国王室的成员和职权。英美文化板块结束后，实践团播放了一段优美的捷克音乐，随后实践团成员钟雨帆上台就捷克的风俗文化和节日民俗等内容作了相应的介绍。紧接着，张敬同学作了题为“走近阿拉伯”的演讲，就阿拉伯民族的定义作出了解答，并详细介绍了阿拉伯国家的宗教、服饰和饮食习惯。最后，陈萌以樱花为主题讲述日本文化，将一段关于樱花的影片作为开场，详细介绍了樱花的花期、赏樱、食樱以及樱花在日本文化中的重要性。

主题沙龙环节结束后，五位演讲人就各自演讲的内容提出问题，现场的同学们积极抢答，踊跃发言。对正确回答问题的同学，演讲人亲手送上了精美的小礼品。而后，现场的同学们就自己感兴趣和有疑惑的内容向实践团的各位成员提问，实践团的成员们一一作出了详细的解答。

整场活动历时一个小时，现场气氛活跃，同学们表示受益良多，对不同国家的文化有了更深的了解，拓宽了自己的视野。

时刻准备着

——歆语工程赴江苏淮安实践团开营仪式圆满举行

李宗纯

2015 年 7 月 15 日上午，北京外国语大学歆语工程江苏淮安吴承恩中学实践团开营仪式顺利举行。淮安市教育局党委成员、副局长高云海，吴承恩中学校长徐丛玉，副校长李士敏、刘爱林、武继红、徐峰，实践团带队教师以及学校师生出席了大会。仪式由副校长刘仕军主持。吴承恩中学校长徐丛玉为开幕式致辞。他总结了歆语工程江苏淮安实践团六年间的成绩与收获，并对本次支教活动提出了要求。今年，北外志愿者要以调动学生学习英语的兴趣、树立学好英语的信心为目标，开展多种教学内容。徐校长讲道："歆"是美好、欣喜和炫目的意思，歆语工程是美丽工程，快乐工程，更是魅力工程。他认为，学好一门外语是一件快乐的事情，歆语工程以语言为桥梁，将北外和吴承恩中学联系在一起。

随后，我校带队教师孙巍在会上发言。他首先对淮安区教育局和吴承恩中学给予的充分信任和热情款待表示感谢，并介绍了北外歆语工程十年的基本发展情况。今年，他将带领北外志愿者尽全力完成本次实践活动。最后，他代表北外此行全体志愿者郑重承诺：北外志愿者将以饱满的热情和充沛的精力投入此次实践活动中，认真履行各项职责，配合吴承恩中学确保各项教学工作顺利进行。我校志愿者代表庞德凯、吴中学生代表赵松雪也分别发表演讲。庞德凯同学谈到，作为本次活动的志愿者，与传授知识相比，他更想为同学们展现一个更大的世界。吴中的同学也表达了要向学长学姐认真学习的决心。教育局副局长高云海进行了总结发言，他肯定了歆语工程高度的社会责任感。他表示，歆语工程不仅是夏令营参与者一次难忘的经历，也是淮安教学过程中的一项重要活动。

开幕式上，二十四名志愿者结合自身专业，用不同国家的语言向与会领导和同学们问好并作了自我介绍。吴承恩中学的同学们也进行了精彩的才艺展示。开幕式后，淮安实践团的志愿者便投入到紧张的备课工作中去，来帮助学生们实现自己的目标与理想。

疲惫一扫而光

——校党委书记韩震慰问云南鹤庆实践团

范晓语

2015年7月19日，北京外国语大学校党委书记韩震、学生处处长丁浩等与大理白族自治州静炜副州长和鹤庆县主管教育部门的刘松涛副县长、潘华珍副县长前往云南六合初级中学慰问北外支教团的同学们。上午10点半左右，韩震书记一行到达六合初中，受到了六合初中的吴海东校长、六合乡乡长的热情招待。

韩震书记一下车，就热情地问候了六位北外鹤庆实践团成员。与北外师生进行简单的交流后，韩震书记在静炜副州长和鹤庆县相关领导的陪同下参观了六合初中。在参观途中，韩震书记回忆了自己年少时求学下乡的艰苦环境。在刘松涛副县长的提议下，在场的相关领导和志愿者们在教学楼前合影留念。随后，六合初中吴海东校长带领大家走进学校的会议室进行交流。在北外带队老师张倩芸的组织下，北外的六位同学分别就教学感悟、生活体验、学生情感交流等主题进行了简短的汇报。同学们都说，在这里他们不仅仅是进行英语教学方面的实践，更重要的是为同学们介绍了大山外面的世界，激起了大家求知的欲望；同时，在这里实践的这段时间，志愿者也学会了吃苦耐劳、自立自强，有益于将来更快地投身于可能更加艰苦的工作环境。同学们深刻的情感体验赢得了在场领导的掌声。值得一提的是，静炜副州长是北外英语学院的校友，今年是第一次来到大理挂职。她分享了北外给予自己在能力、性格方面的优势，社会实践活动对于能力培养的重要性等话题。最后，韩书记就六合初中的实际情况，介绍了北外所做的努力，向六合吴海东校长等人对志愿者的关心和招待表示了感谢，并高度评价了“走向社会”对大学生成长的重要作用。

由于行程安排紧张，韩书记和志愿者们在初中食堂共进午餐后离开了六合初中。7 月 19 日也是北外同学们在六合乡的最后一天，在挥手告别韩书记后，云南鹤庆实践团成员们也将告别这方他们注入深情的土地，踏上回京的归程。

七月盛夏间，歆语正当时

——四川绵竹实践团师生座谈会顺利举行

钟雨帆

2015 年 7 月 18 日，歆语工程四川绵竹实践团的实践活动已经接近尾声，绵竹中学校长唐世国、副主任王庆等领导邀请绵竹实践团所有师生参加座谈会，交流心得与经验。

唐世国校长发表讲话，他代表校方向北京外国语大学的歆语工程实践团表达了诚挚的谢意，并表示学校的老师看到了志愿者们的努力，学生也非常喜欢志愿者的教学以及各类课堂活动。最后，他还表达了绵竹中学校方对今后歆语工程实践活动的支持和期待。

四川绵竹实践团带队老师段林杉代表歆语工程实践团，对绵竹中学给予的支持和帮助表示感谢。她表达了自己愿意化身为大学和高中桥梁的强烈愿望，并致力于推动北外暑期社会实践活动与绵竹中学的长期合作。

在各位领导老师发言结束以后，团队中的同学们也积极响应。陈萌组长认为绵竹中学的同学们学习刻苦努力又勤奋认真。刘希同学则表示她感动于同学们的亲切热情，与同学们的关系亦师亦友。张敬同学也表达了自己的感想，他说歆语工程团队代表北外大学生来到绵竹中学，为高中生树立了良好的榜样，这样可以更好地鼓励他们考上理想的大学。

座谈会后，同学们都受到了极大的鼓舞。希望所有实践团团员再接再厉，为本次歆语工程实践画上圆满的句号。

读一本好书

——歆语工程云南省鹤庆县座谈会暨捐书仪式顺利举行

刘 轶

2015 年 7 月 20 日上午，北京外国语大学韩震书记、云南省大理白族自治州静炜副州长在会议厅举行了歆语工程座谈会暨捐书仪式，出席仪式的还有鹤庆县段红丽县长、潘华珍副县长，北京外国语大学办公室汤哲远主任、学生处丁浩处长、团委岳洋副书记、校医院芦菊花院长等，以及歆语工程云南鹤庆实践团的二十一名师生。会议由鹤庆县潘华珍副县长主持，鹤庆电视台等当地媒体对会议进行了报道。

会上，静炜副州长介绍道，建设云南包括生态文明建设、民族团结发展和建立面向南亚、东南亚的辐射中心的新定位。静炜副州长表示自己是北京外国语大学九三届英语学院毕业生，曾经担任教育部孔子学院副总干事。她用自身的经历叮嘱我们，北外的学生要拥有开放的胸怀和国际视野，要立足中国国情，放眼世界。最后，她高度肯定了歆语工程实践活动，总结出“经历、回味、体验、起点”几个关键词，也表达了对本次活动二十一名师生的肯定和希望。

会议结束后，韩震书记、学生处丁浩处长为鹤庆县中小学举行捐书仪式，捐赠价值总计十万元的图书。段红丽县长首先对北京外国语大学的领导及实践团师生的到来表示感谢，随后介绍了鹤庆的基本情况，简要汇报了鹤庆县的经济、教育状况，着重说明了鹤庆县因干旱而面临的财政状况以及鹤庆人民重视教育的优良传统。最后，段县长表达了北外与鹤庆双方继续友好合作、促进教育发展的愿望。

鹤庆实践团四个小队分别向领导们作活动总结汇报。驻龙开口镇中江中学小队代表杨莹从感动、友谊、热情与关怀四个方面分别展示了支教与考察活动的成果；驻龙开口镇朵美中学小队代表宋冰玉从山区的自然环境、学校的教学情况、实地考察、当地民风和自我感悟几个方面展开，展现了小队五名同学的实践成绩；驻黄坪镇初级中学小队代表贺玮琪分发了该小队的工作报告，包括教学活动、特色活动、教学总结和社会调研四个方面，针对教育教学、干旱情况等做了深入的研究并总结出了解决办法，希望能“尽心尽力为县里做些实事”；驻六合乡六合初级中学小队代表张倩芸从教学计划安排、特色教学活动、特色实践活动和心得体会等几方面，展示了同学们在支教和实践活动中的成长与感悟。

之后是北外校团委副书记岳洋老师发表讲话。岳洋老师表示：“一名合格的老师要‘上得人民大会堂，下得乡村小课堂’。”鼓励师生走出学校，走向乡村，深入了解民情，并提出要加强北外与云南鹤庆的系统化的合作。

最后，北京外国语大学韩震书记发表讲话。校长用自身经历教导我们：“一个人、一个民族、一个国家的进步、发展、崛起，不在于有多少人，而是在于一种精神、一种意志。它支持一个民族精神层面的灵魂，教育和历史相互塑造，个人发展就能走对路。”韩书记分析了近代中国的教育发展，强调了教育、视野、民族精神并不是“虚无缥缈的”，而是一个实在的东西。他提出，云南省多元的民族文化更容易激发创造力，云南省抓住历史的转折点发展起来并不是难事。韩书记还讲到，北外是党和国家创建起来的，是服务于国家战略的，它立足于国家和民族的需要，发挥自己的特色。他特别强调学生应重视思想的力量，“思想有多大，舞台就有多大”、“价值境界决定人生发展的境界”，并教育我们“只要有超越自我的心胸，就能成为国家栋梁”。最后，韩书记提出，希望北外与鹤庆友谊地久天长，共同发展，共同编织“中国梦”。

精彩纷呈

——陕西陇县实践团汇报演出筹备工作顺利展开

罗晶宇

2015 年 7 月 20 日是歆语工程陕西陇县实践团进行实践的最后一天，当日南道巷中学与崇文中学的学生们以及实践团队员们都在为 21 日的闭营仪式进行紧张的筹备和彩排。南道巷中学校长赵金云和校团委书记李伟军到现场进行慰问，并指导节目的排演工作。

崇文中学小组成员与校领导合影

上午，同学们在实践团志愿者的带领下举办了电影配音比赛。南道巷中学的同学们准备的节目有电影《狮子王》配音表演、《白雪公主》英文话剧以及乐队表演《青春舞曲》。同学们表现出色，获得了观众的一致好评。配音比赛最后，实践团为配音的两组共八名选手以及表现突出的四名参赛者颁发了精美奖品。

下午，实践团成员与南道巷中学、崇文中学的学生们齐聚一堂，在南道巷中学五层的多媒体教室进行了汇报演出前的正式彩排。崇文中学的学生们认真排练诗歌朗诵《如果》，合唱《雪绒花》。在所有学生节目排演完毕后，实践团开始着手彩排自己的节目——多语种歌曲串烧。该节目由八国语言的歌曲构成，分别由学习不同语种的实践团成员进行演唱。作为汇报演出的最后一个节目，它传达了北外学子对本次实践活动的珍视与美好回忆。

随着实践活动高潮的到来，陇县之行也已接近尾声，同学们与歆语工程的感情越发深厚，不忍离别。晚上，志愿者们在明信片与笔记本上写下了寄语，表达了对同学们的殷切期盼与美好祝愿。

大手牵小手

——江苏淮安实践团走进小天使儿童康复中心开展志愿活动

马曼露　尚晓玉

2010 年 7 月 14 日下午，江苏淮安实践团在带队老师的带领下来到淮安市小天使儿童康复中心，开展了爱心志愿活动，并为孩子们送去了很多好吃的零食和各式的文具。

淮安市小天使儿童康复中心为淮安市首家自闭症儿童专业康复训练机构，也是淮安市残联认定并授牌的 0－6 岁残疾儿童抢救性康复定点机构，其服务对象为自闭症儿童、脑性瘫痪儿童、言语发育障碍儿童等残疾儿童。

老师和志愿者们到达后，康复中心的老师就开展志愿服务的事项与队员们进行了交谈。老师表示自闭症儿童与正常儿童之间存在较大的差距，需要更多的耐心、爱心的投入，队员们也向老师表达了志愿服务的热情，并自愿分成了游戏、美术和体育三组参与到孩子们的课堂中。课堂上，志愿者与孩子们一同学习一同玩耍，在帮助老师完成教学的同时也与孩子们玩得不亦乐乎，并与他们成了亲密的朋友。

在结束了课堂教学之后，志愿者们走进残疾儿童治疗间，陪同病情较严重的孩子进行仪器与按摩治疗。八岁的王子涵扎着可爱的小辫，皮肤白皙娇嫩，可命运让这个可爱的孩子患上脑瘫，天生不能走路又无法说话。孩子的奶奶和妈妈每天骑三轮车带小子涵来治疗。在按摩治疗中，志愿者也学着妈妈的样子给小子涵做按摩和肢体运动。被刺激神经的小子涵很难受，志愿者们在一旁用心鼓励着小子涵，也鼓励着孩子的奶奶和妈妈，让他们保持对孩子康复的信心并送上对小子涵早日康复的祝福。

此次活动中，志愿者们积极热情，耐心友爱，用满溢的爱心诠

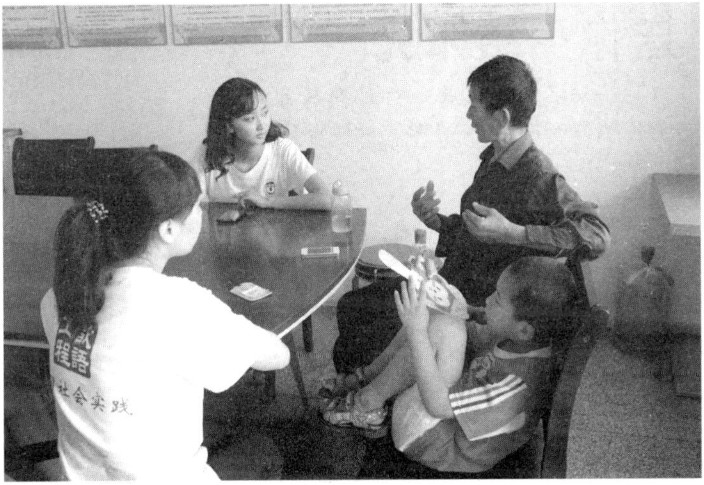

淮安实践团的同学们在小天使康复中心

释了“奉献、友爱、互助、进步”的志愿服务精神。同时我们也意识到，还有很多只手等着我们去牵，给自己一个机会，给孩子一片温暖。大手牵小手，希望我们会有更多的机会用我们诚挚的爱温暖身边这些折翼的小天使们。

送你一缕阳光

——记彭龙校长一行赴鹤庆慰问

佚　名

2015 年 7 月 15 日下午，我校彭龙校长抵达了云南省鹤庆县歆语工程鹤庆支教团的支教地，向志愿者们送去慰问。

下午两点半，彭校长一行抵达了六合中学，与六合中心校段锡清校长、当地教师代表及鹤庆支教团带队老师徐丽莉、南征以及六合分队的四名志愿者会面，询问当地的教育状况和此次支教的进展，并亲切询问了志愿者同学们的支教和生活情况。在得知一切顺利之后，彭校长表示十分欣慰并希望本次活动对支教地学生和志愿者本身带来更多的影响和意义。

随后，彭校长及北京外国语大学学生处处长丁浩、党校办主任汤哲远及鹤庆县副县长徐润莲、挂职副县长刘刚及教育局局长李六五等一起来到了六合中学 92 班，听了一节由支教团志愿者丁颖同学教授的英语课。课后彭校长亲切地与当地学生交谈，鼓励同学们努力学习，在学业上获得更大的进步。之后校长一行与当地学生及支教团队合影留念。

当地学生纷纷表示此次支教活动对他们意义重大，愿意以支教团的大哥哥大姐姐为榜样，好好学习，努力完善自己，考上大学，争取为家乡和祖国作出贡献。

支教团带队教师及六合小分队的志愿者为自己的工作受到了校方及当地政府、学校及学生们的肯定而感到欣慰。同时在此次支教活动中志愿者们也受到了历练，收获了感动与友谊。大家表示愿意再接再厉，圆满完成之后的支教任务。

16 日上午，彭校长一行在鹤庆宾馆与支教团志愿者及老师一道参加了支教工作座谈会。在所有志愿者、各支教地校长和鹤庆县领导发言结束之后，彭校长对此次研讨会进行了总结发言，对支教团的工作表示了肯定，希望志愿者们回到校园之后也能够为了自身、学校和社会的发展而努力。

会后，彭校长一行与鹤庆县领导及支教团成员在鹤庆酒店就餐并合影留念。

认真走好每一步

——北外校团委老师与总部宣传实践团成员座谈

李俊文

2010年7月11日上午11时，校团委书记陈洪兵与副书记孟庆琨在学生中心406会议室与歆语工程总部宣传实践团的成员展开座谈，就宣传实践团的前期工作进行了总结，并对之后的工作提出了指导性的建议。

会议开始后，团委老师首先听取了执行主编张悦对前期工作的总结，了解了宣传实践团在纸质媒体和网络媒体两方面的工作成果以及与校外媒体的交流情况。老师们对大家前一段时间的工作给予了充分的肯定，并就如何更好地与校外媒体取得联系和拓展歆语工程宣传的广度与深度提出了宝贵意见和建议。

接着，宣传实践团三个小组的组长就具体工作的开展情况进行了汇报。组长们就北外青年报“歆语特刊”的定位、在保证质量的基础上如何提高小组工作的效率、如何做好组内的沟通和小组间的协调等问题表达了自己的意见，并就每期工作的具体内容作了详细阐述。在座老师对各个小组的工作表示十分满意。

随后，团委领导向宣传实践团带队老师吴玫和部分成员询问了他们的工作感受，并对大家较高的工作效率和整个宣传实践团的和谐氛围表示了赞许。当了解到宣传实践团目前只有学生活动中心408室一间办公室可供使用后，陈书记立刻表示将提供另外一间办公室供大家使用，以改善大家的工作环境。考虑到持续的高温天气，老师们还体贴地提醒大家要注意身体，并表示将会全力做好宣传实践团的后勤保障工作。

在接下来的交流中，陈书记谈了他对歆语工程的感受。他表示，北外要培养出“上得人民大会堂，下得乡村小课堂”的人才，歆语工程赴各地实践团就给了北外学子这样一个接触地方、了解乡村的机会，也有助于北外学子在未来的工作中，既拥有国际视野，也具有乡土情怀。同时老师们还指出，北京总部的宣传工作将有利于让更多人了解到北外在支持基础教育方面所付出的努力，也将带动更多的团体和个人加入这方面的工作中来。

最后，老师们勉励总部宣传实践团的成员在保重身体的基础上更好地完成接下来的工作任务。会议在热烈的掌声中圆满结束。

一分耕耘，一分收获

——四川简阳实践团顺利完成全部支教活动

董涵涵　徐逸飞

2013 年 7 月 10 日，北京外国语大学歆语工程四川简阳实践团顺利完成了全部支教活动。当天早上 8 点 30 分，实践团全体成员参加了分别位于简阳中学东西两个校区的散学典礼，并有两位队员——代明川、吴虹分别代表实践团发表了演讲，跟简阳中学的师生们分享了关于这几天支教活动的感悟。

在这几天的支教活动中，每位队员都认真备课，准备课件直到深夜是常有的事。更有队员在身体不适的情况下，坚持备课到深夜两点，为简阳中学的孩子们带来了不同于往常的教学体验。在积极开展英语教学的同时，各位队员还积极筹划了富有特色的活动课与交流课，让各位同学进一步体会到了学习英语的乐趣，了解了丰富多彩的大学生活。

此次支教活动给简阳中学的孩子们留下了深刻的印象，许多同学在最后一节课上跟老师们一起合影留念，师生间结下了深厚的友谊。还有许多同学为支教队员送上了亲手制作的礼物。

这次的支教活动虽然只有短短的几天时间，但是实践团的成员们却都尽自己最大的努力，将歆语工程与全国多语言服务联盟成立十年来的坚守的信念化作讲台上辛勤的汗水与孜孜不倦对更优秀的教学水平的追求。不光是实践队员，当地的老师和同学也纷纷表示，在这次活动中，大家都获益匪浅，希望以后有机会参与到更多有意义的社会实践活动中去。

感悟歆语·总结篇

“红色1+1·红帆英语夏令营”支教项目总结报告

蒋世奇

一、实践的目的和任务

社会实践是大学教育中非常重要的一个环节，它能使学生对自身专业学习方法和实用性有更深层次的把握，同时在实践中检验自己的学习、工作方法，加深对自身的认识，以便对今后的学习作出调整。

这次假期我参加了本院组织的“红色1+1·红帆英语夏令营”活动，前往怀柔茶坞铁路中学，协助老师指导低龄学生掌握英语知识，同时探索基础语言学习规律和低龄学生语言教学方法。

二、实践的时间和地点

2013年7月8日至14日，在北京市怀柔区茶坞铁路中学。

三、具体实践部门

初中一、二年级

四、实践的内容和要求

教授学生单词发音规律、动词变位形式、基本句子结构，巩固英语基础知识；进行英文写作、口语课程教学，提高学生英文水平；带领学生赏析英文电影，介绍外国风情文化，拓展学生视野；编排英语剧，英语歌曲表演，鼓励学生将所学知识投入实践；批改学生作业，帮助个别学生解难答疑。

五、实践总结

同去的同学拿着手机兴奋地宣布，又有一个学生添加他为好友，再看看我平静的通知栏，心里感到不是滋味。

从怀柔回来以前，从来没有想过我会这么在意这些孩子对我的看法。

七天的时间过得比想象的要快得多，在我们刚刚要将一切安顿好的时候，却已经挥手作别这个可爱的地方。

我不得不说，在这次活动中，我们所遇到的孩子，称得上是我所见过的最可爱的孩子。他们聪明、懂事、性格开朗，和他们一起度过的每一天，都让我更加期待第二天的到来。

因为以前有过做家教和在培训班讲课的经历，所以在报名这次活动之前，我也算是胸有成竹。但这种感觉只持续到了真正见到这帮孩子的那一刻，看到他们懵懂、期待的样子，我才暗下决心，必须准备出最好的课，才算是完成这次任务。

虽然一向自诩英文为拿手科目，但是落实到教学上，还是很让人头疼。在备课过程中，不断有未曾注意过的问题和例外出现；在一次次的试讲中，总是能发现不够详细的地方；有限的课程时间和无限扩宽的课程内容让我不得不一次又一次地精炼自己的讲解，但是这又带来了担心学生无法接受的矛盾……

虽然上课的时候不是很放得开，但是孩子们还是非常用心的。就凭他们越写越好的作文、下课后提出的问题我就知道，他们在认真听着我们所说的内容，这也让我越发觉得自己任重而道远。

人的行为模式真的和他所处的位置有很大的关系。一旦有了自己“很重要”的自觉，就会有意识地在意自己的言行举止。只要一站上讲台，一种莫名的神圣感便油然而生，这样的感觉会一直持续到下课，持续到晚上回到宿舍的备课时间。为人师表，很多原本自己不会想要去做的事情，在此刻也变得那么合情合理。

这种转变在各个方面持续地发生着。最初的两夜里，我们四个同学在一起聊天还总是天南海北地漫谈，到了后来，话题越来越集中到我们的上课效果、孩子们的课堂表现、孩子们的作业，还有孩子们对我们的看法上。

当然，产生这些变化的原因不仅仅是因为我们现在是老师，更重要的是，我们和这群学生彼此之间已经产生了深厚的感情。

这些孩子真的很用心。

最后的节目排演就要来了，作为年龄最大的一组，我们当然希望这些孩子们的表现能够符合他们的身份，不比低年级的“后辈”们差，所以给他们挑选的节目稍微有些难度，尽管我们一直在旁边督促着孩子们背词、练习动作，他们也很努力，但毕竟年龄稍长，会觉得难为情，这些初中的小哥哥、小姐姐们一上台，甚至不如二三年级的小孩子们来得大方、自然。

第一次串演中，看着原本活泼向上的节目被他们演绎得死气沉沉，我们心里十分焦急。或许是脸上露出的失望被这些孩子看到了，当我们回到教室时，听见原本腼腆的他们唱起渐渐响亮的歌声。我们静静地站在门外，内心却是一阵波澜。

尽管第二天的汇演并不完美，但对于这样可爱的孩子，我有什么理由挑剔呢。

尽管在这里我无法一一列举他们的名字，但这群可爱的孩子让我深刻体会到了作为人民教师的辛苦与幸福。我非常感谢他们在那六天中对我们工作的支持与理解，无论是在课堂上忍受我拙劣的讲解，还是在后来的节目排演过程中配合我胡乱的安排。相较于这些认真的孩子们，我真的对我无法为他们进行一次精彩的授课，同时还要求他们一次又一次地按照我的意愿反复排演而感到羞愧。

我不敢说我们组的学生们从我们身上获得了足够的知识，反而是我们从他们身上学到了很多。如果能再给我们一次机会，我们一定能准备出更加精彩的课程，送给这些可爱的孩子们。

2013年赴江苏淮安吴承恩中学支教项目总结报告

江苏淮安实践团成员

一、支教团队与对象学校简介

此次北京外国语大学2013年歆语工程暑期实践赴江苏淮安支教团共有师生十二人，包括两名带队老师、五名本科生和五名研究生。本科生来自北外的中文学院、国际关系学院、德语系和法语系，研究生都来自高级翻译学院。我队的带队老师有丰富的支教带队经验，精心选拔出的志愿者同学们也都具备扎实的英语基础、出色的交流能力和强大的亲和力，是一支积极团结的队伍。

吴承恩中学位于江苏省淮安市，淮安位于苏北，属于经济欠发达地区，教育资源也较苏南、苏中地区贫乏。吴承恩中学是楚州区重要的民办中学，由过去的楚州第三中学改制而来。学校包括初中部和高中部的六十个教学班，在校学生两千七百零六人，教职工二百二十五人（其中教师一百八十六人）。据该校校长和英文任课老师介绍，同学们的英语学习一直存在困难，包括发音不标准、单词背诵困难和学习兴趣丧失。因此该校非常希望能借助此次支教的宝贵机会，和北外的老师和同学们充分交流讨论，为当地同学们带去英语学习的新动力和好方法。

二、教学的开展与落实

基本上，在教学的开展与落实方面，我们的团队有三大特点：

早准备，充分准备；注重沟通，抓准当地教学需求，坚持团队每日交流；团结平等，人人献策。

（一）充分准备，尽早着手

早在队伍出发之前，我们团队就多次碰面交流，一方面和淮安吴承恩中学取得联系，了解支教对象的情况；另一方面进行全面细致的备课工作。出发前，团队分为了语音、语法、口语、英美文化和高三学习经验介绍五个小组，分别准备材料、书写教案、制作课件，保证了我队教学内容的覆盖面和针对性；另外，我们还专门进行了一场试讲，让大家相互点评，借鉴彼此的教学方法；同时，我们建立了 QQ 群，既能共享资源，又可保证沟通。可以说，在出发之前，队伍就已经进入了认真传授知识的状态，并感受到了团队的温暖与合作的力量。

（二）知彼知己，保证效率

从 2013 年 7 月 13 日到 20 日，此次支教为期八天。为了保证尽快开展教学，帮助当地学生，我们在 13 日抵达淮安的当天就开展了和该校领导老师与在读学生的两场交流会。

此次支教对象是吴承恩中学所有初一、高一和高二的学生。交流所得信息让我们更好地了解了同学们面临的英语学习困境，缩短了授课与受课双方的磨合期。我们根据情况，为每位志愿者同学分配班级，一人负责固定的两个班级，以保证教学风格的统一和授课内容的连贯性。

支教期间，我们还组织了一次和该校英语教师的专业交流会，同有多年授课经验的本地教师交换心得，讨论非常热烈，双方收获颇丰。

另外，除了和当地学校老师的沟通，我们团队内部还保证每日的交流汇报，包括各自负责班级的教学进度与遇到的问题，然后一起探讨解决。良好的沟通是这次支教圆满顺利的基础，知彼知己，才能消除隔阂与障碍，朝着同一个目标共同努力，才能保证支教教学的效果，将支教工作落到实处。

（三）责任使命，贯穿始终

坚持团结平等，人人献策。我们的团队年轻富有朝气，每一位队员都有自己的实践和思考。众人拾柴火焰高，保证团队工作有序开展。

坚持对每一位学生人性化关怀。比如，上课多关注发言少、与教师互动少的学生，不忽视吸收新知识稍慢的学生。将平等的概念带入课堂，对每一个学生都要公平。

坚持全方位培养。在积极授课的同时，还开展了其他丰富的活动，如英文歌曲学习、英文电影赏析、英文短剧表演、高三学习座谈会，以期拓展他们的视野，培养对语言的热爱，从而建立他们对英语学习的持久动力。满怀责任，歆语工程赴江苏淮安实践团圆满完成使命。

三、收获的成果与肯定

感谢吴承恩中学师生和当地教育部门的支持与肯定，使我们的支教活动充满了源源不绝的动力。教学相长，学生收获颇丰，志愿者们自身也在成长，支教工作圆满成功。

（一）校方热情，合作教学

吴承恩中学徐丛玉校长欢迎北外支教团时曾说：歆语工程像一缕阳光，驱散了笼罩在英语教学上空的浓云；更像一场春雨，滋润着基础教育这片希望的田野。歆语工程夏令营在我校已经开展了三届，本届是第四届。在北外领导及老师们的关怀下，在参与师生的努力下，在教育局领导的关心帮助下，一届比一届富有成效。前几届实现了传播歆语工程理念的目标，让歆语工程在吴中师生心中扎下了根，提振了教师教好外语、学生学好外语的信心。相信此次歆语工程夏令营对全面提升吴中外语教师整体素质和教学水平，推进新课程改革和素质教育，将产生重要作用和深远影响。

吴承恩中学的领导和老师们的亲切热情，赋予了我们强烈的使命感和圆满完成任务的决心。

（二）当地重视，提供支持

7 月 15 日，淮安区教育局副局长葛加顺来到吴承恩中学，代表淮安区教育局对歆语工程表示感谢时说道：感谢志愿者为支持我区的外语教学工作所做出的种种努力；感谢志愿者将激情和智慧带进校园；感谢志愿者为老师们提供先进的教学理念和教学方法……希望北外实践团的师生能不吝赐教，在紧张而又短暂的时间里，将你们的学识、才华尽情释放，为吴承恩中学师生提供最大帮助。希望吴承恩中学继续利用好歆语工程这一高端平台，与北京外国语大学保持长期协作，建立常态化的互动机制，为学校外语学科的教学水平的提高寻求更大的帮助。

葛加顺副局长和我队的老师与同学进行了交流和探讨，了解了我队的教学安排。在各方的重视与支持下，我们的教学计划顺利进行，落实到位，教学效果显著。

（二）学生积极，收获颇丰

在吴承恩中学同学们的心中，从北京外国语大学来的小老师们充满活力与激情，教学清晰有耐心，亦师亦友，不亦乐乎。从最初一提问就没人抬头，到上课争先恐后的举手；从拿着课本支支吾吾，到站在讲台上大声背诵；从陌生打量的眼神，到热情灿烂的笑容……我们的付出，换来了孩子们学习上的进步和情感上的信任。

有的班级专门建立了QQ群，晚上还要探讨英语学习问题，希望老师多讲点；有的班级发现小老师身体不舒服，课间写下了充满关怀的信递给老师，送来爱的祝福；有的班级一直怀念这段美好的学习时光，小老师离开江苏后还一直收到同学们短信或网上的问候……这是一段用真心换取真心的经历，这是一段用汗水浇灌知识的时光，这是我们赴江苏淮安支教团的专属回忆！

四、当地文化参观与学习

7月16日下午，吴承恩中学刘仕军副校长带我们支教团队参观了位于淮安市楚州区驸马巷内的周恩来故居以及周恩来纪念馆。从出生、求学，到革命，再到建立新中国，通过大量的图片和实物，我们加深了对周总理的认识与敬佩。追溯周总理的一生，大家对新中国诞生的艰难有了更深的感受，对高尚的品格更加向往，对美好的求学生活更加珍惜，也更加坚定了认真完成本次支教任务的决心。

五、遇到的问题与反思

本次“歆语工程”暑期实践规模大、支教队伍多，在这个大家庭里，不同队伍之间经常相互交流、分享经验。在自身的实践经历的基础上，在了解其他队伍的情况后，我们认为支教工作的如下方面可以再做调整。

（一）支教天数或可增加

从英语学习来看，一周的时间实在太短，不足以学完音标，更不能学完语法，我们能做的只是介绍一种学习方法或模式，并带领学生开始一些尝试。然而，短短几天恐怕不足以给学生们留下深刻的记忆。站在支教的受众群体的角度上考虑，我们也许可以延长支教的时间。

（二）支教队人数的灵活性

本次歆语工程支教团众多，无论奔赴何地何中学，几乎都是十人队伍。然而，高效的“平均分配”和教学的“因地制宜”成了一对矛盾：有的队伍奔赴的中学规模小，受众学生数量少，志愿者们也许两天上一次讲台；而有的支教团队，如我们的队伍，面临很多班级的授课需要，每位志愿者每天要给两个教学班授课，每天授课五至六小时。这样的安排，会让一部分北外志愿者的作用得不到充分发挥，产生资源浪费。如果今后我们能更早了解支教对象的信息，也许可以对支教队伍的人数做出针对性调整。

（三）支教团队的专业培训

走出北外，我们就代表着北外的形象，一言一行展示着北外学子的素质。北外素有“外交官摇篮”的美誉，那么歆语工程也可被看成北外和全国不同学校间的“民间外交”平台。赴淮安支教团出发前，我们团队内部进行了培训交流和志愿者试讲，提前的彩排让大家收获颇丰。如果可以，希望学校能发动更多的资源和更专业的力量，为志愿者们提供更系统的培训，既能够提高每一位参与者的重视程度，又能在各地展示北外人的良好风貌。

六、小结

星星之火可以燎原，我们播种下火种，相信可以让同学们燃起学习英语的热情！岁月无痕，但我们在江苏淮安挥洒汗水、传播知识的时光，不会是没有痕迹的，因为它真实地留在我们的生命中，留在吴承恩中学的孩子们的生命中，成为彼此的记忆。

感谢这次宝贵的机会，让我们赴江苏淮安支教团的师生十二人，在歆语工程的平台上，传播知识、教学相长，通过奉献换来更大的收获！

2013 年赴四川简阳支教项目总结报告

四川简阳实践团成员

“歆语”，即美妙的语言。歆语工程旨在传播美妙语言，架设沟通桥梁，共享和谐讯息。歆语工程是北京外国语大学在全球化和城市化进程不断加快的背景下，针对中国现代化进程中出现的基础教育发展不平衡的现状，依托自身优质的外语教学科研力量，在基础教育相对薄弱的农村地区、民族地区、边疆地区，推出以中小学英语师资培训、支教帮扶和志愿服务为主要内容，以服务基础教育均衡发展为目标的教育扶贫系列计划。

实践团成员顺利抵达成都火车站

今年暑假，北京外国语大学以学习落实党的“十八大”精神为契机，以与“新加坡红十字会”共建合作为平台，充分发挥社会实践作为加强和改进大学生的思想政治教育重要途径的优势，不断深化北京外国语大学关爱基础教育相对薄弱地区的教学工作，继续以歆语工程等品牌特色活动为实践载体，引导广大学子参与到此次活动中来，并增强实现“歆语梦”、“中国梦”的历史使命感和责任感。

此次社会实践的主题为“同谱歆语情，共筑中国梦”。具体的实践内容十分丰富，包括基础外语支教、课外学术调研、国际两岸交流、基层志愿服务和红色主题教育五个方面。我们新加坡红十字会北京外国语大学歆语工程赴四川简阳实践团主要承担的是基础外语支教任务。

四川简阳实践团由韩笑和罗丹两名带队老师以及来自全国多语言服务联盟成员高校的九名优秀学生代表组成。这九名同学分别是北京外国语大学王雪、北京第二外国语学院邱佳媛、上海外国语大学董涵涵、浙江外国语学院俞悦、上海对外经贸大学朱昕怡、徐逸飞、大连外国语大学代明川、西安外国语大学穆乡、吴虹。

我团于 2013 年 7 月 4 日出发，历时二十九个小时于 7 月 6 日凌晨抵达四川简阳。与我们对接的学校简阳中学是简阳市一所国家示范性重点高级中学，是一所具有百余年办学历史的巴蜀名校。因此，面对这样一所知名高中的优秀学子，我们的教学压力比其他团队可能更为巨大。于是，在休息了几个小时后，实践团成员就早早来到学校准备开始一天紧张的备课任务。当天上午，简中副校长苏俊清、副书记关永芬等一行校领导热情接待了我们，随后为我们安排了单独的办公室用来备课。之后，在带队老师的指导下，团队课题组同学为我们的教学任务做了详细的划分，接着大家开始了备课讨论。由于成员来自不同的高校，每所高校都有自己的教学优势及特点，大家的思路及想法十分多样，因此整个流程进行得非常顺利，所有人都用激情和认真展现了他们对本次支教活动的热忱。讨论过后大家确定了本次授课的主要方向，并开始查阅资料准备课件。

简阳中学分为河西和河东两个校区，分别位于简阳市简城镇和东城新区，因此我们九名成员也被分为河西校区分队（三名）和河东校区分队（六名），每人平均各带一个普通班一个实验班。我们的教学内容与日程安排以天和课时为单位。根据学校的放假时间和教学安排，我们的实际授课时间是 7 月 7 日到 10 日共三天。7 月 7 日到 9 日为准高二年级每人每天两个班，每班两课时进行英语授课。7 月 10 日我们则承担着准高三年级每人两个班，每班一课时的教学任务。每名队员每天都有一个特定的主题，但可以根据不同的班级做适当调整。

我们力图从听、说、读、写四项基本技能入手，实现对英语学习各方面能力的全面覆盖。但综合考虑当地学生的英语教学薄弱点和我们志愿者的强项，我们将重点放在了英语视听说上。我们的课程主要分为三大类：学习经验交流、英语听力练习和口语互动课。每节课的主题由各位任课志愿者根据实际情况自行安排调整，主要覆盖学习考试经验交流、听力纠音练习、口语发音练习、情景对话练习、写作练习、快速阅读练习、记单词练习等。对于准高二学生，经验交流侧重于兴趣培养，而针对时间紧任务重的准高三学生，经验交流则大多侧重于应试复习技巧。其他课程都采用音频、视频等丰富的教学形式，并精心设计课堂提问等交流互动环节，力求使学生们找到正确的英语学习方法，提高学生们的语言应用能力。

除了白天的常规课程外，每天晚上一个小时的活动课时间，则可以作为白天教学内容的拓展，也可以开展另外一些活动，如英语演讲、英语辩论、听歌学英语、看电影学英语、英语游戏、英语台词表演等。目的是让同学们尽可能多地接触和参与各方面的英语学习，提高同学们对英语学习的兴趣与信心。

整个教学活动中，简阳中学的老师和学生们都十分的配合。服务期间，简中官网登载了两篇有关我们实践团的报道，体现了校领导对我们的高度重视。活动结束后，学校的老师同学也都对我们的志愿服务给予了高度的评价。

在最后一堂活动课上，同学们自发组织了包括唱英文歌、英文朗诵、讲英语笑话以及英语短剧表演等各种形式的节目，用以感谢与欢送我们一行志愿者们。课上欢声笑语，精彩连连。课后，学生们纷纷涌上台来将自己准备的留言条以及小礼物送给自己的老师，与志愿者们热情地拥抱并合影留念。四天的实际授课时间十分短暂，然而志愿者们与孩子们建立的感情却恒久绵长。

“谢谢你，谢谢你的笑容，谢谢你的视频，谢谢你的教学，谢谢你的陪伴，谢谢你带给我学英语的希望！”孩子们的真诚让人感动。希望是一个多么动听的字眼。孩子有梦，少年壮志，“中国梦”方兴。

在总结时，志愿者们纷纷感慨，这短短几天的实践时光将是自己一生受用的经历。从备课时的忐忑，到第一节课时的紧张，到之后上课时的自信，再到最后离别时的激动和不能自抑，我们每一步成长都带着简中孩子们深深的印记。我们深知这几天时光无法带给孩子们真正系统的知识，但我们用尽了自己的全力，授之以渔，尝试让那里的孩子们怀有拥抱世界的梦想。

此次四川简阳实践团的实践任务圆满结束了，而我国对基础教育薄弱地区的支援帮扶行动还将长久地接力下去。衷心希望歆语工程能够越做越好，期待能有更多像歆语工程这样的精品项目为真正需要的人们带去切实的帮助。

2013 年赴陕西陇县支教项目总结报告

陕西陇县实践团成员

2013 年 7 月 5 日至 15 日期间，作为北京外国语大学歆语工程暑期社会实践项目的参与者，我们一行十二人来到陕西陇县开始了为期十天的支教活动。支教虽然只有短短的十天，但却让我们收获颇丰，因为在讲课中不仅我们的个人价值得到了体现，还增强了团队合作精神，让我们的实践团在陇县更好地完成教学任务。

陕西陇县支教团全体成员合影

在此次暑期社会实践活动中，我们的亮点及特点主要有以下几方面：首先，教学内容多样化。作为一支支教团队，我们的主要任务便是英语教学，因此如何做到尽量在短时间内提高当地学生学习英语的兴趣以及帮助他们巩固已学英语知识就变得至关重要。根据当地教育部门及学校领导的安排，我们团队需要分成初中组与高中组，分别去往不同学校进行实践活动。考虑到不同阶段学生学习英语的需求和能力不同，因此我们分别制订了不同的讲课内容。经过团队讨论，我们认为针对初中学生应以增强学习英语兴趣为主，而高中学生因为面临高考压力就着重讲授一些学习英语的方法以及应试技巧。因此，初中组的教学更注重趣味性，大家选择了电影讲解、学唱英文歌曲以及国别介绍等能够吸引学生的题材进行讲授。相比而言，高中组的同学选择了针对性更强的内容，如高考词汇的记忆方法、考试应试技巧以及英美文学名著介绍等，希望对当地学生将来面临的高考有所帮助。由于教学内容的多样化满足了各阶段学生的不同需求，因此当地学生对此反应热烈。

其次，教学形式多样化。在几天的教课过程中，我们主要以讲课的形式为当地学生授课，与此同时我们还有早读答疑以及讲座，达到与学生进行更深一步沟通交流的目的。我们认为不同的形式可以促进学生更好地学习英语。以正常上课和讲座为例，正常的上课可以让学生学习普遍的英语知识，而讲座则通常以专题的形式让学生对某一问题有更深入的了解。另外，我们充分利用了教室的多媒体设备，讲课中穿插有意思的内容以提高学生的学习兴趣。通过形式多样的教学，我们感到大家对英语学习不仅有了兴趣也有了更多的信心。

最后一点是在教学过程中实践团各成员分工明确，大家合作愉快并取得了良好教学效果。在本校准备材料期间，我们就开会确定了支教时期每个人的任务，其中包括教学任务以及教学之外的任务两方面。根据上文所述，实践团每个人都有各自讲的专题，事先分配了内容。除此之外，实践团还细分了宣传任务，选出宣传员专门负责向校本部发宣传稿件，保证了我们与学校本部之间信息交流的畅通。

通过十天的支教活动，我们陕西陇县实践团也取得了丰硕的成果。由于我们事先对课程的积极准备，当地学生与教师对我们的教学活动表示肯定和认可，实践团成员也受到当地学生的热烈欢迎。很多成员留下联系方式给学生，并且至今仍与部分当地学生保持联络。虽然支教时间有限，但是我们希望在有限的时间内除了将更多的英语知识教给他们，更重要的是开阔他们的眼界，让他们能够学会自主学习。俗话说“授之以鱼，不如授之以渔”，摸索出了学习方法，掌握学习的内容也就相对轻松很多。

初中组的成员通过形式多样、内容丰富有趣的讲课内容让陇县的初中学生对英语学习有了更多的兴趣，而高中组的成员通过讲解针对性的专题内容则让即将面临高考的学生在一定程度上提高和巩固了他们的应试能力。另外，我们在课间或讲课内容中也穿插了一些或励志或哲理的影片片段，希望他们可以在休息放松的时候提高对英语的学习兴趣并得到些许有关生活或人生的感悟。虽然他们学习英语的条件可能受到多方面的限制，但是我们相信只要他们有信心就一定会成功。

在短短的几天中，实践团内原本相互间比较陌生的同学开始逐渐熟悉起来并形成了深厚的友谊。在陇县，我们一起早起去上早读，一起准备课件，一起写宣传稿，一起吃饭，一起玩，几天的共同行动已经让我们在不知不觉中融入了整个团队。其间，我们经历了很多事情，它们虽然小但现在回想起来也是异常温馨感动。

还记得刚到陇县时大家疲惫不堪的样子，十五个小时的火车硬座让大家一夜无眠，每个人的脸色在到达时都很难看。虽然休整之后大家的体力有所恢复，但之后大家为了准备课件熬夜和饭菜的不适应仍然让团队里的人出现了水土不服和感冒的症状。为了应对大家身体可能出现的不适，学校特地在出发之前给每个团队都准备了药品。而大家对感冒的同学也非常照顾，为她准备药物、热水，同时同一组的同学还主动帮助分担备课任务，让生病的同学有更多休息的时间。另外，带队老师还特地嘱咐做菜的师傅把原本很辣的菜做得清淡一些，让生病的同学吃得可口。类似的事情还有很多，同学之间的照顾不仅让生病的同学很感动，也让我们整体变得更团结融洽。

除了同学间的互相关心，带队老师的认真负责也令人感动。由于此次陇县支教是老师第一次带队，为了保证大家在当地的安全，出发前老师特地开会强调了我们在当地需要遵守的规则以及注意事项。到达陇县后，我们的每次外出都是由老师带领集体行动的，如果个人有事需要外出则一定要让老师知晓并由她陪着出去。虽然这些要求对于大学生而言可能有些死板，但我们非常理解老师的做法，这些约定是她对我们安全负责的表现，而也正是这样才能让我们安全顺利地完成支教活动。

在陇县，我们除了准备上课内容，还充分利用各种新媒体平台对此次支教活动进行宣传。每天我们都会与学校本部联系并发很多稿件，其中既有记录当日活动的新闻稿也有学生在当地的所见所感。我们通过文字、照片等多种方式记录下了在陇县生活的点点滴滴，这些不仅能让其他人了解我们的支教生活，对我们每个实践团的成员来讲也是珍贵记忆的留存。除此之外，我们还通过发微博、人人状态等形式来表达支教的感受，在让更多的人知道并关注了歆语工程的同时也把它推向更广大的人群。

如今，我们离开陇县已有一段时间，生活在陇县的感觉慢慢开始变淡。但大家知道尽管时间会慢慢磨平我们的记忆，但在面对学生们的笑脸与受到肯定时每个成员感受到的欣喜与感动永远会成为我们内心深处的一抹光亮，让我们回想起在这里所经历的点滴小事。最后，感谢歆语工程让我们十二人一起经历了如此美好而短暂的支教生活。

2013 年赴云南鹤庆支教项目总结报告

云南鹤庆实践团成员

七月的北京，绿树成荫，繁花似锦，送走了六月的毕业生，北京外国语大学的许多在读生依旧忙碌在这个火热的季节。每年夏天，北外都会秉承自身外语优势，通过歆语工程的校园培训和志愿者外派到英语教学薄弱地区带去希望。今年，受云南鹤庆县邀请，歆语工程第一次来到鹤庆一中和三中开展支教任务，在魏英姿老师的带领下，九人小组圆满完成任务，取得了超出预期的非凡效果。

云南省地处我国西南边陲，从首都北京直达云南昆明的火车最快也得近四十小时，而作为我国少数民族最丰富并且和东南亚接壤的大省，云南的教育事业发展将直接作用于我国对东南亚的门户效应。虽然我们每个人心里都很清楚，一次支教三五天的相处能够改变的东西很少，但是哪怕有一丝希望，作为北外学子也应发挥特长，学有所用。

我团于 2013 年 7 月 5 日出发，历时三天于 7 月 8 日下午到达鹤庆县。这座美丽的小城，四面环山，山脚下牛羊成群，零星的房屋让人想起鸡犬相闻的世外桃源。校领导亲切接待了我们并且高效率地将我们按照计划分为了两组，其中鹤庆一中组由王雍、刘晓琦、祝伊杰、王兰四位同学组成，鹤庆三中组由陈健怡、刘人玮、马子策、张莹四位同学组成。

一中组在段校长的指示下，主要以盯班形式采用小班教学，在高一年级三个“兴杰班”（尖子班）分别安排三位小老师，做到每天一节课，高二年级的理科“兴杰班”则由王雍执教。其他平行班在整个支教过程中安排至少一次课程。鉴于当地学生听说能力较差，课程主要分为三大类：学习经验交流、英语听力练习和口语互动课。对于高一学生，经验交流侧重于兴趣培养，而针对时间紧任务重的高二学生，经验交流则大多侧重于应试复习技巧。听力课采用英语歌曲和电影片段（计划）形式，口语课则是四人分别针对学生使用的教材，提炼高频词，用以造句撰文和口语表达。

除了常规课程外，我们还应邀安排了讲座，讲座主题为“爱上英语学习”。四位小老师分别就自己的专长结合语言学习中的兴趣进行演讲。祝伊杰同学侧重于英美文化，鼓舞大家去爱上那种自由和张扬的个性表达；王兰同学则从老乡的角度鼓舞同学们去了解自身不足努力赶超，并且在高考上给了大家一些建议；而王雍则从欧洲游学经历出发，从语言比较和文化比较上推崇英语学习作为基础外语学习的重要性，并且告诉学生们这是一扇了解世界的大门；最后刘晓琦同学概括总结了兴趣之重要性并给出了很多宝贵的建议。

在讲课过程中大家一致认为当地学生因为使用方言较多，在外语发音上存在较大问题，然而我们也认为这些并不是英语学习的弊端，每个人都不可避免地有口音，但是由此带来的英语学习中不敢开口说出来的恐惧是十分不利的。语言学习强调说出来，在说的过程中强化记忆。在鼓励学生们用故事方式运用单词，练习口语的课堂上，许多孩子因为和我们年龄差距不大，敢于说出真实想法。有位女生说道她希望可以走出去上大学，但是到哪都要记得家乡。这些质朴的话，即使不算地道的外语表达，那种感动也是实实在在的。其中一中 238 班作为高二的优秀班级，全班同学都敢于上台表演，这也让课堂有了出乎意料的精彩。

语言学习属于人文科学范畴，研究人文科学主张晓之以理，动之以情。多元材料的学习可以帮助学生感受外文文本的魅力从而爱上外语学习。在准备课本 reading 一课时，考虑到课文是有关北京周口店的对话文，王雍小老师就在 pre - reading 部分提供了一篇来自周口店官网的介绍，语言简单而又翔实地介绍了周口店的位置和博物馆的格局。这些信息点学生能够从中找到，并在后期研读课本时用以解决一些疑惑，这种用外语资料解决外语问题的母语学习法也是我们在北外学习中所获得的。

又如，在听力课上，精选的两首歌前一首旨在让学生明白细节的把握，从文本中学习词汇，后一首则侧重于大意的理解并且在理解意思的基础上感悟人生。我们留给他们的那句歌词“Where it was dark now there is light，Where there was pain，now there´s joy，Where there was weakness，I found my strength”是对他们即将进入高三学习的鼓励，也是希望他们在语言学习的过程中发现语言之美。

在大讲座的最后环节往往是问答，学生们都很关心的就是大学生活和高中生活的差别，有些同学甚至担心就业和未来发展，而我们也一再用过来人的经验告诉他们，珍惜美好的高中生活，脚踏实地，将个人志趣和社会需求相结合，这样才能真正成为栋梁之才。

鹤庆三中的规模相较于一中更小，我们的工作量也轻松了许多。我们的授课形式主要分为小班教学和经验分享交流会。起初，我们怀疑自己初次站上讲台讲课可能会怯场，怀疑自己的知识储备是否能达到鹤庆孩子们的要求。但是，经过一节课的交流之后，我们欣喜地发现这些问题都是不存在的。面对台下孩子们以及鹤庆老师信任的目光，我们瞬间觉得自己是被信任、被需要的，仿佛自己站在了镁光灯照射着的大舞台上，要信心满满地完成大家的期盼。如此一来，自信心暴涨，羞涩与局促一扫而光，所应有的潜力也被激发了出来。通过几节课的授课，我们每个人俨然已经蜕变成了还不错的小老师。看到那么多的鹤庆同学认真聆听，我们感觉人生仿佛是得到了升华与认可。

结合鹤庆老师的要求以及当地的实际情况，我们的教学趣味性与知识性兼备，寓教于乐。对于英语知识这方面，我们设计了如何背记单词、怎样在生活中发现英语、提高对英语的兴趣等课程。课上组员精心准备的板书以及幻灯片条理清晰、内容精练。同学们有的说普通话不是特别标准，夹杂着方言，大大影响了他们英语的发音。很多同学都因为这一点而不敢开口读英语，羞于发言。作为北外的学子，我们深知读英语的重要性。于是我们鼓励他们大声读英语，在课堂上尽量多提问，让学生发言，在早读时带大家一起朗读。对于英语的实际应用方面，我们则设计出怎样正确发音，怎样提高听力的课程，而且听力与语音这方面我们主要运用现代化的多媒体进行教学，组员们则找到了合适的电影片段进行演示，大大提高了学生们的学习兴趣。这种寓教于乐的做法也得到了三中校长以及老师们的广泛好评。

授人以鱼不如授人以渔。除了基本的教授知识之外，我们还向他们讲述了一些学习方法，分享了大学的精彩生活，如如何通过制订计划提高自己的学习效率，如何在心情低落的时候通过心理暗示法让自己变得有自信，如何通过专项练习快速提高自己的英语成绩，等等。大家最感兴趣的莫过于我们精彩的大学生活。当我们提及杨澜、何炅等知名人士时，他们都发出了艳羡的呼声。我们能够感受到，他们的确被我们感染到了，他们的确也想奋力拼搏，努力考取一个令人满意的大学。能达到这种效果我们从心里有一种难言的成就感。我们深知在短时间内让当地学生真正有大变化是很难做到的，但是，我们要做的就是尽自己所能带给他们心灵上的震动，让他们即使身处西南边陲的小城，也怀有拥抱世界的梦想。

下课后，我们便是鹤庆孩子们的知心哥哥、知心姐姐。永远难忘那片青青的草地，我们与鹤庆的孩子们在草地上促膝长谈。分享学习经历，排解生活难题。那个时刻，我们与孩子们的心贴得很近很近。他们是那样的信任我们，以至于我们时时刻刻都感到受宠若惊。永远难忘那个微雨的傍晚，鹤庆的老师们带我们去银器之都新华村游览。微雨浥轻尘，迷离的天色增添了新华的古朴与雅致。鹤庆老师的热情好客让鹤庆这块土地熠熠生辉。白族妈妈热情地要我们进入她家品尝园中潺潺流过的活山泉。她们额头上深刻的皱纹让我们不禁想到家中的爷爷奶奶。纵使他乡无故知，我们却感受到了胜似故知的那份厚重深情。

在支教接近尾声之时，我们发放了问卷，想听听学生们对于此次支教活动的看法。高一的学生大多对我们的游戏课感兴趣，喜欢像大哥哥大姐姐一样的老师，可以说说心里话；而高二的学生则更加成熟，他们普遍对讲座认可度很高，认为较于普通课堂，讲座更加开阔视野，对他们触动很大。要说支教的不足之处，大家意见一致地认为时间很短。

支教活动总共持续了五天，过程的短暂是每个人都不得不面对的残酷事实。从第一天熬夜想讲座主题，准备教案，到早起陪学生们早读，这些时光都是不可复制的美好，是不会再来过的人生华章。

在临别时分，我们和孩子们交换了联系方式，有些班级和同学还给我们买了礼物，每次看到礼物的时候，我就想起那些同他们的约定，希望他们有朝一日能够在北京和我们再聚首。

最后，借用一下卞之琳的《断章》里的诗句：

你站在桥上看风景，
看风景的人在楼上看你。
明月装饰了你的窗子，
你装饰了别人的梦。

我们在他们十七八岁时横空入世，闯入他们的小小世界，唤起他们内心最深藏的斗志，而他们又何尝不是在我们二十岁的年纪里架起了一道彩虹呢？

2013年赴四川马尔康支教项目总结报告

四川马尔康实践团成员

由来自六个不同省市十所不同大学的十二名师生组成的四川马尔康实践团，于2013年7月3日到15日在四川省阿坝羌族藏族自治州马尔康县进行了外语支教活动，先后克服了铁路塌方、火车晚点、因泥石流受困支教地、高原反应等困难，出色完成了对当地九十名外语教师的培训任务，受到当地政府和师生的高度赞扬，并与他们结下了深厚的友谊。

四川马尔康实践团是由全国多语言服务联盟发起、全国十四所外语外贸院校积极响应、以歆语工程品牌实践活动为载体所组建的实践队伍，两名带队老师来自北京外国语大学和外交学院，十名志愿者分别来自北京外国语大学、北京语言大学、北京第二外国语学院、对外经济贸易大学、上海外国语大学、天津外国语大学、大连外国语大学、浙江外国语学院和四川外国语大学。实践地马尔康县位于四川省西北部，平均海拔两千五百米，是阿坝藏族羌族自治州的首府所在地，2008年汶川地震的受灾区之一，当地人口的七成多是藏族，当地的英语教育基础薄弱，全县英语教师仅有九十多人。

实践团的成员从六个不同的省市来到北京汇合，任务分工和备课都是在网上沟通和准备的。实践团于7月3日中午乘火车前往成都，因为行程确定得晚，只买到两张火车卧铺，其他的都是硬座，很多同学还刚刚经历了来京的旅途劳顿。但是志愿者们的精神状态都非常好，将火车上的拥挤和劳顿当成了自我磨炼的契机，并通过讨论备课和玩游戏来加强相互了解、排解旅途疲劳。当4日凌晨火车行进到陕西延安的时候，因为大雨导致铁路被泥石流阻塞，一直到5日凌晨4点在乘坐三十多个小时晚点十多个小时后，火车终于抵达成都。短暂休整之后，我们于早上9点就改乘汽车前往马尔康。从马尔康冒雨赶到成都接站的当地老师们也是几乎一夜未睡，只安排了司机按时休息。

从成都到马尔康乘汽车要经过汶川、映秀等地震灾区，大家在路上听当地老师讲受灾时候的故事、灾后重建的经历，结合一路的所见，都被深深地感动了。当然大家也不会想到，短短几天之后我们也亲身见证了大自然的威力，成为受困在灾区的一分子。7月5日傍晚，在穿越崇山峻岭，从北京出发五十个小时后，实践团终于抵达支教地马尔康县，并受到当地政府和老师非常热情的接待，给我们献上青稞酒和哈达，让我们深受感动。

当地政府和老师都很珍惜此次支教机会，在期末考试和阅卷的繁忙时刻，统一要求不安排英语老师监考，英语阅卷时间延后，将所有的英语老师组成了小学、中学和旅游三个班接受培训。志愿者的教学压力也非常大，因为当地的很多老师都是拥有二三十年教龄的资深教师，如何和他们沟通，把他们需要的东西教授给他们，成了志愿者们的难题。中学班一开始就遇到了困难，很多老师对志愿者们也存在怀疑和抵触，但是志愿者们通过自己的努力和实力，终于获得了老师们的认可，教学很快进入正轨。导游班结合当地旅游景点进行了现场教学，志愿者还为当地教师们的孩子们设立了一个外语班。每天的课都安排得很满，一日三餐当地政府都安排得无微不至，晚上志愿者们都要备课到深夜，而高原反应也是大家必须要克服的难关。

为了体现此次外语支教成果，志愿者与参培教师计划组织一台汇报演出。汇报演出受到了北外和当地政府的高度重视，北外杨学义书记一行代表全国外语外贸院校来慰问志愿者，阿坝州副州长、马尔康县四大班子的领导以及当地的三百多名教师观看演出。志愿者和参培教师的压力可想而知，时间只有两天，九十分钟十一个节目。在此期间当地政府给予了大力的支持，场地、服装、人员都尽量满足，作为当地第一台室内的演出，我们共同克服了大量的困难，终于使演出可以如期进行。为表现外语特色，体现汉藏文化、中外文化的交融，我们在节目中安排了志愿者与老师、学生一起跳藏族舞，志愿者们需要从零开始学习；参培教师们第一次接触英文短剧和电影配音，唱意大利歌曲，这些也都是从零开始，自己设计台词、编排剧本、选拔人员、背诵练习；还有当地的小朋友也准备了节目……一切准备都在紧张和忙碌中进行，大家都在为同一个目标而倾尽全力。7 月 9 日，汇报演出在马尔康县礼堂举行，北外党委书记杨学义、阿坝州副州长单木真、马尔康县委书记张培云、县长窦孝解等领导出席。独特的演出内容给所有观众带来了不一样的体验，演出取得圆满成功，并获得高度评价。

7 月 10 日，实践团在当地的盛情邀请下临时安排了一天的参观活动，到红原参观当年红军过草地的地方，欣赏草原风景。晚上返回马尔康，在大家正在依依惜别的时候突然接到消息，都江堰和汶川因为大雨造成道路塌方和泥石流，我们返回成都的必经之路断了。如果我们不是临时增加了一天的参观，我们的命运不是飘摇在泥石流阻断的道路上，就是被困在一路绵延深不见底的隧道中。现在我们与灾区人民同命运，成了洪灾滞留人员，唯一能够安全抵达的黄龙机场，只能订到 15 日的航班。在与北外领导、当地政府和志愿者本人协商之后，实践团决定安全第一，在 15 日飞机返回之前只停留在马尔康，志愿者每天和家长及学校报平安，不允许单独活动，以保证人身安全。

此后的几天当地政府对实践团进行了妥善的安排，周到的照顾也使志愿者的心情没有受到灾难太多的影响。随着受灾情况不断严重，大量的受灾群众也在通过马尔康这个安全孤岛进行转移，但是经历过汶川地震的四川人民让我们看到了他们面对灾难的坚强和乐观，所有的工作都在有条不紊地进行。实践团也利用这段时间参观了当地的寺庙和卓克基官寨，更加深刻地了解了藏族同胞的生活和文化，这次宝贵的体验也让实践团的每位师生受益匪浅。

7 月 15 日，全体实践团成员分批乘坐飞机安全返回家乡或学校所在地，短短十多天大家经历了太多，相互之间结下了深厚的友谊，也与当地政府和老师结下了深厚的情谊。

2013 年赴江西宜春支教项目总结报告

江西宜春实践团成员

2013 年 7 月 4 日至 14 日，北京外国语大学歆语工程赴江西宜春支教实践活动顺利开展并取得圆满成功。

这次支教实践是在北京外国语大学的统一领导及宜春市袁州区区委区政府及教育局等相关部门的大力支持下逐步展开的。在项目的前期准备过程中，通过信息技术中心主任张忠华老师与当地宜春学校资源的沟通，确定了本次实践活动的基本方向。随后，报备给团委歆语工程项目负责人并选拔志愿者，组成歆语工程赴江西宜春支教队，并最终敲定了本项目实施过程中的一些具体问题，为项目的顺利开展奠定了坚实的基础。

项目进入实施阶段后，学校以及宜春当地各级领导对项目的进展状况十分关注。支教队到达宜春四中后，宜春市袁州区副区长李勇军同志、文化教育局局长言辉同志以及宜春四中党委书记万启云、宜春四中副校长薛小明等多位领导与老师亲自迎接并设宴欢迎北京外国语大学师生的到来，亲切会见了支教队全体成员，并发表谈话，勉励大家刻苦学习，努力工作，好好做人。在这次实践活动中能和当地学生共同成长，这对支教队即将开展的工作是一种莫大的激励，对每一名志愿者而言也是一次意义深刻的教育。同时，也显示了当地党委政府对本次活动的重视。

在这次支教的过程中，宜春市袁州区区委常委、宣传部长曾海亲临宜春四中“歆语”夏令营实践地，亲切看望支教队成员及参训同学，与支教队志愿者交谈，并视察项目进展情况。曾海部长指出，宜春四中乃至宜春教育界能够迎来中国最高水平外语学府的支教队伍，是宜春的一大幸事，不仅对参与培训的四百多名初高中学生而言是一次提高自己的良好机遇，也促进了宜春市教育事业的发展。面对这么多领导的关心、同学们热情的欢迎，支教队员们也感受到了莫大的鼓励，在短短的实践时间里，认真备课，珍惜每一分钟，力争为同学们带去更多的知识和感悟。现将本项目具体情况总结如下。

一、首次将歆语工程引入革命老区，扩展了辐射范围

北京外国语大学歆语工程至今已运作多年，在河北、陕西、四川、湖南等地开展了广泛的支教活动。此次歆语工程江西宜春实践团的成立首次将其引入江西革命老区，扩展了歆语工程的辐射范围，将北外的实践项目与红色的革命精神联系到一起，其意义更加深远。

江西省简称赣，是著名的革命老区。第二次国内革命战争时期，中国共产党领导人民群众先后在江西建立了井冈山革命根据地、湘赣革命根据地、赣东北革命根据地以及湘鄂赣革命根据地。井冈山革命根据地是毛泽东等无产阶级革命家在大革命失败后，于 1927 年 10 月至 1930 年 2 月领导湘赣边区军民创建的具有重大影响的农村革命根据地，是中国共产党领导的中国革命走农村包围城市、进而夺取城市的革命道路的光辉起点，是中国革命的摇篮。当地有许多爱国主义教育场所，相关资源十分丰富，为此次歆语工程项目增添了不少革命传统教育气息，具有深刻的红色革命意义。

此次北外赴江西宜春实践团的建立，是北外立足自身优势，积极提高革命老区学生外语水平的实际行动，是今后类似活动的良好开端。

二、积极组织队员课后交流，灵活调整教学方式

为保证本次实践活动教学的质量，支教队在设计课程方案时，根据实际情况，做了科学合理的设计。因为这次授课对象是初中即将升至毕业班的学生，我们以提升学生英语学习兴趣为前提，针对

外语教学，特别是以歆语工程为代表的外语特色培训强调语言应用能力培养的特色，要求实践队队员在课堂上要加强与学生的交流。

歆语工程的培训课程设计主要针对初中和小学阶段的学生，帮助他们建立对语言的感知能力以及对语言学习的兴趣。由于六个班学生的英语水平参差不齐，为保证每个学生都能学有所获，支教队志愿者们尽最大努力平衡教学内容，积极备课，根据每个班的情况修改课件，做到难易适中，对于个别无法顾全的学生，还采取了课后辅导的方式，最大限度地保证了教学活动的效果，受到了学生的好评。

每天的两个小时课后，都会有许多学生把老师留下继续讨论问题，而我们的队员也很乐意为学生们答疑解惑，看到学生们这么高涨的学习热情，大家都很愿意花更多时间和学生在一起。在忙完每天的工作之后，队员们总会在办公室里进行热烈的讨论，分享这一天以来的教学经验，继续修改自己的教案和材料，希望能用更好的方式让学生学到知识，增强对学习的兴趣。

三、及时与当地学校沟通，了解对方需求

这次实践分队来到宜春能够圆满地完成实践活动与歆语工程总部的早期联系，以及带队老师和队员们在实践过程中不断与当地学校领导和老师的及时沟通是密不可分的。

我们到达宜春四中之后，知道这次要授课的对象是初二的学生，所以向老师了解了一下基本情况就开始授课，但在第一天结束后，发现每个班的情况又不尽相同。所以队员们根据自己的经验针对每个班又做了一套授课方案，发现效果比较好，同学们反响也较好。

而在实践时间过半的时候，校领导提出是否可以给高二年级的学生讲些有意义的内容时，我们也是讨论了很久并最终决定以讲座形式给高二即将升入高三的学生围绕高考提几点建议。这次讲座的成功举办为这次社会实践的结束画上了圆满的句号。

四、经验与不足

在这次的实践活动中，通过十天左右的教学和与对接学校的合

作，我们也总结了一些经验与不足。经验主要包括要主动提出自己的想法并落实到实践中，还要听取学生和老师的反馈并不断改进教学方式方法，在实践队员的生活保障方面，要以清淡为主，多食蔬菜水果，注意少喝矿泉水，一定要保证开水的供应等。在不足方面，由于我们实践队伍初期没有考虑周全，在住宿方面与对接学校没有提及这方面情况，所以住宿问题是我们这次很大的一个没有做好的客观问题。当然，社会实践支教是来吃苦的，但是我们认为如果能够把客观条件尽量做得更好，就能够让实践队员们把精力更好地投入教学当中。

五、意见及建议

在此次的社会实践中，我们也总结出了一些意见和建议供组织上参考，希望能对以后的实践活动有所帮助。

首先，实践队员们在互相交流的过程中，普遍认为组织上应该把每一届的教案和课件收集起来给下一届分享，最好是在培训的时候让上一届的歆语队员可以与本届队员进行面对面的交流，因为普遍性的讲座不能解决特殊问题。

其次，关于药品方面，希望能够增加一些治疗嗓子的药物。我们实践团在炎热的天气情况下，经过几天的教学，课堂上面对四五十个学生连续两个小时的教学，大家都开始有点儿疲劳，抵抗力下降，加上没有热水只有洗冷水澡，嗓子发炎的状况比较普遍。所以治疗嗓子发炎以及润喉一类的药品我觉得很需要，准备一些祛火的菊花茶也比较必要。

北京外国语大学歆语工程赴江西宜春实践团从策划筹备到实施完成以来，一直受到学校、地方各级领导的高度重视，在各方面的共同努力下，取得了圆满成功。

宜春四中的相关领导为本项目的具体落实做了细心周密的安排，为项目提供了完善的各项基础设施和良好的后勤服务，为项目的圆满完成提供了必要的条件。

在本次项目前期准备和实施过程中，支教队全体志愿者在领队老师张忠华、杨佳瑞的带领下，认真细致、勇于开拓、不畏困难、全力以赴，高水平、高质量地完成了项目计划内的全部任务，并在工作中不断创新，深入发掘团队能力，得到了各级领导和全体参训学生的高度评价。

至此，北京外国语大学歆语工程赴江西宜春实践团的社会实践画上了一个圆满的句号。从本项目中总结出的一些经验教训，将对今后类似项目的组织工作具有重要的借鉴价值。相信在学校的统一领导下，通过开拓工作思路，不断扩展视野，今后在这一领域，歆语工程必将取得更大的成就。

2014年赴四川简阳支教项目总结报告

四川简阳实践团成员

2014年的7月7日，北京外国语大学新加坡红十字会赴四川简阳实践团一行十二人踏上了奔赴成都的火车。

简阳支教团队与校领导老师合影留念

一、奉献

准备篇：在得知团队目的地及团队任务后，北京外国语大学新加坡红十字会赴四川简阳实践团（以下简称简阳实践团）的队员们对这次支教之旅充满了期待与忐忑，期待的是未知的旅程、生活，忐忑的是支教的任务、环境。为了更好地将此次实践活动做好、做得有意义，简阳实践团队做了大量的前期准备工作。大家首先一起学习了歆语工程的相关资料，了解歆语工程的初衷与目的；其次是与简阳中学进行多次有效的沟通；最后利用业余时间集思广益写好了二十二页的实用“工作手册”。“工作手册”包括七大部分：学校简介、歆语工程简介、简阳实践团全体队员基本情况介绍、课程设置、日期安排、预期效果以及注意事项等。通过将“工作手册”提前发送至简阳中学，使对方对本次实践活动有了较为直观的印象，为本次社会实践的成功打下了基础。

备课篇一：简阳实践团在出发前，每人确定了相关讲课内容并以课件形式提前展示，大家相互学习并提出一定修改意见。课程除正常上课内容外，大家还根据自己的兴趣爱好分别准备了戏剧文学、英语动画、外交礼仪、英语俚语、国外饮食、商务英语、影视英语、英语诗歌、异国风情、趣味英语等十几个板块内容。

备课篇二：在给初中一、二年级的学生们上了部分课后，学校很放心地将简阳中学全部高三年级二十六个班的英语教学任务放到了我们十个队员的身上。一开始，大家对高三英语的教学任务充满了不安与未知，但是经过与简阳中学高三英语备课组全体老师的交流之后，大家受到了很多鼓励与支持。拿到课本后，大家每天在住处的二楼集体备课，查资料，制作 PPT，试讲，交流上课的想法与准备情况。连续几天大家都坚持备课到夜里一两点，为的就是让即将参加高考的学生们有真正的收获。

上课篇：每天连续四节课的内容，一开始很多队员嗓子出现了沙哑状况，但大家及时克服了困难，佩戴扩音器，高效、实用、精彩地上好了每一节课。高三学生们认真的态度、积极的配合，使我们感觉繁重的教学任务是一种充满幸福感的奉献。我们的队员得到了简阳中学高三年级全体英语教师的赞扬。

交流篇：在我们上课的最后几天，北京师范大学实践团也到达简中，我们与他们的部分同学进行了交流，并邀请他们听了部分队员的课，双方进行了友好的交流。

捐赠篇：简阳实践团在出发前，得到了学校多个部门的支持，从学生处、团委以及北京多语言服务中心等部门收获了一些学校的纪念衫、纪念包等实用物品。到达简阳后，实践团在休息之余，联系到了简阳市民政局和简阳市慈善总会，以学校实践团的名义给当地的贫困大学生捐赠了价值一千三百余元的物品，得到了简阳市民政局和慈善总会的大力赞扬。

二、收获

友谊篇：短短两周的时间，简阳实践团的队员们收获了满满的友谊，相信大家在以后的日子里，能够相互帮助，共同进步。

知识篇：通过社会实践，大家了解了地方风土人情，将课本知识与社会实践很好地结合到了一起。

赞扬篇：简阳实践团从出发上火车开始，统一的服装，有素质的一言一行，很好地维护了学校的形象，体现了当代大学生身上的正能量，得到了简中网站和学校宣传实践团的多次宣传报道。

认同篇：大家在为期一周的高三教学过程中，得到了简阳中学学校领导、高三英语备课组老师以及全体学生的认可。被认可和赞扬让大家感到付出的努力都是值得的。在我们即将离开简中的时候，高三的学生们以班级为单位与我们的队员们合影留念，纷纷表达了对队员们的不舍。收获一种难舍难分的感情是一种快乐。

调研篇：在繁忙的授课之余，队员们完成了“中学生普法”及“文化传承——以简阳方言的历史变迁为例”的社会调研。

三、快乐生活

生日篇：在简阳的十几天里，我们有队员过生日，大家一起送上了祝福，此外，简中也送来了祝福的鲜花，队员们一起分享了生日蛋糕。

美食篇：简阳有丰富的美食，更是海底捞的发源地，在简阳的两周时间里，大家在课余时间一起去品尝了海底捞、简阳羊肉汤等美食。

慰问篇：在我们支教的日子里，学校的老师给大家带来了慰问品，并与大家一起聚餐聊天，让大家感受到了学校对简阳实践团的关心与照顾。

旅行篇：社会实践本身就是到一个陌生的地方就是一种旅行，在顺利完成各种教学任务后，大家一起参观了杜甫草堂、国家熊猫基地等，加深了对当地经济文化的了解与认知。

四、感想

歆语工程以英语支教为主要内容并致力于“传播美妙语言、架设沟通桥梁、共享和谐讯息”。歆语工程实践团的意义不仅仅在于大家吃了多少苦，受到多少关注，留了多少泪水，更在于真正进行了有效的英语社会实践。简阳实践团是2014年歆语工程中教授层次全且教授年级最高的实践队伍，很好地诠释了北外歆语工程的社会意义。

我们的团队成员：学生支教团的俄语学院的季金珂，法学院的胡谦益、商丛钰，国际关系学院的王安妮、王丹丹，国际商学院的张悦、潘易，欧语学院的马媛也、杨储侨，中文学院的张曦元、段伶俐以及带队教师苏磊。

2014年7月19日晚21时25分，微微细雨中，歆语工程四川简阳实践团经过二十七小时的长途跋涉顺利抵京。

2015 年赴甘肃张掖支教项目总结报告

甘肃张掖实践团成员

本次的歆语工程甘肃张掖支教团在具有西部特色风情的高台县展开社会实践工作。作为高台县最优秀的学校，高台县一中有着良好的教学传统，为我们的教学实践活动提供了很好的机会。整个实践过程中，我们发挥各自的长处，没有任何条条框框的拘束，用我们的热情自由而认真地大展身手，全力以赴地备课、授课，为当地的同学们传授知识和经验，形成了一幅“鹰击长空，鱼翔浅底，万类霜天竞自由”的宏伟图景。此报告从多方面总结并记述了这一珍贵的实践经历。

实践团成员顺利到达支教地

一、实践特色——各类文化自由汇合

在本次社会实践教学中不得不提的一大特色是“以英语为主，多文化教学”。西北地区的教育比较落后，外语学习主要以英语为主，这里的学生接触最多的有关世界的知识就是英语文化了。我们针对这一情况，积极与当地的老师交流。根据我们实践团人员的专业情况和当地的实际情况，制订出了这一教学计划：主要是由两名小老师负责一个班，一名老师主要负责英语教学，另外一名是其他小语种专业，其中有法语、韩语、日语。在主要以英语学习为主的环境中，穿插着各国不同的文化，如日本的动漫文化、法国的红酒等，极大地激发了学生们的学习兴趣。不同专业的小老师们充分发挥其专业特色，为大家带来丰富知识的同时，努力营造活跃有趣的课堂氛围。

还有一个值得一提的是“助教模式”，由于是两名老师负责一个班，所以两名老师在课堂上要为彼此充当助教的角色，帮助课堂活动有序进行，互相学习教学方法，为自己积累经验。在教学实践中还有听课模式，大家的活动范围不仅仅是自己的班，在没有课的时候还可以去其他的班听课。

在教学实践过程中，这些小老师们积极与当地的老师进行交流，了解学生们的学习背景和学业水平，和老师探讨上课方法和技巧，在每一次上课之前都会进行备课交流，每天进行总结会议。大家每天基本都是凌晨才能休息。这次社会实践活动最大地发挥了我们支教团的特色和水平，向当地学生展示了北外的多文化特色，受到了一致的好评。在教学的同时，开创出适合本团队的方式，这样的机制使我们在教学过程中收获了快乐和成长的经验。

二、突出成果——知识技能兼容并蓄

实践队在给高中学生排课的时候不仅注重英语知识的传授，更致力于英语国家和其他语种国家文化的传播，以培养学生们对英语语言和文化的兴趣，开拓他们的视野。实践团十分注重和学生的课堂互动，鼓励他们大胆地用英语交流。短短几天的时间，同学们对自己英语会话的自信大大提升，他们从一开始不敢举手到要求主动发言，甚至对在讲台上用英语发表演讲也毫不畏惧。

为培养学生对英语学习的热情，实践团根据高中同学的兴趣讲授英美国家的文化。此外，上面提到的学小语种的同学充分发挥自身优势讲授语言文化知识，实践成效也很突出，受到了学生的热烈欢迎。

实践团还讲授了记忆单词的方法，如词根词缀法、词源法、联想法等，学生们很快就学会了其中的技巧，享受其中的好处之后，甚至主动要求实践团成员课后讲解更多这方面的知识。

由于高中学生面临升学压力，实践团在着力夯实英语基础的同时，还着重讲解一些解题技巧，帮助学生在考试中提高分数。另外，实践团还在课余时间深入同学内部，和他们交流高三时期将会面临的选择，分享自己的人生经验，鼓励他们追逐自己的梦想。虽然只有短短几天时间，但实践团的老师和同学已经结下了深厚的友谊，实践团给学生带来的启发也将给他们带来更多的收获。

三、感人事迹——认真拼搏踏实敬业

其实，这次我们甘肃张掖实践团的支教之行并不是一帆风顺。最开始我们到达了甘肃张掖市临泽县，准备在临泽一中安顿下来，给学生们上课，可惜由于学校时间安排上比较吃紧，无法让我们进行授课，我们只能遗憾地告别了临泽县。不过我们还是抓住机会，在走前向临泽一中身处教学第一线的老师们好好讨教了一番，对甘肃省的教育状况有了一个总体的了解，与老师们的交谈使我们受益匪浅，也明白了这里的孩子们所需要的是什么样的英语教育，为后来的教学打下了良好基础。

我们的支教主阵地是在张掖市高台县。刚下长途汽车，大家还来不及休整一下，就接到了次日将去高台一中授课的任务。队伍里没有一个人喊累，大家立刻调整好状态，投入紧张的备课当中。由于更换了教学对象，我们之前准备好的教学内容势必要进行大的改动。队员们围坐在一起，积极讨论，建言献策，一直工作到凌晨两三点，才最终确定了教学方案。我看大家神色都有些疲倦，悄悄问身旁的伙伴累不累，她却笑笑说：“累虽累，但只要能把课上好，现在累一点儿又算什么？”这种认真敬业的精神，我想就是成为一名好老师所必需的吧！

几天的授课中，大家都铆足了劲儿，扩充词汇、板书、设计问题、练会话、做游戏……对于之前基本毫无教学经验的我们来说，当老师确实不易，有的同学一天的课上下来嗓子都哑了，可是我见到最多的，仍然是队员们满足的笑脸，学生们认真听讲的面庞，记笔记的身影，校园里碰见我们那一声声“老师好”、“姐姐再见”，送我们走时那依依不舍的目光……一切的一切都是我们幸福感的源泉，我们感到自己的付出得到了回报，感到自己没有虚度这次支教实践的时光，感到未曾辜负学校对我们的期望。在这里发生过的事情虽小，却每一件都弥足珍贵，成为我们这个夏天最美好、最感动的回忆。

四、新媒体平台的应用——自由通达传递收获

我们在高台一中为期七天的支教活动在当地受到了极大的关注。传统媒体方面，高台县电视台专门派工作人员来到实践团教学现场进行拍摄，并在课后对该班学生进行了现场采访。实践团队长钱辰伟面对镜头畅谈了本次支教的目的和收获。

除了传统媒体之外，北外赴甘肃张掖实践团的各项活动也在各种新媒体平台上得到了广泛宣传。2015 年 7 月 22 日，《北京外国语大学支教实践团队张掖高台一中支教经历记录》一文由高台县共青团发布在了甘肃高台网上，文中配有实践团在中国工农红军西路军纪念碑下手举“十年歆语路·筑梦青春行”旗帜的合影以及实践团团员李建闯课堂授课的场景，获得了较高的点击量。

在支教过程中，甘肃张掖实践团的成员们积极投稿，每天均可保质保量地上交稿件。在歆语特刊上，有多张实践团成员的教学照

志愿者们瞻仰红军西路军英雄纪念碑

片被选中刊登，其中有为整齐的板书拍摄的特写，也有学生们表演英语短剧时的精彩瞬间，等等。在北京外国语大学团委的微信平台上，《“歆语”——甘肃张掖实践团队顺利出发》一文开启了歆语相关资讯推送的大门，成员李建闯对于英语课堂教学的深度思考也被推送到了该平台上与大家一同分享。此外，甘肃张掖实践团的成员们积极在朋友圈上留言，彼此评论点赞以加油打气，并得到了同学、亲戚和朋友的赞赏和关注，成功扩大了歆语工程的知名度。

总的来说，此次高台实践的经历不但使我们开拓了眼界，增长了见识，也让我们看到了偏远地区的校园内同学们怎样努力地学习知识，也令我们感受到作为老师想要教好每一堂课、每一个学生的不易。这种贯穿实践过程的拼搏、认真、热血的精神，会伴随我们的一生。

2015年赴江苏淮安支教项目总结报告

江苏淮安实践团成员

2015年7月14日到20日，江苏淮安实践团一行二十四人在孙巍和王玉娥两位老师的带领下前往吴承恩中学支教。实践团的志愿者分为六组，分别教授初中部和高中部共六个年级二十四个班英语或日语课程，共有近两千名学生接受了培训。志愿者们以调动学生学习外语的兴趣为目标，以纠正英语发音和普及英语单词记忆法为主要授课内容，通过丰富多彩的课堂活动，极大地激发了学生的学习热情，收获了很好的反响。

江苏淮安实践团出发前合影

一、实践特色

本次的歆语工程江苏实践团落脚于美丽的苏北小城——淮安。作为淮安市数一数二的中学，吴承恩中学秉承着其特有的教学传统，为我们的实践活动提供了很好的机会。

首先是“双语教学”。作为苏北第一家启用了日语教学的中学，吴承恩中学此次也对我们的实践团提出了新的要求，那就是将所有的小老师分成两批，一部分进行英语教学，另一部分进行日语教学。这给所有的实践成员，特别是日语系的四名学生提出了很大的挑战。然而在任务下达之后，每个同学都积极与各班的老师取得联系，了解学生背景情况和学业水平，和老师探讨上课方法和技巧，并在夜晚积极备课。翻译系的何正同学，充分发挥其语言优势，为给大家提供一堂丰富有趣又充满知识性的课，备课到凌晨三点。日语系的同学们翻出刚进校时学习用的课本，自己编写讲义和板书，为上课内容做充分的讨论，乐此不疲。在大家的努力下，这些天的实践活动无论是英语课还是日语课，都得到了学生、老师以及听课团员们的一致好评。实践团的小老师们，在授予同学们知识的同时，更为大家开阔了视野，给孩子们提供了可能性，能让他们根据自身情况积极选择擅长的外语进行学习。这一点，与以往的歆语工程，以及其他的实践团相比，都有很大的不同，也因此成为我们本次歆语工程江苏淮安实践团最大的亮点之一。

另外不得不提的一个特色，是初中、高中双层次备课、听课机制。小老师们在第一天就被各自分配到学校的初中部或者高中部，课程的时间也相应地分为上午和下午。这样一来，不同的团员在准备自己课程的同时，仍可参与其他同学的备课，更可以在自己上完课之后去听其他团员上课，一边给他们鼓气，一边给自己积累经验。这样的机制使大家在教学实践和听课学习中收获了更大的成长。

二、突出成果

应吴承恩中学的要求，实践团对初中生主要教授英语音标，帮助他们纠正英语发音，培养对英语语言和文化的兴趣。经过短短几天的学习，初中学生都能够识别英语的四十八个音标，语音语调也有了明显改善。对于有一定语音基础的初二、初三的学生，实践团还有针对性地进行了阅读理解和写作的讲解，以提高学生的应试能力。为培养学生对英语的兴趣，实践团还组织各班学唱英语歌曲或者观看英语电影。此外，部分学小语种的同学还充分发挥自身优势，在课堂上融入了一些小语种的语言文化知识，受到了学生的热烈欢迎。

实践团面向高中生主要讲授记忆单词的方法，如谐音法、词源法等。由于高中学生面临着升学压力，实践团在着力夯实英语基础的同时，还着重讲解一些解题技巧，帮助学生在考试中提高分数。除英语外，吴承恩中学高中部还开设了日语班。实践团四位日语专业的同学分别教授高中三个年级日语班的课程。经过几天培训，日语班的同学不仅提升了日语技能，而且对日本文化也有了更加深入的了解。

实践团的志愿者在此次活动中一共培训了近两千名学生。尽管时间不长，却极大地激发了孩子们学习语言的热情，使他们掌握了实用的学习方法，眼界也得到了开阔。此外，小老师们通过扎实的语言基础、风趣幽默的课堂展示、认真负责的教学态度和丰富多样的才艺表演，也充分展示了北外学子的风采，为学校起到了很好的宣传作用。

三、感人事迹

和其他实践团相比，或许是淮安本身所处区域并不是边远贫困地区、革命老区等缘故，所以可能并没有特别轰轰烈烈的事情。然而，人们都说“小事见真情”，越是留心观察身边的小事，越可以发现在大事中不曾发现的魅力。

记得是在离开淮安前的最后一天，我们的规定课程已经全部结束，如果按正常来讲，大家在这一天没有较大安排，一般或是在宿舍稍作休息，或是在宿舍打点一下返京的行装，或是在淮安古城区内小游一下一览淮安的风光。转眼间，到了晚上候车的时间了，我们聚在一起相互分享各自在今天一天的参观收获。我在这时随便翻看了一些同学的微信朋友圈，却意外地发现了其中几张听课、讲课的照片，照片旁还配上了“让我明天上午再安安静静地坐在教室后面听你们一节课，再多看你们几眼”、“想占他们很多的自习，想待久一点”、“最后一天自己死皮赖脸地跟老师又要了一节课，为的是跟孩子们相处的时间更长一些”诸如此类充满正能量的话。我感到很不解，便在空闲时向其中一位女生询问：你是如何在平常人感到游玩的欲望最大的时候向各自班主任申请加课的？你没有一览淮安古城的景色，是否感觉到遗憾？”她微微一笑：“我们这次淮安之行的任务是什么？就是帮助英语教学薄弱地区的孩子们增加对英语的学习兴趣，开阔他们的眼界，把外面世界的奇妙与美好告诉他们，向他们宣传北京外国语大学。这既是响应学校和社会的号召，也是我们志愿者实现个人价值的方式，为达到这些目的，牺牲自己的一些参观、游览时间也是值得的。所以，我特意向班主任申请增加一节课，在出发返回前再多陪他们一会儿，让他们尽可能多地感受一下来自全国语言类最高学府的魅力。”这样的同学就是我们志愿者队伍中的模范和代表。

四、新媒体平台的应用

北外赴江苏淮安实践团在吴承恩中学共进行了为期七天的支教活动。此次活动在当地引起了极大的关注。《淮安商报》等平面纸媒对实践团开展的活动进行了报道；“北外·吴承恩中学第六届歆语工程”夏令营开营仪式现场，也在当地的淮安区新闻联播中播送。

除了传统媒体之外，北外赴淮安支教团一行也在各新媒体平台上得到了广泛宣传。《北外·吴承恩中学歆语工程夏令营开营》一文先后在光明网、江苏文明网、名城淮安网上刊登，并被淮安市吴承恩中学的微博多次转发。

在校内微信和微博“青年北外”平台上，淮安实践团成员积极投稿，每天均可保质保量地上交稿件，文章和图片被《歆语特刊》选录刊登多达十余次。在微博上，团队成员积极以图片和文字表达支教感悟，且多次@“青年北外”并相互转发，扩大歆语的影响力。在北京外国语大学团委微信公众平台上，《北外赴江苏淮安歆语工程夏令营见面会顺利召开》、《北外赴江苏淮安歆语工程开营仪式圆满举行》图文并茂，成为当日微信推送头条；《歆像——江苏淮安实践团支教照片一览》则以高质量的图片展示了支教团内带队老师及成员的风貌。除日常新闻稿和心得感想外，淮安团队的成员们也出品了高质量的评论性文章，如《“捷径”与“瓶颈”——对江苏淮安吴承恩中学日语教学的探究》《互利双赢，点亮梦想》等。淮安实践团成员积极撰写微博并在朋友圈留言、互相转发和点赞，尽自己所能扩大“歆语”知名度，实践团用高质量的文章和照片为微信和微博增添了一道靓丽的风景线。

此次实践活动不仅为贫困地区的孩子带来了生动的外语教学，支援了贫困地区的教育建设，志愿者自身的实践能力也得到了锻炼和提高。经过几天的相处，志愿者和孩子们产生了深厚的感情，许多志愿者在孩子们的强烈要求下留下了联系方式，以便日后继续保持联系。歆语工程以美好的语言将北外与吴承恩中学联系在一起，像一阵清风吹进了吴中校园，使孩子们的梦想扬帆起航。志愿者们以扎实的专业功底、出众的综合素质和吃苦耐劳的精神受到了老师和学生的一致好评，各位成员出色的表现也成为歆语工程最好的名片。

2015年总部宣传实践团总结报告

总部成员

七月，流火的季节。在燥热难耐的北京，一群怀着热情、青春与憧憬的志愿者加入北京外国语大学歆语工程暑期社会实践总部宣传实践团，来自全校各个院系的三十一名同学在指导老师的带领下，集思广益，以一天一期的速度和超乎常人的耐心、细致与责任感，出品了十四期散发墨香的《歆语特刊》，并充分发挥新媒体的优势，利用微信等网络途径将歆语工程的各项信息在媒体上公布。一篇篇新闻、报道、感言、评论、杂文，一帧帧饱含故事的照片如同涓涓溪流，汇成滔滔江河，一路高歌，去往远方。

一、相遇·相约

提及歆语工程，不外乎联想起站在三尺讲台上传道授业的支教志愿者、偏远山区的孩子们，偶尔才会意识到还有一支专门负责宣传的团队。的确，赴全国各地的实践团如同盛夏的繁花与树叶，给贫瘠的地方带去芬芳、荫庇和青春的希望；而总部宣传实践团则犹如错综的树枝，隐藏在繁茂的树叶和花朵之间。但无论花与叶如何生长，枝干都会将他们牢牢连接在歆语工程这棵大树上。留在北京的总部宣传实践团就是默默无闻的奉献者，将所有关于歆语的故事用文字与图片报道出去。

我们依托报刊、微信公共平台、其他网络媒体等多种方式，及时、准确、生动、艺术地展现歆语工程社会实践活动的点滴。在出征仪式之前，总部宣传实践团就已经集结完毕，蓄势待发。为了保证《歆语特刊》能够成为一份全面报道歆语工程的刊物，展现真实的支教生活，同时又不流于肤浅，总部宣传实践团早早拟订出了宣传策划，并根据实际情况进行调整和修订。报纸每日一期，一期四版，分别为新闻、歆之论、歆之感、歆之览。每一版块的侧重点有所不同，以供读者自由选择。为了提高工作效率，我们团队也沿用过去的经验，实行“三班制”，但不同于过去的是，每个小组根据自身的情况，拟订出小组工作计划，使报纸能够更加顺畅地出版。

从对出征仪式的报道开始，我们就加强与各实践团的联系，确定他们的出发和返回时间。当与他们在北外校园挥手告别之后，我们就要马上投入紧张的选稿、审校、排版工作中。

二、歆路·成长

由于大部分稿件是由赴全国各地的实践团提供的，又因为各实践团行程不一、网络状况得不到保证；总部宣传实践团的大部分志愿者在进入队伍之前，从未有过编辑经验等多种原因，每一期报纸的出版都“历尽坎坷”，断稿、缺稿、弃稿、改稿已经是家常便饭，对于总部从事宣传的成员们来说，出报纸可谓是历练文笔、挑战自我的过程。从下午开始，当值的小组就守在电脑前静候来自全国各地实践团的稿件，沉默地看着邮箱，心情十分焦急，时间犹如盛夏的白昼，变得越来越长。缺稿已经成为编辑工作最大的困扰，一方面我们需要一次次联系支教队伍，拜托他们在辛苦了一天后务必给总部发回稿件；另一方面又要大家集思广益，采访过去参加过歆语工程的老师和同学、分享北外名师英语教学的教学方法、自己撰写对于支教的思考等以弥补空缺的稿件需求。当深夜稿件送达时，成员们便披星戴月地工作。二十四小时好像变成了弹簧，等待永远是焦急和漫长的，而在稿件的“增、删、改、排”的工作中又觉得时间转瞬即逝。当大家苦恼于稿件质量不高时，一篇来自云南鹤庆名为《我们在红土高原》的文章文笔细腻，让人精神为之一振。之后便源源不断地有好文章输入：一类朴实无华，却不蔓不枝，以情动人；另一类如流水行云，沉博绝丽，以文辞意境见长；还有一类另辟蹊径，风格独树一帜，让人眼前一亮。

为了确保报纸的质量，指导老师们也付出了心血：大到审查文章的立意是否恰当、各种称谓是否合乎标准，小到斟酌一个修辞手法、一个成语的选用。他们甚至宁肯牺牲自己的休息时间，也要本着对工作负责的态度，将最好的报纸呈现出来。与其说大家废寝忘食，不如说每个人都严于律己，恪尽职守。尽管每期报纸都要经历无数次商讨、修改，但是当报纸真正印刷出来的时候，每个人的脸上都洋溢着满足和欣慰的笑容。

三、歆语・传播

歆语工程总部宣传实践团主要依托的纸质媒体是《北外青年报・歆语特刊》，它主要面向的对象是学校各院系的老师、行政楼各办公室的值班老师、留校的北外学生、暑假到北外培训的各个组织、西院离退休干部、军训回来后的新生等。他们能在第一时间阅读最近发生的歆语故事，了解歆语工程的开展动态。每每看到离退休老教师、老干部们认真翻阅报纸，了解当下年轻人的想法时；看到给大一新生发放报纸往往一时间"洛阳纸贵"，顷刻间报纸就被发放完毕时，我们都倍感欣慰，憧憬来年的歆语工程依旧会如火如荼地进行。当全部《歆语特刊》汇集成册时，还会发放给每一个实践团以及支教地的学校，作为对本次歆语工程实践活动的记录和纪念。电子杂志也将会上传到相关网站，以供各位同学和老师浏览。

当今社会是"大数据，微时代"，微博、微信已经成为人们交流、获取信息的重要途径。总部宣传实践团充分利用网络技术，将歆语工程的影响力进一步扩大。我们主要依托北京外国语大学团委的微信账号对歆语工程进行图文并茂的报道，推送多达四十篇。其内容丰富，形式多样："歆闻"聚焦大事件，如开营仪式、领导慰问、下乡调研等；"歆论"发散思维，探索教学的方法；"歆感"抒发内心的感想，畅谈歆语之行的收获和感悟；"歆趣"则囊括了美食与美景，有趣的故事；"歆 tips"实实在在为支教同学提供了让课堂生动起来的建议。微信推送主要针对的是年轻人，以活泼多样的方式展现一个立体的歆语工程，让志愿者们在这里交流与分享，也将相隔千里的各个实践团紧密地联系在一起。

四、歆愿·心言

总部宣传实践团的工作看似烦琐枯燥，其实不然，很多人都乐在其中。每天都要走过相同的路，可是每天看到的风景都不一样。我们的心随着云南鹤庆实践团去到了贫瘠苍凉的红土高原，看到了“金沙水拍云崖暖”的壮丽景象，嗅到了芒果节的芬芳；随福建晋江实践团一起踩着细软的沙滩搭建别具一格的“歆语宫城”；我们也曾忧心于当地落后的教学设施和缺乏活力的教学方法……我们虽身在北京，却通过一张张照片看到了孩子们纯真无邪的笑脸，与所有支教同学一样，我们希望尽自己的绵薄之力去报道所有的美好和遗憾，让当代大学生更加关注祖国的发展，能够回馈社会。

歆语工程总部宣传是团结、紧张、严肃、活泼的优质团队，成员们既是敏锐严谨的文学青年，也是活泼洒脱的文艺青年。虽然写稿也会疲惫，采访也会劳累，做新闻的新鲜感时而消退，但是最后一期大家写下歆语感言时，提及最多的却是“收获”、“感谢”、“欣喜”。对于所有队员来说，彼此并不只是同事，更是战友，是伙伴。大家为着同一个梦想而努力奋斗，也在这奋斗的过程中加深了彼此之间的友谊，书写着对未来的憧憬和希望。

五、歆歌·离别

与君一别，似水流年。我们是否因为走得太慢，才会惊觉时光飞逝。起初，我们以为时间会很长，长到我们耐心熬光、兴致全无，可直到7月底，陆续有同学回家时，大家才意识到我们一路努力终于接近尾声，甚至没有与所有人进行一次正式的道别，离别就悄然而至。当我们在办公室分类整理好十四期二百份将近三千多张报纸的时候，突然意识到自己在短短的暑期社会实践中，已经完成了这么多工作。仔细阅读每一篇文章，虽然有些文笔欠佳，但字里行间都流露出总部宣传实践团成员们的辛勤付出。

大部分成员虽然已经回家，但是总部宣传实践团的工作却还没有结束，我们要收集好各类资料，为学校各单位提供歆语工程的相关资料，以便更好地筹备“歆语十周年”的盛事。

总部宣传实践团正是以踏实、认真、富有创造力的方式向众人展现歆语工程的全貌。

民族地区中学英语教育状况调查与分析

——以桑植四中为例

湖南桑植实践团成员

桑植四中是我国众多乡村中学之一，也是我国乡村中学的一个缩影。学校地处湘西的桑植县，是一个典型的老少边穷地区。通过五天的支教活动，我们对桑植四中的英语教学状况进行了全方位、深层次、多角度的调研，并在掌握大量第一手资料的基础上，去伪存真、去粗取精地进行分析，力图尽可能地描绘该校英语教学状况的现状、深入探讨其成因、透析英语教学的需求，并尝试指出改善教学状况的措施。

实践团成员与孩子们的合影

一、问卷调查结果及现状分析

（一）调查对象

桑植四中初中部有四个教学班，其中初二两个班，初三两个班；高中部有二十六个教学班，其中高一四个班，高二十二个班，高三十个班。各年级又将教学班分为直播班（重点班）、普通班和艺术班。我们对二十六个班里的十四个班进行了抽样调查，每个年级的样本都覆盖了重点班、普通班和艺术班。此外，我们还对桑植四中的英语师资力量情况进行了问卷调查。

（二）调查结果

1. 初中篇

桑植四中每周开设七至十节英语课，这基本符合英语教学大纲和新课标的要求。在初中二百二十名受调查的学生里有 24% 的学生表示对英语学习非常感兴趣，7% 的学生表示没什么兴趣，而选择“一般”这一中性答案的学生却占到了 69% 的比例。通过几天的支教活动我们了解到，学生普遍认为教材难度偏高，语法弄不懂，单词量过多和书中中文翻译太少。有数据很好地证明了这一点：调查结果显示，70% 的学生表示现在的教材无法满足自己的需求，他们希望书中多一些中文注释和翻译，在增加练习题的同时可以加入一些有趣的游戏和练习。同时，一部分学生希望可以降低教材的语法难度和单词量。其实，这些初中生很多都来自乡镇小学。调查显示，从小学开始学习英语的学生只有 16% ，而 84% 的学生是从初中才刚刚开始接触英语的。在受访者中，30% 的学生认为英语学习非常难，36% 的学生认为比较难，30% 的学生认为一般，而选择“容易”这一选项的人只有 4% 。可以说，和语文、数学等学科比起来，英语对他们来说是十分陌生的，学生学起来有困难也是正常现象。如何制订更合理的教学大纲，出版专门针对民族地区学生的英语教材是我们国家教育部门面临的一个严峻课题。

在课外英语学习途径上，有 64% 的学生表示没有其他学习英语的途径，他们在课外接触英语的方式就是听英文歌曲，这一选项的比例更是达到100%。此外，还有少部分的人回答了“看英文电影和英文视频节目”等方式。然而在深入了解的基础上我们发现，学生听英文歌、看英文电影的动机并非提高英语水平，而是出于单纯的娱乐目的。值得一提的是，在“你上网时一般做什么事情”这一问题中，近90%的学生选择娱乐，包括游戏、听歌、看电影等。而相比之下选择学习的人却只有十九人，占调查总人数的9%。

在英语学习方面，课下自习英语的学生只有46%，54%的学生表示不会安排专门的时间来学习英语，预习和复习的时间也在10－15分钟，甚至到英语考试前夕，这一时间也只有半小时而已。究其原因，对英语没有兴趣成为这部分学生的共同理由。在46%的学生中，自学一至两小时的有73%，26%的学生自学两至三小时，1%的学生表示会自学三小时以上（以上数据均以天为单位）。在“有关英语问题你是如何解决的”这一问题中，42%的学生选择“求助老师”，44%的学生选择“求助同学”，5%的学生选择“上网”，还有11%的学生“自己解决”。通过调查我们了解到，很多学生担心自己的问题过于简单而不敢直接问老师，在遇到不懂的地方只好求助自己的朋友或者英语较好的同学，而在同学无法帮助自己解决问题的情况下，几乎所有学生都选择“不问老师，不懂就不懂了”。

2. 高中篇

在高中部我们一共对五百八十四名学生进行了问卷调查。其中高一一百二十九人，高二二百九十二人，高三一百六十三人。在全部受访者中，从小学开始学习英语的只有一百五十二人，占总人数的26%，其余74%的学生都是从初中开始学习英语的。在英语兴趣这一问题上，表示一般的学生仍然是绝大多数，达到64%；15%和21%的学生分别表示非常感兴趣和没兴趣。在教材方面，高中生和初中生一样，普遍认为教材难度偏高，针对性不强。在此，一组数据或许值得我们思考。在高中问卷中学生学习英语的目的和原因有很大区别：近80%的学生表示学习英语的原因是“为了高考”，而只有20%的学生表示希望可以用英语和外国人交流。可见，绝大部分学生学习英语还处在一个应试状态中，这非常不利于学生学习英语，同时也为这些偏远地区的英语教学带来巨大难度。如何使学生变被动为主动，如何从“要我学”变成“我要学”是教育工作者应该深思的问题。调查结果显示，在高中部，认为学习英语比较容易的学生比例达到70%，认为学习英语难和非常难的分别为12%和15%，有3%的学生认为学习英语容易。

在所有被调查的学生中，30%的学生认为语音容易学，30%的学生认为语法容易学，认为单词和交际用语易学的各占20%；70%的学生认为语法最难学，认为单词和交际用语难学的各占15%。不难看出，学生学习英语还停留在对语法的死钻不放而忽视语言本身的交际功能这一阶段上。70%的学生认为自己口语能力最弱，20%的学生认为自己阅读能力最弱，认为自己听力和写作能力最弱的各占5%。调查中，60%的学生认为英语试卷中最难做的题是完形填空题，25%的学生认为阅读理解题最难做，15%的学生认为短文改错题最难做。由此可见，学生对综合能力要求较高的题型一时很难适应，甚至有些茫然不知所措。

引起我们注意的是，在“你认为学习英语有用吗”和“如果有一种方法能够提高你的英语水平，你是否愿意采用这种方法”这两个问题上，回答“是”的比例达到100%。可见，学生是愿意学好英语的，他们明知道学习英语对自己很有必要却依然无法提高英语成绩，甚至不愿意去努力。兴趣，是所有受访者提到次数最多的一个词，各方面的原因造成了学生对学习英语没有兴趣，也就谈不上努力，由此带来了一系列学习英语的困难和问题。这样就形成了一个恶性循环，使英语成为学生学习甚至是人生道路上的一块短板。

3. 教师篇

桑植四中是一所农村完全中学，建校于1958年，经过半个世纪沧桑变化和发展，现如今共有教职员工二百三十四人（包括所有入编以及未入编人员），其中共有英语教师二十七名（入编二十四名，录用未入编三名），占教职员工总人数的11.5%，这些教师中最早1981年入编，最晚2009年入编。其中中高职称三人（占英语教师总数的11.1%，均是20世纪90年代入编），中一职称八人（占英语教师总数的29.6%），中二职称十六人（占英语教师总数的59.3%）。

在进入桑植四中工作的英语教师中只有四人第一学历为本科，占英语教师总数的14.8%；三人第一学历为专科，占英语教师总数的11.1%；十九人学历为大专，占英语教师总数的70.4%，还有一人第一学历为高中。近年来根据上级要求，第一学历为专科和大专的教师大部分都参加了自考并取得了本科文凭，现在二十七人中已经有二十二人学历为本科，占英语教师总数的81.5%。

我们在和四中老师们的交流过程中了解到，学校引进的外来人才很少，教师基本都是桑植本地人。英语教师中只有三人非本地，而且基本都是少数民族，如土家族、白族、苗族等；英语教师中只有一人为汉族。由于很少经过专业训练，英语老师的口语水平参差不齐。

为进一步了解桑植四中的英语教师以及教学情况，我们组织了一次不记名抽样问卷调查。发下问卷十三份，收回十三份，整个答卷过程在我们的工作人员监督下完成，问卷真实有效。在参与调查的十三名教师中，初中教学组四人，高中教学组九人；十一人现学历为本科（两人初始学历为本科，其余九人为自考本科学历），另外两人现学历为大专；九人为教龄十年以上，三人教龄为五至十年，一人教龄不到五年。参与答卷的十三位英语教师中有十一人各自带两个班级每周十二至十四节课，还有两人带一个班每周六节课。

随着时代的发展，知识在不断更新，作为传道授业的教师更需要不断学习，以便补充和更新自身的知识储备。在学校中教师学习的途径除了自己利用课余的时间自学之外，最有效果的就是参加学校组织的各种教学培训。为了解桑植四中老师接受培训的情况，我们对这个问题也进行了问卷设题。十三人中有十二人表示在任职期间参加过与英语相关的培训，但参与的频率相差很大。有八人是一年一次，一人一年四次以上，还有两人是五年一次。从统计来看，教师接受培训的情况有些不平衡，虽然这原因包括个别岗位的需要和客观条件的限制，但是这个现状仍是需要加以改进的。

经我们了解，在英语教学过程中，老师用的最主要的资料就是教材，那么教师对教材的了解和熟悉程度就显得至关重要，所以我们在调查问卷中也针对此项进行了设题。形势不容乐观，在被问到对教材的了解程度的时候，只有五人表示“非常了解”，其余八人则均选择了次之的“了解”选项。在学习中，老师会要求学生尽可能地熟悉教材，但是若作为指导学生学习的老师本身只是“了解”教材，又如何带领学生达到更好的学习效果呢？

多媒体是比较先进的教学手段和工具，若能利用好就能够起到事半功倍的作用。在桑植四中，高中部班级都安装有多媒体设备，初中部也正准备安装。我们在调查中发现，这里的多媒体使用情况很不尽如人意。在参与答卷的教师中，只有四人表示“经常使用”，九人则表示“偶尔使用”，使用的形式从经常性来看依次是电子课件（十三人均使用过）、英文歌曲（八人使用过）、英文电影（五人使用过）、英语视频（四人使用过）。在问及多媒体的使用效果时，八人表示非常有效果，认为其能够激发学生兴趣，形象直观，教学内容丰富，比板书效率更高；还有两人表示一般，三人表示基本没效果。在问及“直播教学”对本校英语教学的作用时，六人表示“效果很好”，四人表示“一般”，三人表示“没效果”（理由是只有一间多媒体教室，且使用率很低）。

对于本校学生的素质水平和学习态度的看法，各位参与调查的教师看法相差极大，如有的认为90%以上的学生学习态度端正，而也有人认为90%的学生态度较差。

二、需求分析

（一）提高师资水平

1. 教师自身水平有待提高

桑植四中英语教研组现共有二十七名英语教师，其中仅有四人第一学历是本科，三人第一学历是专科，绝大多数教师为大专学历。近年来根据上级要求，第一学历为专科和大专的教师大部分都参加了自考取得了本科文凭。另有一些小学老师经过一年培训直接进入初中从事教学，以弥补初中教师队伍紧缺的不足。可以看出，教师受教育程度与城市中学教师需达到研究生以上学历的要求存在巨大的差距。

同时，在和四中老师们的交流过程中我们了解到，在这里工作的外来人才很少，教师基本都是桑植本地人（英语教师中只有三人非本地），而且大多数是少数民族（英语教师中只有一人为汉族）。由于受日常语言习惯的影响，大家的普通话都不是很好；再加上缺乏专业训练，教师的英语口语水平也不尽如人意。

对十三名英语教师的调查结果显示，他们中教龄为十年以上的有九人，五年至十年的三人，五年以下的仅一人，可见大多数教师还是颇具经验的。但是，经验丰富有其好处，却又不免产生消极影响。很多“经验丰富”的教师的教学模式在这十几年中一成不变，逐渐根深蒂固，尤其是承袭了过去应试教育的理念与方法，虽然所教班级的学生成绩会稍显优异，但这只能说明他们对于试卷的结构、重点谙熟于心。我们与教师、学生的访谈印证了这一点。很多教师的教学目标主要为贯彻教材与应试，而兴趣培养、课外扩展、文化背景等语言学习的必要环节则有所缺失。

另外，在所有被调查的老师中，只有五人表示“非常了解”教材，其余八人均选择了次之的“了解”选项。在学习中，老师会要求学生尽可能地熟悉教材，但是若作为指导学生学习的老师本身只是“了解”教材，又如何带领学生达到更好的学习效果呢？

总的来看，桑植四中英语教师在受教育水平、教学理念和对教材把握程度上都与城市中学教师存在较大差距，提高自身水平是当务之急。而学校和有关教育部门也应在今后努力创造条件吸引更多文化程度高、专业素质好的人才来校任教。

2. 培训项目需增强目的性

学校领导表示，学校认识到师资水平是限制该校英语教育水平的一大瓶颈，因此把最大的投资放在师资方面。被调查的十三人中，有十二人表示在任职期间参加过与英语相关的培训，但参与的频率相差很大，有一人是一年四次以上，八人是一年一次，还有两人是五年一次。培训项目主要是湖南省张家界市组织的针对民族地区英语教师的专项培训。据了解，北京外国语大学歆语工程教师培训在湖南省分配了一百个名额，该校未能争取到。

从参加人群的角度来看，学校选派参训人员通常采取随机的方式，并未有目的性、有计划性地优先培养骨干教师。虽然每名教师都能有机会参加培训项目，但由于培训频率不均衡和教师自身水平有别，所以效果不尽如人意。在与英语教师以及学生的访谈中我们发现，许多教师接受培训后仍然“新瓶装旧酒”，没有把培训所学用于实践；又或者照搬所学，对学生实际接受能力缺乏考察，没有改进、总结的过程。五年才接受一次培训的教师得不到持续的思想补给和方法更新，培训作用更显微弱。无论哪种情况，归根结底，受教育者没有享受到培训的益处，学校的投资也收效甚微。由此可见，多久培训一次、参加什么样的培训、每次有多少教师参与培训、怎样选出这些教师、培训过后如何检验效果、如何改进与推广，只有处理好这些问题，才能使教师培训项目最大限度地发挥积极作用。

3. 教师评估体系亟待建立

除了教师职称评定体系之外，学校没有建立对教师教学效果的评估体系，而且忽视了学生作为接受者的信息反馈。一方面，学校师资队伍人员齐备，不通过优势竞争和具有公信力的评教，难以更新师资队伍和改善教学质量，培训成为提高师资水平的唯一途径。然而如上所述，培训并不能在短期内有效提升师资水平。另一方面，学生作为教学对象，在桑植四中是一个较为被动的群体。学生缺乏反映自己的需求和教学中的问题的有效途径，而他们的声音正是提高教学水平的重要基础。

建立激励机制以激发教师自主提高水平，优化教师队伍；建立评教制度以反馈教学问题，改进教学方式方法。这是提升师资水平的迫切需求。

4. 教师资源分配待合理化

学校为数不多的经验丰富、受学生欢迎的优秀教师常常被派往高三年级教学，且通常连续多年。学校以高考为指挥棒，忽视了英语教学的基础阶段，即初中阶段。初中部教师水平普遍欠佳，在培养学生兴趣和正确学习方法上没有达到预期效果，给高中英语教学埋下了不少隐患。

尽管不合理的教师资源配置实为应试教育下的无奈之举，然而为实现均衡教育，保障受教育者的权利，学生需要更为平等地享受教师资源。

5. 教学方法有待进一步提高

（1）“直播教学”与当地教学欠吻合

“直播教学”的引入是为了共享教育资源，吸收湖南省长郡中学的优秀资源。它是将湖南省长郡中学的优秀教师的教学过程同步播放给四中学生的一种教学模式。尽管学校的初衷是好的，但这一模式实施起来效果却与预期相去甚远。它没有考虑到本校学生与长郡中学学生之间能力的差距，学生使用“直播”的上课内容，容量过大，吸收不了。同时，老师与学生之间缺乏互动，学生完全是在被动地接受知识，有问题不能当堂解决，积少成多弊端就凸显了出来。老师对该方式的反响也不十分积极，受调查的十三人中有七人表示“效果一般”甚至“没有效果”。

（2）“生本教育”的实用性有待探索

教学上桑植四中有一个值得肯定的特色，即“生本教育”。“生本教育”即以学生为主体的教育方式，由“前置性练习—小组讨论—上台报告—老师补充”几个环节组成。这种上课方式改变了传统的“老师讲、学生记”的沉闷、死板、单一的教学方式，鼓励学生自主学习，同时提供了合作学习、自我表达的平台。

调查发现，学生认为“生本教育”中对自己帮助最大的环节是小组讨论，占到39%；老师补充环节获得的认可最少。这说明，“生本教育”在学生中间已取得一定地位，学生对于自身主观能动性的意识增强，对老师的核心地位提出质疑，传统的“满堂灌”模式正在失去其根基。因此，推进“生本教育”模式是一种必然。

（3）多媒体教学的应用仍有很大发展空间

对学生们的调查结果显示，喜欢多媒体教学多于板书教学的学生占样本的67%－75%。可见，多媒体教学还是为绝大多数同学所青睐的。与之相比，英语教师对多媒体教学的实践程度与学生需求还有较大差距。在参与调查的教师中，只有四人表示“经常使用”，九人则表示“偶尔使用”。据校长介绍，学校大部分老师计算机水平不高，有相当一部分老师对做课件感到困难。虽然学校每个教室都有投影仪甚至电视，但日常教学用到的时候并不多。设备被长期闲置，以致出现故障也不能及时被发现。相对于板书教学，多媒体教学形式更生动、内容更多样，对学生也更有吸引力，易激发他们的学习兴趣，特别有益于发展学生的综合英语能力。所以，使多媒体教学普及化、通用化，是提高教师教学法的重要一环。

（4）对学生学习观念和方法的培养尚有不足

从学生们的问卷之中我们发现，很多学生的英语学习方法和习惯有较大漏洞，对怎样学习英语的认识存在误区。以初中组为例：课下自习英语的学生只有46%，54%的学生表示不会拿出专门时间来学习英语；在这46%的学生中，每天自学一小时以下的占到73%，且集中于五分钟到二十分钟的时间。与每天平均课堂用时（六十至八十分钟）相比，课下自习时间显然是不够的。这反映出绝大多数学生对教师的依赖，自主学习能力仍然不足。课堂上就一知半解，而课下又不去整理笔记、提前准备，英语学习只能陷入恶性循环。此外，问到如何记单词，高三年级约有三分之一的学生仍然回答“死记硬背”；问到学习中遇到的困难，绝大多数同学给出的答复是“记不住单词”“搞不懂语法”“不会翻译”。显而易见，学生们在这六年中被输入的只是各种烦琐的知识，而关于如何去记忆、应用、发散这些知识，教师却未能给予应时、正确、有力的指导。“授之以鱼，不如授之以渔”，培养学生良好的学习方法，使其学习英语的过程变为主动的、思考的过程，这一点是不容忽视的。由此来说，一种有效、纯粹的教师与学生的交流机制的建立是有必要的。

（二）全面激发学生兴趣

1. 当前英语学习兴趣形成、培养和维持三个阶段均有缺陷

（1）先天不足的兴趣形成与发展过程

桑植县地处偏僻山区，与外界信息交流相对闭塞，缺乏区位优势；经济基础薄弱，发展迟滞，缺乏资金优势。一方面，有限的资金无法为当地学生提供最优质的教育资源，落后的经济发展难以吸引更多以教师为代表的人才扎根，导致当地英语教学水平总体偏低；另一方面，县城中父母多忙于家庭生计，对子女的教育无法同城市父母相比；尤其在英语方面，他们很少像城市父母那样付出精力和金钱主动激发孩子的语言兴趣。客观的教育资源匮乏以及主观的教育理念落后使桑植学生英语兴趣的形成与发展条件先天不足。学生

兴趣的最初形成需要一片沃土，需要在硬件方面实现经济增长、教师能力的综合提升、更多英语资源的引入，以及软件方面促成整个县城父母对子女教育态度和教育投入的彻底转变。

（2）初期英语学习中对学生兴趣培养的忽视

根据我们的问卷统计，80% 左右的学生在进入初中将英语作为必修课后，才开始接触英语。而在这本该培养学习兴趣的初级阶段，英语直接和成绩名次挂钩，从单纯的语言习得的乐趣演化成竞争名次分数的筹码，从简单的快乐变成几家欢喜几家愁的负担，跳过了兴趣培养的过程，直接进入了产出成果的功利阶段。初期的英语学习以“填鸭式”为教学形式，以英语科目得高分为目的，不给学生的英语兴趣培养以时间和机会，致使相当一部分学生（约有五分之一）对英语产生了未爱先惧的负面情绪。学生需要对自身建立起足够的自信心，调整负面情绪对学习的影响，培养起对英语学习的兴趣。桑植四中英语教学的长足发展需要从初期英语学习，也就是初中的英语兴趣培养抓起，重视兴趣在学习发展过程中的重要作用，淡化成绩分数对学生自信心的冲击，在课堂上尽可能转变风格，激发学生深入探索语言的好奇心和积极性。

（3）中学阶段学生兴趣每况愈下

学习是一个持续的过程，学习兴趣的培养和维持也是一个连续不断的过程。优质的英语教学建设需要有良好的持续的英语学习兴趣状态，需要成功地衔接初高中，乃至细化到每个年级之间的衔接。而当今桑植四中面临着初高中英语水平严重断层的困境。由于兴趣培养在初期的英语学习过程中做得不够，以至于很多问题隐患延续到了高中。许多初中生升入高中后，只带来了一千二百个单词和学过的语法，而没有对英语这门语言有一个整体的认识，造成学习气氛疲软等一系列问题。学生兴趣得不到持续，学习能力形成了断层。这从初中和高中的数据对比中可见一斑。在初中二百二十二名受调查的学生里，有 24% 的学生表示对英语学习非常感兴趣，7% 的学生表示没什么兴趣，选择“一般”这一中性答案的学生占到了 69% 的比例。在高中五百八十四名受调查对象里，表示“兴趣一般”的学生比例略有下降，达到 64%，非常感兴趣的学生下降到 15%，而没兴趣的学生比例却增加了两倍，达到21%。因此，学生兴趣的培养和发展需要一个完善的整体规划，以保证英语教学建设的持续性。

2. 教材急需改革以适应学生能力

（1）学生水平与教材水平脱节

上文已提到，约80%的桑植四中学生初中才开始接受英语教育，而这比城市学生接受英语教育的平均年龄以及教育部所编教材的适合水平年级整整晚了三年。也就是说，这些英语的初学者所使用的教材本是适用于已有三年英语学习基础的学生的，尤其对于县城学生而言，本身就欠缺高水平教师的指导、父母的辅导和必要的硬件设备，所以填补学生水平和教材所需水平之间的差距几乎是不可能完成的任务。在初中的受访者中，30%的学生认为英语学习非常难，36%的学生认为比较难，30%的学生认为一般，而选择“容易”这一选项的人只有4%。他们所反映的主要问题是语法不懂，单词量过多和书中中文翻译太少。教材过难，会产生很多负面效果。学生一问三不知，课堂互动困难，推行“生本模式”阻力重重。教师为顺应考纲进度的要求，不得不放弃引入一些有趣、有益的资源来维持学生兴趣，也放弃了安排与学生交流的时间，课本上密密麻麻的字母让学生无所适从。课堂时间内无法全部消化吸收就要求课下多下工夫，然而英语所消耗的时间要大大超出其他学科，学生会认为不合算而倾向于“舍英语顾大局”，导致英语学习雪上加霜。所以，适当对教材难度及适应水平进行初学者和有基础者的区分与有关县城实际的现实考量成为更顺利地在桑植推广英语教育的前提。

（2）教材的有效更新和科学编排

现在桑植四中高中部使用的教科书是译林出版社的英语教材。通过对高三英语教研组长的采访我们了解到，这套新教材总体来说很不错，相比老教材有了很大进步，尤其在实用性方面取得了很大突破。教材是全英文的，每一课由Welcome，Reading，Word Power，Grammar & Usage等多个板块构成，基本涵盖了英语的听说读写等技能训练，在单词和语法方面也有专门讲解，不仅巩固了学生的英语基本词汇和语法，也提升了学生的英语综合能力，同时避免了生硬的讲授。但从学生们的反馈来看，当前教材对学生的适应性仍然不足。初中有70%的学生表示现在的教材无法满足自己的需求，反映比较多的问题就是书中缺少中文翻译与注释、语法解释不够系统详细、课外知识欠丰富、图片数量相对少等。教材需要适应青少年不同阶段的心理特点和接受能力，吸纳他们感兴趣的板块和话题。例如，有初中生提出在书中增加游戏练习，这与初中生的兴趣相符，应该会是不错的尝试。英语教学的发展需要兴趣与教材的共同进步，教材的科学编排和有效更新需满足维持乃至提升英语学习状态的需要。

（3）“生本教育”中学生兴趣和教材使用主观能动的结合

英语学习中，学生兴趣和教材之间的关系是相辅相成的。一方面，学生的兴趣制约着他对教材乐意接受的程度；而另一方面，教材的适合性也会影响到学生学习英语的自信心和成就感。桑植四中引进“生本教育”作为本校教育教学发展特色，以学生为主体的教育方式，改变了传统的“老师讲、学生记”的沉闷、死板、单一的教学方式，鼓励学生自主学习，提供了合作学习、自我表达的平台。据了解，在英语教学中，初一、初二年级和高一、高二年级采用“生本教育”，受到了学生们的欢迎，取得了良好效果。其中，成功把握学生兴趣和教材使用主观能动的良好结合点是“生本教育”在英语教学方面的前提条件。一是需要确保对学生兴趣的良好的指引和教材的全面科学覆盖性；二是需要进一步确认教师在学生兴趣选择和教材使用之间所扮演的角色，以便随时对二者的平衡进行经验式的指导。

3. 提高学生兴趣需要学校营造有利的课余英语学习氛围

（1）硬件上需要丰富英语资源

如前所述，由于教材、课时的限制，上课过程并不能完全按照学生的需求去进行。因此，仅凭上课时间激发学生对英语学习的兴趣是远远不够的。但学生课下面对的英语材料不是课上翻烂了的课本，就是乏味烦琐的练习册，导致他们对英语的兴趣只能有减无增。所以，应该提供更多接触、学习英语的途径以提高学生兴趣。据我们调查，学生课下接触英语的途径单一而有限。在初中受访者中，有64%的学生没有其他学习英语的途径。他们在课外接触英语的方式就是听英文歌曲，这一选项的比例接近100%。此外，还有少部分的人回答了看英文电影和英文视频节目等方式。然而深入了解后发现，很多学生听英文歌、看英文电影的动机并非提高英语水平，而是出于单纯的娱乐目的。将这些因素综合考虑，如果学校能引入对学生有吸引力而又有教育意义的英语资源，那对激发学生的兴趣裨益良多。2009 年，学校开放了图书馆，极大地丰富了学生们的视野；但是图书馆中有关英语的书籍却未成气候，学生们难以体会到原汁原味英语的乐趣和魅力。引入英语资源的目的就是让学生们体会到英语不是被孤立的一门学科，而是与其他各学科、生活各方面相互联系的。喜欢文学的学生可以读英文名著，喜欢追踪时政的学生可以读英文报刊、听英语新闻，热衷于科学的学生可以看《探索发现》《国家地理》等节目，而喜欢看电影或听英文歌曲的同学也能在放映室或校园广播中享受异国风情。虽然学生们利用这些资源的最初目的并不一定是提高英语水平，但在阅读书刊、观赏影音的过程中，英语给予他们的印象一定会比上课时要丰富得多、有趣得多，他们自身的英语水平也会得到提升。所以说，更多英语资源的引入是十分必要的，而这恰恰是当前四中特别稀缺的。

（2）需要开展更多针对英语的课余活动

要营造良好的课余学习氛围，仅凭硬件的充实还是不够的。学校目前还缺乏软件上的推动，主要是开展英语活动和建立英语社团。通过英文朗诵比赛、英语合唱、用英语讲故事等形式的活动，以及英语角、英语兴趣小组的交流讨论，让学生有更多机会发挥自身特长，融入英语之中。此外，在社团中也需要建立英语学习出色学生和落后学生的对话与帮助机制，缩小两极分化。

综上所述，如果能在提高师资水平和激发学生兴趣上下足功夫，桑植四中的英语教育水平势必突飞猛进，学生们会有更好的明天。

三、成因分析

（一）社会因素

桑植是国家级贫困县，经济文化发展落后，很难为英语教育和学习创造良好的条件。桑植县位于湖南省西北部，隶属于张家界市，地处武陵山脉北麓，鄂西山地南端，武陵山脉在桑植境内形成四十条主要山脉，多呈东北—西南走向，地形复杂。全县总面积三千四百七十四平方公里，辖三十八个乡镇，总人口四十三万多人，少数民族占总人口的92%，农业人口占总人口的88%。桑植县经济的发展中面临着严峻的、巨大的挑战。山多地少，山地面积约占90%，旱涝保收面积人均仅0.13亩，是湖南省三大暴雨中心之一，自然灾害十分频繁，十年九灾，自然条件差。地处中西部山区，在政策方面既没有享受到东部开发的政策，也没有享受到西部大开发政策的扶持，直接导致桑植实现的投资额在全省处于下游，也低于周边县市，发展动力严重不足，缺政策、缺资金。2009年桑植县实现GDP28.68亿元，只占张家界市的15.6%，人均GDP7652元，为张家界市的65%，经济总量和人均占有量低。

由上可以看出，受自然条件及政策条件等的影响，桑植县的经济发展处于落后的状态。经济发展是教育发展的基础，没有强大的经济条件作支撑，教育事业也不可能得到很好的发展。桑植县本身处地偏僻，与外界信息交流相对闭塞，缺乏区位优势；经济基础薄弱，发展水平不高，缺乏资金优势。有限的资金无法为当地学生提供最优质的教育资源，落后的经济发展无法吸引更多优秀的英语教育人才，导致当地英语教学水平参差不齐。客观的教育资源以及较为落后的教育理念，使桑植学生英语兴趣的形成的发展条件先天不足。

因此，经济发展的落后是桑植地区教育落后的基础原因之一。

社会教育环境差。边远少数民族地区社会环境缺乏多样性，学生校外生活单调，接触新鲜事物机会少。就英语学习来说，调查数据表明学生平时对于英语的接触仅仅限于课堂，基本没有其他渠道，不能够接触到最鲜活的语言。这对于学生英语学习，特别是英语兴趣的激发极为不利。

招生政策与生源分配的机制不科学。桑植县共有完全中学三所，分别为桑植一中、贺龙中学、桑植四中，另外还有职业高中及中专学校若干。受教学资源分配不均及政策保护的影响，桑植一中作为当地最好的中学，在师资、硬件及生源质量方面都是最好的。因而桑植四中只能和其他的普通高中、职高、中专一起抢夺生源，进入桑植四中高中相当于没有门槛，这就造成了学生水平参差不齐、生源质量不高，也为后期的教学埋下了隐患。

（二）家庭因素

由于地处山区，许多家庭收入不高或不稳定，经济条件不是很好，无法为孩子的英语学习创造良好的条件；且出于改善家庭经济环境的需要，不少家长只要求子女上完初中或高中，这直接导致了一些学生缺乏学习的动力和兴趣。

家庭教育环境差，不能为孩子的学习创造良好的氛围。少数民族地区父母普遍教育层次低，致使家庭缺少浓厚的文化氛围。思想观念传统守旧，主观教育理念落后，没有从小培养孩子兴趣的意识，不利于学生的学习。另外，由于父母多忙于生计，也不可能抽出更多的时间来督促指导孩子学习，只能靠孩子的自觉来学习，学生从家庭方面得到的鼓励和刺激必然不足。

（三）学校因素

学校的教育环境是造成其英语教育整体水平不高的基本原因之一。一方面，教师学历、教学经验等综合素质的参差不齐与学校教育环境的相对落后、教师待遇不能吸引优秀教育人才有根本的联系；另一方面，有限的教育资金也无法为当地学生提供最优质的教育资源与基础设施，客观上导致教师教学缺乏自主性和积极性。

教师引进和辞退的机制有待改善。招来的留不住，没用的辞不退。桑植四中校长在调查中表示，校方对于难以自主引进人才和英语教师水平参差不齐的状况有些无奈，因为单就人数来说，这些数量的教师完全能满足教学量的需求，但是质量上却不一定能保证。如果学校自己去高校招聘人才，假设可以招得到，但是受制度和规定方面的限制，校方却不能给予其正式编制的待遇，致使学校很难留住一些人才。而对于那些业绩较差却正式入编的教师，校方也没有权力将其辞退，只能将其留用在一些相对不太重要的部门，这就制约了学校教师水平的提高。

管理层中英语教师比例较小，导致学校对英语教学的状况无法准确了解和把握，从而无法进行适当的调整改进。不少老师表示，行政与教学不一致；换言之，英语教学组在管理层缺少代理人，没有多少发言权，管理的指挥棒容易指错，从而造成时间等资源的浪费，影响老师和学生的积极性。

学生入学时水平分化的状况不仅没有缩小，反而由于分级教学使分化进一步扩大。入校学生水平参差不齐，学校为优化资源将他们分为直播班和普通班，针对不同水平的班级进行分层次教学，直播班的课容量相对要大一些，这样就形成了两极分化的状况：好的越来越好，越来越愿意学；不好的越来越不好，越来越不愿意学。

没有引进其他英语学习的公共资源，没有开展英语系列活动，没有做好课间英语氛围的营造和学习风气的引导。学生们接触到的唯一英语学习资料几乎就是课本，导致他们对学习英语的兴趣很低。

虽然学校认识到师资水平是限制该校教育水平提升的一大瓶颈，并花大力气进行老师的培训，但效果不是很好。学校选派参训人员通常采取随机的方式，并未有目的性、有计划性地优先培养骨干教师。虽然每名教师都能有机会参加培训项目，但效果不一而足，投资成效甚微。由此可见，多久培训一次，每次有多少教师参与培训，怎样选出这些教师，培训过后如何检验效果、如何改进推广，只有处理好这些问题，才能使教师培训项目最大限度地发挥积极作用。

（四）教师因素

师资力量不足，且教师水平亟待提高。全校初高中部共二十六名英语教师，虽数量基本可以满足教学需求，但在综合水平上与一般中学的教育水平要求仍存在差距。该校仅有两至三名教师具有大学本科学历，其他老师中有原是大学专科学历，经过一年培训后拿到本科学历的，也有小学老师直接上到初中从事教学的。而且由于地方日常讲方言的影响，教师的普通话都不是太好；由于很少经过专业训练，英语口语水平也不是太高。

教师对培训的吸收效果很差，没有将培训成果应用到教学实践中。学校将最大的投资花在师资培训上，经常送老师参加省里乃至国家的培训，但是效果并不明显。许多教师接受培训后仍然“新瓶装旧酒”，没有把培训所学用于实践；又或是照搬所学，对学生实际接受能力缺乏考察，没有改进、总结的过程。而且，由于培训间隔时间长——很多教师在任教期间只能参加一次培训，受培训教师得不到持续的思想补给和方法更新，很容易走上以应试为本的老路。

教师多媒体应用能力差。虽然学校的多媒体设备不是很多，但就是这些少量的设备都得不到老师们的充分应用。在对于英语教学非常重要的多媒体的使用上，学生与老师之间存在需求和供给的不平衡。虽然大部分同学倾向于多媒体教学，但是受计算机水平所限，老师们并不能满足大部分学生的需求——学校大部分老师计算机水平不高，有相当一部分老师对做课件感到困难。

教学方法的生搬硬套，混乱应用。直播教学、生本教学、多媒体教学，都没有根据当地实际因地制宜。以“直播教学”为例，为了这个项目学校先后派出三批老师去学习，本来希望能够分享到省重点中学长郡中学的优质教育资源。然而，从2006开始运用“直播教学”到2008年，学校完全没有考虑到本校学生与长郡中学学生之间英语基础的差距，学生使用长郡的上课内容因容量过大，无法消化课堂内容。同时，老师与学生之间缺乏互动，有问题不能当堂解决，积少成多很成问题。然而，许多老师却因为这样的上课方式很轻松，所以没有及时向校方反映。直到有人写信反映后，校方才决定以后采取“录播”的形式，即由任课老师把握、使用上课录像的时间、方法等，这种情况才有所改善。

教学经验不足，对学生学习方法的培养尚有不足。学校教师的教学理念落后，过于功利化，忽视了学生全面兴趣的培养意识。从学生们的问卷之中能够发现，很多学生的英语学习方法和习惯有较大漏洞，对怎样学习英语的认识存在误区。比如说，有相当多的同学每天只拿出五至十分钟的时间来进行英语课的课前预习和课后复习，没有做任何课外工作的也大有人在。这反映出学生对教师的依赖，自主学习的意识仍然淡薄。问到如何记单词时，高三年级大概有三分之一的学生仍然回答“死记硬背”。问到学习中遇到的困难，绝大多数同学给出的答复是“记不住单词”、“搞不懂语法”、“不会翻译”。学生们被输入的只是各种烦琐的知识，而关于如何去记忆、应用这些知识教师却未能给予指导。调查显示，以应试为指挥棒的“填鸭式”教学是多数老师教学的方式。这样的方式造成了在英语教学基础阶段无法达到培养学生学习英语的兴趣和正确方法的预期效果，一些学生甚至出现厌学乃至退学的情况。

教师评估体系亟待完善。除教师职称评定体系之外，学校没有建立对教师教学效果的评估体系，而且忽视了学生作为接受者的反馈信息。一方面，学校师资队伍人员齐备，不通过优势竞争和具有公信力的评教，难以更新师资队伍和改善教学质量，培训成为提高师资水平的唯一途径。然而如上所述，培训并不能在短期内有效提升师资水平。另一方面，学生作为教学对象，在桑植四中是一个较为被动的群体。学生缺乏反映自己的需求和教学中的问题的有效途径，而他们的声音正是提高教学水平的重要基础。

教师资源分配待合理化，教师的分配不科学，重点教师都向高三年级倾斜。学校为数不多的经验丰富、受学生欢迎的优秀教师常常被派往高三年级教学，且通常连续多年。学校以高考为指挥棒，忽视了英语教学的基础阶段，即初中阶段。初中部教师水平普遍欠佳，在培养学生兴趣和正确学习方法上没有达到预期效果，给高中英语教学埋下了不少隐患。尽管不合理的教师资源配置实为应试教育下的无奈之举，然而为实现均衡教育，保障受教育者的权利，学生需要更为平等地享受教师资源。

四、措施分析

针对桑植四中学生学习情况、师资水平以及各项制度等方面的问题，我们拟定了粗略的解决措施，希望能够对桑植四中未来的英语教学与发展有所帮助。根据需求分析、原因分析以及数据汇总，我们的方案将着重讨论以下两点：

输血——即通过各种方式吸收省重点中学、教育专家、高校优秀毕业生的尖端教育理念，提高师资水平，以此推动桑植四中的英语教学发展。

造血——即通过本校优秀毕业生反馈母校、优化教学管理制度、反馈学生对教学的意见及建议等方式，提高桑植四中自身的英语教学能力，带动整体发展。

（一）输血

“输血”即将先进的教学方法、教学理念带入教育落后的地区。在具体实施中，我们必须明确桑植地区英语基础教育的不足，同时也要充分利用桑植地区对外界“血液”的吸引力。以下将根据前文提到的桑植四中英语教育发展需求的报告来具体分析为桑植地区“输血”的方法。这些方法主要涉及提高师资水平和增强学生学习英语的兴趣。

1. 提高师资

“输血工程”将把重点放在对老师的技术培训和教学培训上。针对教师文化水平偏低的状况，“输血”得到的优秀大学生将是珍贵的资源。相信通过不懈的努力和奖学金以及对家乡的热情的激励，桑植的教师队伍在几年内会有所改善。此外，需要强调针对教师的教学培训。简单地说，教学培训就是训练现有的教师队伍，提高他们对教材的熟悉程度以方便教学，并且要帮助教师改进教学方法，使教学更有趣味、更有成效。附加的非常规培训除了针对英语教学方面的培训以外，还可包括对英语教师进行最基础的多媒体培训，真正做到充分利用多媒体协助教学。根据调查的结果，大多数的初中教师基本不使用多媒体进行英语辅助教学，他们认为这样没有用。事实上，这是一个过于保守的想法。PPT 可以减少老师板书的时间，提高上课效率。音频设备和视频设备可以全方位满足学生的视听学习。适当地利用互联网上英语学习的信息辅助教学，也可以给学生们树立一个健康高效利用网络学习英语的榜样，避免学生在成长阶段将过多的时间浪费在网络游戏、聊天和娱乐上。

除此之外，还可以对英语教师进行适当的教育心理学培训，使每位英语老师都能在更深的层面上了解自己的学生，了解自己的学生更适合何种学习方法。如果有些学生适合视觉学习法，就要多用一些图片来帮助他们增强记忆；如果学生适合听觉学习法，那么就要更多地利用多媒体设备。

每年暑假到北京外国语大学参加歆语工程教师培训的老师们正是这一理念的受益者。在十几天的集训中，老师们会接受正音训练，有机会聆听国内知名的英语教学专家讲解英语阅读理解、英语教学法等丰富的课程。更难得的是，他们还有机会与很多中学教材的编写者面对面交谈，了解教材编写和课程设置的初衷。这些培训对教师返乡后的教学帮助极大。“输血工程”将扩大其规模，使包括桑植地区在内的全国更多乡村教师收益，最终造福当地教育的发展。当然，扩大也是有限度的，每年负担众多受训者对财政造成一定压力，也会在一定程度上分散参训教师的精力，所以对此方案的修改是将专家送到各地。这就需要桑植充分利用自身的旅游优势，吸引英语教学专家在暑假到风景如画的民歌故乡桑植讲授英语教学，既是休闲度假也是为国家教育事业作贡献，相信省内或外省的专家会较乐意参与其中。

2. 提高学生积极性

关于这一点，我们可以从支教中得到全部的回答。孩子们在同比自己大不了几岁的哥哥、姐姐的交流中表现出极大的热情。在哥哥、姐姐们面前孩子们没有了面对老师时的拘谨，更像是与朋友相处共同学习英语。大学生志愿者们更擅长于运用新颖的多媒体教学方式，在游戏和亲切交谈中将英语知识和文化带给孩子们。然而课本知识不是一切先决条件，大学生志愿者对自己的学习感受有更清楚的记忆，孩子们的烦恼和困惑他们感同身受，志愿者们可以与孩子们分享自己的英语学习经历、实际困难以及学习经验，这些课本外的英语世界深深吸引了孩子们。因此，大学生志愿者支教团将是“输血工程”的重要组成部分。孩子们学到的绝不仅仅是 ABC，更重要的是打开了视野，提升了用英语看世界的热情。

（二）造血

我们已经对桑植四中英语教学薄弱状况的现状、成因及需求都有了较为全面的了解。桑植四中的英语教学瓶颈在于：在对教师由任职、培训、教学任务分配到评估的一系列过程中存在漏洞；英语教师的数量和质量直接制约对学生学习方法的培养以及学习热情的激发；地方经济、社会因素造成的经费不足、教育观念滞后，教育体制亟待改革。桑植四中迫切需要高素质的英语教学人才来填补空缺，迫切需要对教学体制与教师任职、培训等方面进行改革，并通过改善教师的质量来激发学生学习英语的兴趣。针对上述问题与现状，我们提出了以下改进措施。

1. 对教师体制的改革

（1）实施“造血工程”，回流本地人才

为了改善英语教育现状，对前期“输血”进行财政支持是非常必要的。但更重要的是盘活本地人才循环，使投入能最大限度地产生收益。桑植四中虽然是一所农村中学，但是每年向北大、清华、人大等重点高校也输送了不少人才，上重点线的优秀同学更是不计其数。经过母校三年或者六年的培养，孩子们有机会走出大山，在高校学习并提高自己，这些优秀的毕业生有必要回报母校对他们的教育之恩。优秀的毕业大学生是将外界信息、学术前沿带回桑植的最好媒介，也可以给学校带来最新鲜的血液。他们不仅可以带动其他教师教育的热情与激情，也可以在教学方式上推陈出新，解决老教师在教学上“新瓶灌旧酒”的问题。

针对此种情况，桑植四中可建立奖学金制度，对每届优秀毕业生进行资金扶助（包括学费所需及生活所需），帮助他们顺利完成大学四年的学习。而学生必须同时与学校订立合同，在毕业后回校承担教学任务，为期至少五年。在此期间将其纳入正式编制，享受同等工资待遇。若期满之后愿意继续留校，则给予一定奖励。此工程符合国家对贫困地区及贫困学生的基本政策。一方面，它考虑了学生的财政状况，使其能够完成高等教育、开阔眼界；另一方面也考虑了贫困地区的教育资源需求，使人才得以回流。而为了完成前期投入，桑植四中需得到市财政或本地有实力企业的大力支持，建立完善的奖学金体制。在体制上，学校对奖学金申请者进行评估，综合学校自身需求和学生被录取专业作出决定。

（2）教师培训、教学任务的完成与评估

根据数据分析，桑植四中对教师培训较为重视。在抽样调查的十三位老师中，有十二人表示曾参加过英语教学相关的培训。但在培训次数上，各个老师之间不平衡的现象十分严重。有一人表示培训次数为一年四次，但其他两人却表示次数为五年两次。为了使老师接受培训次数、水平保持相当，学校应每年集中各年级教师进行培训。转变教师“往外走”的方式，转而将培训人员“引进来”，这样可节省开支，同时达到集群效益。

同学反映在培训后，有些老师“新瓶装旧酒”，生搬硬套新模式而不将实际情况与培训成果加以整合。这就需要学校建立以学生为中心、成绩考核为参照，对教师进行有效激励的制度。定期对学生进行抽样调查，征询学生意见，同时参考任课教师所在班级的成绩状况，对其作出一个较为公正的评价。对于优秀的任课教师，学校应予以适当的精神及物质奖励；对于水平欠佳的教师也要适当作出调整。这样一来，新型评价制度可以实现以优胜劣汰为核心的教师流动机制，有利于教学水平的提高，也可以反映学生的真正需求。

2. 对学生兴趣的激发和对学习环境的创造

在调查的初中组共二百二十二名学生中，仅有 24% 的学生表示对英语学习有兴趣；而高中组的这一比例仅为 15% 。学生普遍反映教材编排过难，以及单词、句式、语法的记忆是阻碍他们英语学习的主要方面。在教材方面，建议学校自主选择适合学生的教材，配合学生实际水平使用，或经由英语教研组共同讨论后自主把握教授内容。而许多学生记忆上的困难可以通过学习方法的改善来克服。教师需要将重点放在学生听、说、读、写各方面能力的提高上，而不是一味以应试为目标，使学生产生对英语学习的厌倦心理。

针对地方观念忽视教育、轻视英语学习的弊病，学校需要与家庭建立良好的沟通机制。定期召开家长会，将学生的情况反映给家长的同时，向其说明教育的重要性。要将知识改变命运的理念贯彻到每一个家庭，为学生创造一个重学习、重知识的良好家庭环境。从根本上解决老少边穷地区家庭环境影响孩子学习环境的弊病。

充分利用多种手段，实现教育资源公平化、共享化。在教师资源供小于求、师资不平衡的情况下，可以充分利用网络的共享性服务教育公平。网络课堂为学生提供了接触名师、答疑解惑的机会。现在科技的发展、资源的传递使网上在线授课成为可能，即老师是通过网络现场授课，学生可以通过操作自己的电脑提出问题、让老师现场解答。若桑植四中能够引进集体互联网教学，网下交由学校老师进一步辅导，则一来学生可以接触到大量优秀教师，二来也可克服师资不足、实现教育公平。

吴承恩中学英语教育现状及问题调研报告

江苏淮安实践团成员

一、概要

在全球化程度日益加深的今天，掌握英语已经成为青年人开展工作和进行国际交流的一项必备技能。随着中国对外开放程度的不断提高和社会经济水平的日渐提升，对英语的应用已经进入社会生活的方方面面。在这一大背景下，英语教育已成为基础教育的一大核心，对英语教学方法的探索也一直在进行。

而英语教学方法因为各种原因在各地存在差异，这种差异直接导致了学生英语水平的不同。作为经济、教育都非常发达的江苏省，在其内部却也存在水平上的分化。本次社会调研以发展水平较为滞后的苏北的一所普通中学——淮安市楚州区吴承恩中学（以下简称吴中）为对象，希望通过调查了解现状、发现问题、找到对策，起到管中窥豹之效。

北京外国语大学歆语工程江苏团十九名同学及两名带队老师，于 7 月 15 日到 7 月 23 日进行了为期八天的社会实践及调研。社会调查的参与者包括：教学对象——吴中初二、初三的共计四百八十余名学生，吴中初中部英语教研组全体老师，吴中校长等教学工作负责人，以及相关行业的部分从业人员。

调查主要包括六大部分：在为期六天的教学中的信息反馈；与各班学生的主题为“我理想的英语课堂”的讨论会；与吴中英语教研组老师的座谈；对以吴中为中心的附近十余个书店的调查；对与

吴中相邻的淮安外国语中学的对比调查；以及两份分别针对学生和英语老师的调查问卷。

对学生的问卷调查在十五个班中抽取五个班进行，包括初二的两个班和初三的三个班，各年级均包含至少一个强化班。学生问卷共发出一百六十份，收回有效问卷一百二十七份；对老师的问卷针对初中部全体英语老师，共发出十份，收回有效问卷十份。调查工作进行得紧张有序，获得了大量的一手信息。

二、调研报告

（一）吴承恩中学的英语教育现状

吴承恩中学地处淮安市南部的楚州区，是一所由社会力量投资兴办的全新的、现代化的民办公助中学，是淮安市三大民办中学之一。其前身是楚州第三中学，在 2003 年完成改制。改制后的吴中集中力量狠抓教学质量，解决了生源少、环境差等问题，学校声誉提高，成绩显著。

1. 教学硬件及多媒体手段的应用

学校硬件条件优越，英语教学工作得到支持。吴中共有教学楼六栋，其中高中部教学楼三栋，初中部教学楼一栋，礼堂楼一栋，职业技校楼一栋。所有教学楼的各教室均配备了可供使用的多媒体设备、背投电视和空调，除礼堂外各楼教室前后各有一面玻璃质黑板。教室采光良好，桌椅平整、光亮，除礼堂的空调在修理外，所有教室的空调均正常工作。学校有专门的执行多媒体技术保障的老师，只要电话通知均可在十多分钟内解决问题。在六天的上课中所有团员均未发现缺粉笔或由于硬件问题无法进行教学的情况，后勤保障工作到位。我们认为，同学们学习的硬件环境是优越的，这是对教学工作的有力保障。

另外，在对同学的问卷中，70. 1% 的同学表示英语老师会在教学过程中采用多媒体进行配合。通过对教学设备的观察及对老师的采访，我们也能肯定多媒体已经成为吴中英语教学一个重要的手段。通过多媒体教学，能够引入更多形式的教学素材，更加灵活、生动地突出教学主旨，同时有利于提高同学们上课的兴趣。德国著名心理学家艾宾浩斯曾在著名的遗忘曲线之外还提出过另一个有关记忆和学习的理论，即多维的、立体的感官学习比二维的、平面的读写式学习更有利于知识的掌握。我们认为，多媒体手段的应用应当在初中英语教学中扮演积极的角色。

但同时，我们也发现教学硬件及对其使用存在一些问题。首先，多媒体硬件存在部分老化的情况，一些背投显示模糊，很多连接线损坏无法使用。其次，音频设备基本不能达到听力训练所需的水平，这也成为初中英语听力教学薄弱的一个原因。通过对英语老师的采访和座谈，我们了解到吴中初中部主要还是通过背投电视来播放听力内容，效果不好、杂音大。而跟同地区的淮安外国语中学相比，淮外每个教室均有专门的扩音设备，可连接到控制室。考虑到添加设备成本巨大，我们建议可为各班配备录音机来解决这个问题。最后，多媒体使用的水平还可以提高。在整理与同学们座谈中收集的意见后我们发现，老师们对多媒体使用的方法各不相同，部分老师制作的幻灯片较为单调，只是白底黑字的新式黑板；也有一些老师完全依靠 PPT，逐页朗读。我们认为，这样使用多媒体反而适得其反，让同学们丧失兴趣，使课堂沉闷。

2. 英语能力现状与能力期许

（1）英语学习兴趣的现状

对学生的调查问卷表明，在经过一年或两年的英语学习之后，大部分的同学（51.5% 的受访者）对英语持积极态度，但同时也有 4.7% 的同学选择了“讨厌英语”。值得注意的是，对英语持消极态度的同学（即选择“不太喜欢”和“讨厌”英语的同学）在初二年级还仅占到 36.3%，而在初三年级则达到 45.8%。这突出表明很大一部分同学对学习英语没有兴趣，对于语言学习来说这是一个严重的问题；同时，这也暗示着同学们的兴趣有随着年级上升而逐渐消减的趋势。

而通过对比普通班和强化班的这一数据，以及研究四个班的期末成绩单，我们发现兴趣有无往往和成绩好坏直接挂钩。在快班中，对英语非常喜欢或比较喜欢的同学占到了70.8%，远远高于普通班；而成绩单表明，英语成绩突出的同学对英语学习有很浓厚的兴趣，并且联系各班教学中的同学表现来说，这些同学往往上课认真、积极参与课堂。这一现象除了反映一般情况之外，也引起了我们的思考：同学们对英语的兴趣和自信是否建立于成绩的优秀？这种因果关系是否必然，是否健康？

应该说，语言学习能力是会受先天因素的影响的，这会导致同学们接受知识、口语模仿等方面的速度、质量的差异，进一步产生成绩上的差异。但兴趣与自信是一种心理素质，并不必然受到先天因素影响，也不应该只受到成绩这一因素的制约。通过几天的教学，很多班出现了积极的信号，许多同学在课堂上更敢于表现自己，更愿意训练自己的耳朵、嘴巴，而这一现象出现的原因很大程度上来自老师的鼓励和对课堂的掌控。我们认为，初一初二是英语学习兴趣建立的关键时期，应当减弱成绩对其的决定作用。

（2）学生英语能力现状

在问卷的能力调查部分中，有63.8%的同学认可自己的单词掌握水平，认为自己拥有了要求的单词量或更好；只有12.6%的同学将单词视为自己的难题。有趣的是，这组数据在初二、初三两个年级基本持平；而在语法方面，有61.4%的同学说自己掌握了必需的语法知识，在考试中不会丢太多的分；只有6.7%的同学承认，因为语法在考试中丢分惨重。根据问卷结果，语法的掌握情况在初三要远远好于初二，初三认可自己语法水平的同学占到70%，而在初二只有45.5%，这应该得益于高年级老师的强化训练以及对初中生活、学习的习惯。而与此相应的，有67.7%的同学表示，自己的英语成绩维持在一百一十分以上，其中有41.7%的同学能保持在一百二十分以上。这一结果在成绩单上得到了证明。

这样的成绩是靠投入大量时间换取的。在同老师的座谈以及与同学们的讨论会上我们得知，主要的课时都用在了对教材Read skill和Study skill，也就是精读部分的讲解上。每天的作业是一张包含单选、阅读、完型等题目的“作业纸”，内容上补充和巩固当天的知识点，形式上完全服务于考试。另外，每天还有大量的背记任务，包括记单词、背课文。老师在课堂上和课间也会花大量时间用于检查背诵。这样机械化、重复的强化学习，的确显著地提高了英语技能。

在同学们读写能力得到强化的同时，我们也发现存在一些问题。

首先，对阅读和语法技能的强调制约了听力、口语等能力的培养。几乎所有同学都羞于开口，言语质量较低，单词运用的错误和语法错误也广泛存在，与大家的书面水平有一定的差距。

其次，同学们对语法的运用在做选择题时和写作时是脱节的，对语法点的掌握还停留在较低的层次，只认识，而不会用。

最后，同学们学习方法不科学，教学过于强调结果而忽略过程。同学们记单词几乎全部采用死记的方法，不知道怎么读但知道如何拼一个单词的现象广泛存在。极少有人在记忆过程中运用常见的单词音标记忆法、词根词缀记忆法等，更难以掌握其他灵活的方法。这直接导致大家的记忆效率低下、任务量表面上加重。在阅读和写作上，大部分同学也没有掌握有效的方法，主要靠逐字逐句地念和生搬课文。

我们认为，导致这种问题可能有两点原因。其一，学生缺乏自主学习的欲望和能力，以老师的要求和考试成绩为学习准绳。学生没有培养起对英语浓厚的兴趣，也没有良好的、竞争性的学习氛围，导致大家缺乏探索方法的动力，从而完全跟着老师走。再加上老师对方法教育的忽视，因而采用了最原始的方法。其二，老师在教学中有急功近利的倾向，忽视对方法的教育，而只强调希望取得的结果，如熟记某篇课文，在若干天内记下多少单词。方法上的缺失，将直接导致普通学生不知道还有其他方法的存在，因而更加依赖使用原始方法，时间一长将积重难返。

除英语笔头能力外，同学们听说能力也有待提高。

在学生问卷中，只有 10.2% 的同学认为自己能够听懂教材配套磁带上的内容，能够用英语在生活中与人沟通。此外，在初二年级，有 59.1% 的同学表示，自己听说能力较弱，但会在生活中使用英语进行简单沟通；而在初三年级，这一数据只有 39.80% 。但通过平常的教学反馈和与老师们的座谈，我们发现实际情况可能远远不及问卷反映出来的让人乐观。

除快班的课堂上，我们的团员可以使用比较多的英文进行授课外，普通班几乎听不懂英语内容，对英文的反应比较迟钝。另外，在夏令营初期，班上普遍只听课不参与，大家没有英语表达的习惯。

听说能力的欠缺，将非常不利于大家培养英语学习的兴趣、限制英语学习渠道、制约英语环境的建立。英语作为一门外国语言，最大的魅力和最强的生命力在于运用、交流、思想表达。就像学习篮球技术的终极目的是为了进行比赛一样，学习语言如果不能说、不能看、不能听，则失去了它的意义。此外，只有当大家的听说能力提升了，大家才有兴趣和信心去看英文电影、读英文小说、听英语广播等。

我们认为，英语听说能力、笔头能力是英语学习有机整体的一部分，任何方面的缺失都将直接制约整个英语水平的提升，都是非常不利的；而英语听说能力是英语技能最重要的方面，是不可或缺的。听说能力在考试中的效能可能不如笔头能力直观、立竿见影，但它的作用是潜移默化式的，将深刻地作用于其他方面的能力。

（3）英语能力期许现状

与大家英语学习兴趣不浓、学习方法不佳等情况相反的是，在问卷调查中，大家对自己的英语水平有较高的期望。有22.8%的同学希望将英语作为自己的第二语言掌握，即能够在听力、口语各方面像外国人一样使用英语；还有13.4%的同学希望能够通过英语四六级或专业英语水平等级。也就是说，相当大的一批同学有强烈的学好英语的希望，却因能力不够、习惯不好，抑或是受团体氛围影响而羞于开口。当然，我们也注意到，45.7%的同学是以中考、高考的成绩为英语学习目标的，更有15%的同学没有特别明确的要求和目标。

我们认为，这些数据也反映了吴中英语的一个基本情况，即以能力为导向的学习倾向是存在的，但较弱；大部分同学还是受应试思维影响，比较功利和现实。

3. 英语教学现状

吴承恩中学初中部英语教研组共有十位老师，大部分教师都是教龄五年以内的年轻教师，也有四位是教龄五年以上的有丰富教学经验的教师，其中包括一名教龄二十年以上的资深教师。

从整体上来说，吴中的英语课堂属于传统型。通过和同学们的讨论课以及问卷调查表明，课堂上主要由老师讲解知识点，学生参与度不高，眼神、语言等互动交流都比较少，尤其是在初三年级的课堂上。在同学们回答问卷中“教学方式”的问题时，只有11%的同学认为老师“风趣幽默”、课堂“轻松、愉快”，为选择率最低的选项；同学们更为赞同“老师条理清晰、重难点突出”、“老师语言平实，课堂有序、平稳”。应当说，吴中的英语教学与许多中国英语课堂一致，保持着沉闷但高效的特点。我们无法评判这种方式的优劣，但是可以肯定的是，此种课堂不利于培养英语学习兴趣。此外，它的高效可以保证教学进程，但很难保证学生掌握的情况。

（1）教学目的和教学重心

从教学观念上来看，我们发现积极的变化已经在发生。具体而言，除了一名老师以外，其他包括毕业班老师在内的所有人均认为其英语教学的主要目标是培养学生学习英语的兴趣和能力，而并非升学或完成教学大纲的任务。这说明在应试的大背景下，教师们也希望教学能够走出教师灌输、学生接收的传统模式，而让学生们有浓厚的兴趣，激发学生自主学习的欲望。此外，超过一半的老师对自己的学生持积极态度，对他们未来的成绩和英语水平抱有信心，其中四名老师对现在的成绩满意；但同时也有两名老师对学生持消极态度，不认为有太多进步的可能性。这也从侧面反映出吴中各班的水平参差不齐。我们认为，造成这种悬殊的差异的原因，很有可能是初中部现在分班的方式，即区分强化班、普通班，在普通班内也有意根据成绩分班。

在对吴承恩中学徐校长的采访中我们了解到，吴中引以为豪的一个竞争优势在于吴中采用的小班制，这与吴中高中部所持的“人文化”理念一脉相承。吴承恩中学的办学理念是“人文化，英才教育”。“人文化”即指以人为本，以学生为本；“英才教育”即为社会培养人才。为体现这一理念，保证不让每一个学生掉队，吴承恩中学坚持以最低的成绩来划定教学难度。从这个角度来说，初中部的分班方式似乎有悖于吴中的办学理念。

虽然老师们希望走上素质教育之路，但迫于中考、高考的压力，老师们的教学重心似乎还是以考试内容为主。具体来说，超过一半的老师认为，对于学生最重要的英语能力是阅读，最难掌握的英语能力是口语。但在教学中花费时间最多的、作业量最大的部分却均为语法。另外，与老师自己理想的素质模式略有矛盾的是，将近一半的老师认为“语法非常重要”并且“花费了很多时间”，还有一半老师认为“语法非常重要，但没有花费很多时间”，也就是说希望能够花更多的时间。

（2）英语教学方式

在与同学们讨论时，绝大多数同学认可老师在应试教育压力下的教学模式，认为自己的老师严肃负责，关爱学生。但谈到自己的英语兴趣与最理想的课堂时，大家提出了现在课堂中最困扰大家的问题。其一，上课方式古板，老师不幽默。老师的语言枯燥，没有趣味，课堂总是很沉闷，让人昏昏欲睡。其二，英语课缺乏互动。大部分老师在进入课堂时使用 PPT，后面的课堂则以大量的板书为主，纯粹讲解知识点，鲜有学生发表观点的机会。老师不注重与同学的交流，包括表情、眼神，有的同学还反映老师只顾自己讲课，并不理会学生是否理解。其三，大量的、长时间的拖堂。由于英语课的重要地位，英语老师经常占用大半的下课时间，让学生得不到休息，因而对英语课感到厌倦和恐惧。其四，大量的作业。课下除了显性的“作业纸”以外，还有众多的背记任务。然而在谈到这点时，我们发现成绩较好的个别同学和快班大部分同学认为作业量尚可以接受。作业量是相对的，但这也映射出同学们的背记方式不正确。而我们从各方了解到，老师出于各种原因，几乎没有教授过背记单词、课文的巧妙方法或捷径，而只是一味提出要求。而由于作业量超负荷给同学们造成负面情绪，实际上在很多班检查背诵的任务时都被“班级潜规则”省略了，作业形同虚设，而基础关过不了，背诵量又会增加，成为一个恶性循环。

而从老师的角度来看我们发现，英语课往往是经过精心安排和准备的。多媒体教学已经成为很常见的手段，老师们也在尝试使用更多的方法。在我们的问卷中教学方法一题（多选）上，给出了一些较好的方式，如给出实例让同学们自己归纳语法点、让学生创设情景引导学生归纳知识点等，老师们几乎全选所有选项。但由于同学们已经形成固有观念，本身英语水平不够，以及老师们的方法主要还是围绕语言点，趣味性不强，因而这些良苦用心很难被觉察。

另外，各个老师的教学方法还存在较大的差异。年轻老师往往尝试更多的新的方法，如在初二班级中，有的老师会带同学们玩游戏；而年长的老师则更多的用经验和知识来掌控课堂。也就是说，虽然有集中备课，但在教学方法上并未统一。

（3）课时安排与教师的困难

课时上初二初三年级平均一周十五节英语课，但主科的老师经常抢占体育课、美术课等副科，英语课在一些班会比标准课时多三至四节。但要指出的是，这种情况也是因班而异，英语还是最少“抢课”的科目。

在与老师座谈中，老师也透露了吴中教学的一些困难。首先，学生英语基础薄弱，语言学习的习惯不好，小学语文、英语都没有打牢基础，因而给本已不堪重负的初中英语教学带来很大的负担。其次，自主学习意识差。同学们几乎没有自主学习的意识，课余时间也不会主动安排学习，因而所有老师需要包办安排、检查所有任务，教学时间非常紧张。最后，江苏省采用的牛津版英语教材很难，知识点、语法点、单词量都非常大，要吃透教材、完成中考大纲规定的知识点就已经非常勉强。

我们认为，任何教学的现状都是多方面原因造成的，很难区分哪一方面的责任较大，本调查也无意批评或赞扬任何观点。但本调查关注教学的现状与问题，因而将更多地探讨教学问题，给出我们的建议。

4. 英语教材以及语言环境现状

（1）英语教材

由于难度偏大，知识点众多，教材已然成为吴中英语教学的一个困难。然而教材是英语教学极为重要的一方面，也是考试的范围所在，对学习和教学两个方面都有不言而喻的影响力，因此本节对吴中教材使用及意见作一个探讨。

江苏省统一使用的教材是牛津版。在和同学们的座谈中我们发现，大部分同学对江苏使用的牛津版教材持肯定态度，认为教材趣味性较强，编排合理。但在难度上，初二和初三的同学存在较鲜明的分歧。初二的同学认为教材非常容易，知识点和词汇都能够轻松掌握；而初三同学表示，教材难度大，语法项目繁杂而难以消化。值得注意的是，尽管同学们在认识上存在差异，但从整体水平上来看，大家对牛津版教材掌握程度并不理想。

以7B年级（初一）教材为例，一章主要分为Comic strip（漫画）、Welcome to the unit（导言）、Reading（精读）、Vocabulary（词汇）、Grammar（语法）、Integrated skills（综合）、Study skills/Pronunciation（发音）、Main task（明列教学任务）和Check out（课后习题）几个部分。据了解，从多媒体、口语、听力等会融入漫画、导言、综合技能来讲，要花一个课时。而精读、词汇语法则会花费剩下的所有课时，一章大概持续一周半教学。而对比南京外国语中学以及一些其他的中学来看，他们往往给每个部分安排一个课时，语法和精读另外多加一个课时。值得注意的是，即便是简单的Comic strip，也会安排足够多的时间，让大家模仿、表演等。其他学校老师对这样安排的解释是，在对语言点学习开始之前，必须通过必要的课时加深同学们对主体的理解、引起大家学习的欲望。引入的方式是多种多样的，如做动作记词组、表演、听故事等。所谓知之者不如好之者，这样能达到事半功倍的效果。

（2）语言环境现状

语言环境是语言生存的大基础，如果语言环境建立得好，学习能够达到事半功倍的效果。在这次的调研中，我们也着重对吴中英语学习的语言环境进行了调查。

首先，就听说语言环境而言，几乎不存在。虽然在问卷中有46.5%的同学表示，能够在生活中用简单的英语进行问候、道别、祝愿等，但通过老师的反映和我们的观察，大家在日常生活中几乎不会主动使用英语。各班老师反映最大的问题就是同学们害羞、内向。在夏令营初期，各班都只有极个别的同学会在老师反复催促下说一两句简单的英语句子；而在课间，则很少有同学愿意主动和老师在课间聊天，更不用说使用英语。

通过和同学们的座谈我们了解到，大家使用、接触英语的绝大多数场合就是课堂。但同时我们也注意到，在课堂上同学们很少有用英文表达的机会。老师也很少在课堂上用英文，即便使用英文，同学们也听不懂，依赖于老师的中文解释。在课堂外，同学们更缺乏使用英文的意识，不会主动锻炼口语。另外，一部分同学没有教材配套的光盘，另一部分虽然有，也表示不会去听和跟读。

在课余时间，每个同学都会上网，但很少会接触英语资料。大部分同学课余不会听英语歌，更难得有人会主动学习英语歌。部分同学会偶尔在网上看英美电影，但不多，并且他们不认为这是学习英语的方式，更不会反复去研究电影台词。

尽管在问卷中有近三分之一的同学表示不只是为了升学而学习英语，但我们发现，事实上几乎在所有人的观念中，英语还只是一门学科，而不是一门可以使用的语言。

我们认为，这种观念的形成一方面由于淮安竞争相对缓和，大家对国际化竞争和自我定位不明确，缺乏从更高层次看英文的内在动力；另一方面，学校过于强调英语作为一门应考科目的价值，而没有作为语言本身来定位。

其次，英语书面资源也非常稀少，使用情况则更不理想。

读课本外的英语资料是英语氛围浓厚的重要体现。比起课堂上的泛读练习，自主进行的阅读由于驱动于自己的内在动机，所以是更好的泛读训练。而书店是学生获取英文相关资料的重要途径，一个城镇中书店的数目、经营规模和所经营的书籍种类及其比例，能反映出同学们的阅读需求。因此，我们专门调研了当地的书店情况，主要包括：新华书店、文渊书店、精灵书店、金长城书店、创新书店、登阁书苑、正大书屋、文汇书屋、文峰书屋、音像书店、新华书店（南门分店）、知新书店、金钥匙书店（南门分店）、东玲书屋、智慧书屋、永汇书店分店、考试书店、清华缘书屋、文通书屋、金钥匙书店（西门分店）、下书店、题名书店、陶陶书店。

①书店面积与种类

在这二十三所书店中，仅有新华书店及其分店、音像书店的经营规模相对较大，其余二十所书店的经营规模都比较小。按调查小组成员的目测结果统计，这些书店可作以下划分：

经营面积	$30m^2$ 以下	$30m^2$ 以上、$50m^2$ 以下	$50m^2$ 以上
书店数目	13	7	3

书店的经营规模直接关系到店内所经营的书的数量。在调研中通过询问书店老板我们得知：一般 $30m^2$ 以下的书店销售的书本数量只有数百到一千册左右，$30m^2$ 以上 $50m^2$ 以下的书店则有三千册左右，$50m^2$ 以上的书店则有五千到八千册左右；但是除了音像书店之外，这些书店约三分之一的营业面积都被文具商品占据，实际的图书经营面积大大缩水，所能容纳的图书数量也大大缩水。

②英语学习辅导类图书销售状况

调研小组成员对各个书店的老板或者经理进行了简单的采访，针对中学生学习辅助资料书的销售情况作了了解。

当地初中生需要的辅助学习资料

编号	教辅种类	版本数量	书店存货	销售情况
1	数学教辅	很多	很多	好
2	物理教辅	多	较多	好
3	中考真题卷、模拟卷	较少	较多	好
4	化学教辅	较多	中	较好
5	历史政治教辅	较多	较多	较好
6	英语教辅	多	中	一般
7	生物教辅	较少	少	一般
8	语文教辅	多	中	少

由上表可见，当地初中生对于英语教辅的需求远远比不上对数理化等科目的需求。据大部分书店经营者介绍，现在图书市场上英语辅导资料书的版本、种类非常多，他们曾经根据淮安市其他地区

的销售经验，购进了大批多种类的英语辅导资料书，但是销量并不乐观，最后他们不得不减少对英语辅导资料书的进货量。另外，据吴承恩中学附近的题名书店、文通中学附近的清华缘书店、文通书店的经营者介绍，大部分初中生的英语辅导资料只有《英语辅导报》，由学校在其附近的书店就近定期、统一为学生订阅，作为学生平时的作业。通过和同学们的讨论会，我们证实了这一说法。

同时，我们也对比了书店所销售的各类图书的存货、销售情况。

编号	图书种类	版本数量	书店存货	销售情况
1	教辅书（各科）	很多	很多	很好
2	儿童读物	很多	很多	很好
3	校园文学	很多	多	很好
4	社科书	多	多	好
5	科普书籍	多	多	好
6	名著	多	较多	较好
7	乐器书籍	多	少	较好
8	书法/美术	多	中	一般
9	英语读物	少	少	少

③对个别书屋的调研情况

据吴中同学介绍，当地的书屋和书店不是同一个概念。书店以售书为主，而书屋以对外租书为主。为了对当地中学生的英语学习资料来源作一个更透彻的了解，我们也对一些书屋进行了走访。

经过走访发现，仅有个别书屋是以纯出租为主的，如北门大街的一角书屋、东长街的华中希望书社等；其他书屋既有销售的部分也有出租的部分（这些已经作为书店列在前文，在此不赘述）。一般以出租业务为主的书屋的好处是学生在书屋可以花很少的钱阅读一本书，而且书屋的经营成本较低，书目更新快，不失为当地学生获取又新又快的学习资料的好地方。

走访结果显示，当地单纯进行出租业务的书屋，其所经营的书都是以休闲杂志、少女漫画、言情小说为主，内容多以消遣娱乐为主，学习方面的资料、杂志几乎没有，更别说英语学习资料、杂志了。据一位书屋经营者介绍，英语什么的学习方面的书不受欢迎，摆出来也没有人租，不如腾出地方多放点儿小说。由此可见，当地初中生阅读英语书籍的需求很小，能接触到的英语学习资料来源非常有限。

④对调研结果的简要总结

综上所述，楚州当地的书店基本以学校尤其是初中为中心集中分布，说明这些书店都是以服务学生为目的的，其经营规模和经营内容也直接反映了当地学生学习资料来源和学习情况。在本次调研中，我们反思调研所得数据，总结出以下两点：

第一，从学生方面来说，当地大部分书店所经营的教辅书籍都是以数理化为主，英语资料偏少而且销路不好，说明当地初中教学有明显偏重于理科而轻视英语教学的现象，导致学生在主观上忽视了对英语的学习。

第二，从书店方面来说，大部分书店、书屋的英语辅导资料、英语读物的种类和数量远远不够，这样的话，即使有学生想主动地拓宽英语学习思路、提高英语学习成绩，也没有充足、便捷的资料来源，会在一定程度上挫伤其积极性。

5. 师生关系现状

所谓十年树木百年树人，师生关系是教学中重要的一个环节，良好的师生关系不但是成功教学的保障，也是教学成功的重要体现。通过和同学们的讨论以及和老师们的座谈，我们对吴中学生和英语老师之间的关系有了一定的了解。

在问卷中，41.7%的同学对英语老师持积极态度，而持消极态度的占到53.6%，其中33.9%的同学选择了“没有感觉”，剩下的19.7%的同学选择了“不喜欢”。在数字背后我们发现，大部分同学在业务上是认可英语老师的，也明知老师对学生的责任和关心；但大家对英语老师的负面印象主要来自超负荷的作业量，枯燥的课堂教学和严厉的态度。

首先，鼓励教育没有主导课堂。课堂上大家都不愿意参与讨论，因而互动方法主要是老师指定同学回答问题，而当回答不出或错误时，往往招致老师严厉的批评。在课堂之外，老师也经常采用极端严肃的态度对待班上的纪律问题，同学很少受到鼓励。

其次，老师对学生有体罚行为。让本次调研组感到震惊的是，在各班都存在体罚的现象。体罚因不同原因在不同同学身上不同程度地进行，最严重的会使用木棍等。虽然体罚不会致伤，但形式上已经具有很大的消极作用。

我们理解老师在升学压力下，寻求快速、有效的管理方法的初衷，同时我们也理解作为私立学校所承担的来自家长、社会的责任，但以调研和对比调研的经验来看，这不是最佳的方法。体罚作为一种将学生身体、尊严和精神作为惩罚对象的惩戒方式，直接破坏的是师生之间的关系和学生对老师的信任。就英语教学而言，这直接打击了大家学习英语的动力和自信，因为一旦心中有了对英语老师的怨恨，自然对这门学科抱有负面情绪，或者因害怕惩罚而不再愿意参与教学过程。

最后，来自老师单一不变的角色形象。在讨论课中，一些班的同学们表示希望老师更多地分享人生知识，而不只是关注课本。而在与老师的采访中我们也得知，这样做的老师收获了很好的效果。

当然，需要强调的是，吴中的班级气氛并不是如问题所表现出来那么紧张、矛盾和尖锐，各班的情况也有较大差异。我们能看到很多班的课堂上欢声笑语，但以问卷结果和讨论时大家的意见作为基础，还是应当承认问题的存在。

而就老师一方面来说，最大的问题是老师对学生的不信任。我们猜想，由于对学生英语基础抱有怀疑，以及受其他多数老师的影响，英语教师往往采用非常严肃的态度对待同学。但实际上同学们希望的是一个经常鼓励自己的亲切、讲道理的老师。我们建议，老师不妨先以亲切姿态贴近学生，采用宽中带严的原则，而不是相反。

（二）产生问题的原因总结与分析

根据对吴中教学及同学们英语学习现状的调研，我们对存在的主要问题以及其可能产生的原因，作以下总结和分析。

1. 英语教学过早以应试为目标，忽视全面英语能力教育

语言本身所具有的鲜明的社会性和强大的生命力决定了语言学

习是终生的事业，因此在语言学习的初级阶段养成良好的习惯、培养正确的学习理念具有极其重要的意义。而如何培养正确的语言学习方法显然是教学工作的一个核心课题。对于英语学习，因其作为升学考试的科目和国际沟通最广泛的交流手段而显得尤为重要。

但是吴中的教学并没有遵循这一规律，而是过早地以应试为教学导向。这一点最为核心的反映就是几乎忽视听力、口语能力，而只注重阅读。另外，占课、大作业量、作业围绕课本知识、课堂模式传统、缺乏拓展知识等现象也都能说明完成教学任务、服务于中考是初一初二教学的核心。

显然，造成这一点的主要原因来自应试的压力。面对大量的教学任务和升学率的硬指标，老师即便有愿望，也没有胆量分配时间给英语能力中的非应考项目。面对这样的情况，我们应当思考：非应考的英语能力（即听说能力）有什么作用？听说能力对阅读、写作会不会有促进？庞大的教学任务有没有别的方式完成，是不是课上都讲解了就算完成了？

我们理解在教育竞争激烈的江苏省高考和中考具有的重大意义，更理解私立学校将提高升学率作为重中之重的任务的现状。但是我们认为，初一初二以英语能力培养为导向与升学率的提高非但不是背离的，反而是互相促进的。

2. 教学中有急功近利的倾向，过于强调结果而轻视方法

每一个教育者都明白方法和结果的关系，古训“授之以鱼不如授之以渔”就说明了这一点。而放到英语教学中来说，即应当注重教授学习英语的方法，而不是只看重学习结果。因为我们相信，英语学习的初期是一个积累方法的缓慢阶段，而掌握了一定量的正确方法后，会产生量变达到质变的效果，学习成绩会快速提高。

在吴中的教学中，存在布置作业只注重结果而不重视方法的现象，如只强调每天要背记的单词量，但不研究、教授各种记忆的方法；强调每天要背诵的课文，但不解释背诵的意义以及如何背记、怎么将背诵化为自己的知识储备；布置写作任务，但不讲解、不评点，甚至不批改。

根据先进地区的英语教学理念和成果，我们认为花大量时间帮

助学生掌握方法，比单纯看是否完成背记任务等重要。造成这一现象的原因显然也是老师出于对教学任务和升学任务的恐惧而急于求成；另外我们发现，对阅读技巧和方法还是有一定的讲解的（但掌握情况也非常不理想），而听力、口语等方面的技巧训练几乎从未进行过。

3. 缺乏对课外英语学习的引导和对自主学习能力的培养

在各方面的调研过程中，我们均发现吴中学生缺乏自主学习的习惯和能力。同学们会严格区分上学和非上学时间。在我们问到会不会在课余时间学习时，大家统一回答“有晚自习”。从中可以看出大家对课余学习持否定态度，认为在完成作业、上完晚自习后就完成了学习；而在完成作业和上晚自习时，效率又很低，并没有达到应有的学习效果。

这一点可能有以下一些原因。首先，初中之前没有养成良好的学习习惯。在我们调查中，大量成绩不佳的同学的家庭存在问题，父母知识水平低、家庭教育松懈，这些都导致同学学习习惯本身不好。其次，学校过重的学习负担和枯燥的学习方式让学生产生反感，因此不愿意再在空闲时间进行学习。再次，没有良好的竞争环境。最后，教学中缺乏引导。老师没有强调课外学习的意义，更没有渗透式地引导学生自主学习。自主学习并不一定是对课本的学习，包括学习英文歌、研究英语电影、看课外书等。

4. 缺乏人生教育

我们认为，英语课堂及其他课程课堂一样，在关注课本知识的同时，还应注重对学生品质的培养，而这点在吴中比较缺乏。

在和初三 2 班开展讨论时，我们得知该年级物理老师在同学中很受欢迎。在同学们解释原因时，大家无一例外地提到物理老师会在课堂上分享人生经验，讨论有关理想、未来的话题。可见，身处初三的孩子很需要这方面的指导，也可以看出这方面的教育能够拉近师生距离，灵活课堂节奏，提高课堂效率；同时从长远角度来看，良好的人生观、世界观有利于学生自主学习意识的形成，以及年级中良好的竞争氛围和学习气氛的创造。

与此相异，除非英语老师以班主任的身份出现，英语课堂上老师很少关注这一方面。

（三）针对问题的一些建议

在陈述了现状并分析了问题后，我们有以下几个建议：

1. 从更高的层面看待英语教育，树立新的教学思维

这里的新思维主要是指将英语作为一种能力来培养，就像培养孩子的阅读能力一样，要全面、完整地进行训练。这要求老师突破应试教育的思维，敢于在教学安排上作出调整。

初一应当集中强化英语学习兴趣的培养，将教学任务渗透到各式各样的方式中，同时将各式各样的方法融入到课本知识的讲授中。例如，在讲课文时启发大家学会英语写作的思路，强调如何将学过的知识运用在口语中。在背单词时每天讲授一种记忆方法，利用单词介绍一些电影、小说以及英美文化知识。在写作时，建立大家表达的信心，联系阅读、完型来分析写作。

2. 增加人生教育，上课尽量生动、有趣并结合实际

教育的目标不止是对知识的教育，同时也是对人生的教育。人生教育，也可以理解为道德教育、道理教育，可以引导学生更加正确、积极、全面地看待事物。而且我们发现，同学们对人生教育普遍是欢迎的，愿意听老师的人生经历和建议。人生教育在教导同学的同时，也在展示一个老师自身的素质和不一样的风采，是建立老师威信的更好方式。通过人生教育，孩子们可以感受到老师对自己真心的关爱，这也能够非常有效地融洽师生关系。

人生教育其实也不会占用过多的时间，只要将人生教育融入细小的地方，无时无刻谈人生但又没有专门花时间谈，这种教学内容不但升华了课堂，同时也改变了教学节奏、活泼了教学内容。除人生教育外，老师应当采用各种方式使教学内容生动有趣，如肢体动作、表情、眼神交流；语言幽默，尽量脱稿教学，不应该照念 PPT 或备课大纲；避免直接批评学生，而用更加幽默的方式。

3. 提高课堂互动的程度，确立激励教育的原则

增加课堂的互动，是培养学生兴趣、让课堂有趣的重要方法，同时能让同学尽快练习所学的知识，检测学生掌握程度。增加互动的方式不只限于增加问答，同时也包括增加英文讨论，让同学提问，

点评同学表现，和同学开玩笑，甚至包括与同学的眼神交流等。互动能让学生完全参与到课堂中，并获得受重视感和满足感。

此外，在课堂上及课下，在任何互动过程中应以鼓励为主，批评为辅。先肯定学生，鼓励学生，让学生获得敢说、敢用、敢写的自信，其次在人生教育成功的背景下，以讲道理的方式与学生沟通。无数的事实证明，有自信的同学更愿意接受批评而努力改掉错误。

需要强调的是，一定要避免体罚。体罚不但有伤害学生自尊心、造成身体伤害等负面效应，而且有损教师自身的形象，建立的威信也是“只威而不信”的。因为体罚造成的对老师的抵触情绪而导致的对英文的怨恨，是吴中很多英语教学问题的根源。

4. 重视听力、口语以及写作技巧，建立良好的英语环境

英语口语和听力是英语最直接的能力，是传统英语教育方法下中国人最不熟悉的英语能力。在传统英语教学中，这两方面经常被忽视，主要原因是听力口语的见效慢，对考试直接帮助不大，但实际上这两个能力对提高英语水平有至关重要的作用。口语的提高能够极大地增强英语学习的自信心和兴趣；听力的提高是运用英语、扩展英语学习的基础。

口语和听力可以幻化在其他英语教学的方面中，如读好每一个单词，每天有感情地读一段文章，每天念两句英文诗等。另外，应当鼓励大家在日常生活中使用英文，用英文和老师进行日常交流，如问候、道别等，以此建立良好的英语氛围。

此外，在课堂中多引入除课本外的英语资料，如推荐一些英语小说、电影，教大家学唱英文歌；或以歌词、剧本为教学内容，强化语言点。这样可以帮助大家全面地认识英文，同时引导大家进行课外自主学习，培养英语学习兴趣。

5. 关于教学方法我们还有以下建议

坚持每天阅读的习惯。吴中英语老师对阅读训练有比较合理的安排，坚持持续练习且类型全面。每天的阅读对阅读能力提高很有裨益，快速阅读与精读相互结合，使阅读能力可以全面提高。但是，要在过程中注意布置的方法、文章内容以及讲解方式。在讲解阅读时可以分析写作方法、讲解单词、启发人生。

重视对写作的练习，引导大家掌握更好的写作技巧。此次调研学生的写作水平参差不齐，且了解到学生平时写作训练并不多。我们建议，老师在平常可以布置一些不限制字数的作文，允许学生围绕主题畅所欲言，两三句成文即可。通过这种方法可以培养学生写作的兴趣，积累好词好句；一定要有对作文的讲评，在讲评中语言幽默、话题突出，很容易培养大家的兴趣。

鼓励大家开口说英语，用口语巩固已学的知识。我们建议，在课堂上老师应增加英语授课的时间，循序渐进地摆脱对英语教学的中文翻译，在摆脱过程中应鼓励大家去听自己的英文，培养对英语的反应；在课堂上给学生更多的机会运用口语，如编对话、一句话表达、造句等，在运用口语的过程中可以运用学过的语言点、语法点、短语等。这种方法让大家带着兴趣记住了知识。

三、结语

我们的调研只有短暂的十天，对于当地教育的客观现状、历史传统，对于吴中方方面面的了解还非常浅薄。在此只能将我们急躁、粗糙的调查作简单陈述，并结合数十年亲身经历的教育，提出我们尚且幼稚的想法，只希望能引起教育一线的工作人员的一些思考。

在此篇报告中，我们无意指责任何一方。我们知道，冰冻三尺非一日之寒，英语教学中的问题是各方所致，除个别学校、老师的原因外，跟家庭也有关系，学生本身更有原因；而更深层的原因则来自整个社会和教育体制。但我们抱着“在现有条件下探求最佳之路”的精神，集中精力于教学和英语教育，从教育者的视角来寻找问题，因此本报告着重探讨了老师的责任和可能存在的问题。

我们完全理解作为教育者一方的学校和老师所面临的压力，但我们更愿意鼓励老师们化压力为动力，探索一条新的教学道路。中国传统的教育方法是以老师为主的灌输式的方法，我们所倡导的新思维就是要改变这一点。我们认为，英语学习以学生为主，自主探索将更为有效。毕竟英语不是掌握规律和听懂课堂就能学好的，它是一门以运用为目的并通过运用来强化的学科。

此外，我们还要向以下单位和老师表示感谢，因为他们的支持我们才得以完成本报告。他们是：北京外国语大学共青团委员会，江苏省教育厅，淮安市楚州区教育局老师，吴承恩中学教育集团董事长、校长以及初二初三全体老师，淮安团带队老师赵萌老师、刘刚老师，向以上单位和老师致以我们最高的敬意！

河北曲周教师赴京培训项目调研报告

本部师资培训团成员

我们组负责的是为期两周的河北曲周项目，从2013年7月13日的培训开始，一直持续到7月28日上午的结业仪式结束。

我们的实践主要是作为跟班班主任，负责解决各位教师学员在课堂及生活中的各种问题，同时在老师们和学校相关负责老师及任课老师之间进行联络。在此期间，我们的主要工作是成立班委，课前对多媒体设备进行调试，并为大家播放英文歌曲，发放课程资料；课堂中跟班听课，同时注意课堂情况，接收学员的反馈，记录出勤情况，并处理突发事件；课后及时上传授课老师的课件及相关资料，同时解答大家在北外生活时遇到的各种问题，不能即时解决时上报给负责老师，以及在最后课程结束时布置会场，为大家办理退饭卡等事项。

我们的实践内容看似轻松，其实会遇到不少问题。在项目过程中，我们遇到最大的问题就是出勤。一方面，曲周的带队老师希望我们严抓考勤，每天都点名，但另一方面，各位学员都有自己的安排和难处，并且“结业证书”对于有些老师而言约束力并不强，故而考勤只在最初几天起作用（这一点在初中班特别明显），到后半段缺勤的人数就比较多了。而我们出于对老师们的体谅，也逐渐放松了考勤管理。

让我们很欣慰的是，我们成立的班委会还比较负责，他们成为我们跟班主任与学员之间进行沟通的比较有力的桥梁。在课堂上，这些班委以身作则，不迟到早退，不缺勤，上课积极主动发言，课后督促大家写作业、完成心得，让大家按时上课，协助我们沟通协调了不少问题。

课程结束后，有十名学员被评为优秀学员，而在与老师们的沟通中我们也感觉到，认真听课的老师们都是有所收获的。很多老师都到外研书店购买了授课老师推荐的参考书并带了回去。在与老师的交流中，我们得知老师们认为北外的确是走在外语教学的最前沿，但是北外的理论过于超前，他们在教学中最需要的是实践和教学技巧，理论方面的内容对于这些外语教学还相对落后的地区来说很难起作用。我们也把这些想法反馈给了负责老师，授课老师们也根据这些反馈及时对课堂内容进行调整，使教学获得更好的效果。

除了课堂内容，课外学员们还向我们询问了校园周边可以游玩的地方，我们也积极主动地给学员们介绍北京比较热门的景点。在课外我们和不少学员都成了朋友，大家除了反馈课堂情况之外，也会向我们提出建议，甚至是跟我们抱怨学习生活中的不便。对于这些问题，我们都积极进行了反映，争取为大家创造最好的学习、生活环境。

在这次实践活动中，通过跟老师们的交谈，我们收获了感动和启迪。这群老师很多人来自农村学校，很多老师的教学时间都在十五年以上，他们把自己最美好的青春献给了中国的基础教育。他们始终在坚持，因为我们的基础教育还很薄弱。他们很多人现在的月收入仅仅一千五百元左右，北外很多学生一个月的生活费也就这个数，在工地上的工人月收入也有两千元左右。尽管如此，他们仍不愿意离开自己的教学岗位，因为孩子们需要他们，要知道在遥远的县城、贫穷的农村英语教师极其匮乏，尽管课业负担很重，但是他们干的是良心活，一干就是几十年，从未动摇过。他们很自卑，因为他们觉得自己的水平不够，很多人是从其他专业转成英语的，毫不夸张地说，很多人的英语水平远远比不上我们这些在校大学生。因为教英语的人实在太少，他们和孩子们一起学英语，总觉得力不从心，但他们会坚持学习，因为自己的水平关系到孩子未来的命运。他们多数时候很担心，很苦闷，教了几十年教学水平却不见长进，为自己的事业瓶颈而困惑忧虑，为很多“问题生”担心，要知道后进生永远都会存在，而老师们就会一直担心，毕竟农村的孩子不能都留在农村种地，孩子们应该掌握英语去看看这个美丽的大世界。他们有时候会很开心，那是在自己的学生取得成绩走出小县城的时候。有一位老师说，也许他这辈子就这样了，但是孩子们是有未来的。

老师们很健谈，谈了很多关于农村基础教育的现状，谈到教学设施、师资队伍、科研情况，尽管这些方面都在改善和提高，但是效果还不是很理想。他们很希望国家加大对教育的投入，政府切实实施“科教兴国”战略，关注教育，尊重知识分子，特别是要关心农村教育。我觉得这个希望是很好的，是发自肺腑的。我们的国家依然是农业人口占大多数，农村子弟的教育必须要重视。国家的未来在于青少年一代，如果我们在经济上大获全胜却在教育上输了，是非常不利于民族崛起大业的。

有一位姓张的女老师，她骄傲地告诉我们，她以前教过一个“问题生”，这个孩子总是和她顶撞，不服管束，有时候气得她直哭。她花了整整一年的时间来“感化”他，拿休息时间来给他补课。因为这个孩子的家境非常困难，她知道，要是他没文化，这辈子兴许就完了，她不能放弃他。通过她的努力，孩子的英语成绩赶上来了，后来甚至还去了大城市念大学，现在成了某某高中的一名英语老师，讲到这里，她悄然落泪。要知道，她在那个农村中学教了二十几年的英语，送走了一批又一批农村的苦孩子，自己的孩子却留在了农村。

在这次志愿活动中，我们最大的收获就是学会了如何与人相处，如何妥善地解决问题。和一百位学员老师相处，同时还要联系授课老师以及学校的负责老师，考验着我们的沟通能力。在这两周中，有时候我们会觉得麻烦，有时会觉得这项工作很无聊，也有想打退堂鼓的时候，但最后我们仍然坚持了下来。这期间我们也碰到了矛盾和问题，处在学员和学校之间的我们有时也很为难。但是正因如此，我们才学会了如何站在不同的立场思考问题，如何协调各个方面，同时克制自己急躁的脾气和武断的做法。

我们相信，这些经历都会成为我们人生宝贵的财富，帮助我们不断完善自己，在今后的人生道路上成为我们的闪光点，让我们更顺畅地面对各种挑战。

暑期支教项目课程设置合理性调研报告

——以长沙县一中夏令营为例

佚　名

摘　要：本研究采用自编“课程设置合理性调查问卷”调查法和访谈法，对长沙县一中二百一十二名参加北外歆语工程夏令营的学生进行调查研究。结果发现：1. 英语课程整体设置较合理，同学们对夏令营的课程整体满意；2. 口语课程教学中的主题教学方式（旅游、自我介绍、演讲等）既能丰富口语课堂的内容，又能提起同学们的兴趣，被绝大多数同学认为合理；3. 听力和国情课中引入趣味性教学在一定程度上激发了学生的积极性，达到了良好的教学效果；4. 夏令营的文体活动（拓展项目、文艺汇演、篮球赛）符合学生们的需求，既能够活跃整体气氛，又使教学活动开展得更加活泼。

关键词：歆语工程　夏令营　课程设置

北外歆语工程暑期支教实践项目开展至今已有多年，每届去往全国各地的支教团队都强调为学生开阔视野、提高学习英语的兴趣，努力区别于传统“填鸭式”的教学模式，用英语电影、歌曲、戏剧等丰富课堂内容，吸引学生注意力，同时增设专门的外国国情课，向同学们介绍世界。但细化到具体课程则每年每支队伍的设置都有较大不同，如上届长沙县一中支教实践团设置了美国文学、英国文学、演讲等高级课程，而这一届则在提高学生日常使用口语能力上做了较大努力。

鉴于北外歆语工程暑期支教实践项目的长期性和持续性，我们认为非常有必要研究课程设置的合理性，了解歆语工程支教对象的学习需求，分析怎样的课程对于学生最为有利，为进一步构建歆语工程暑期支教实践项目一脉相承、大体一致的课程体系，促进教学发展提供科学依据。

一、研究对象与方法

（一）研究对象

湖南长沙县一中北外歆语工程夏令营二百一十二名学生，收回有效样本数量为一百九十八份，有效回收率为93%。

（二）研究方法

1. 问卷调查法：设计自编《课程设置合理性调查问卷》，包括专业英语课程、文体活动两个维度，对夏令营学生进行调查。

2. 访谈法：对长沙县一中的老师和学生们进行访谈，以进一步获得信息。

二、结果与分析

（一）英语文化课程设置满意情况

表1　对英语课程总体满意情况的调查

	非常满意	比较满意	一般	不太满意	非常不满意
人数	130	57	10	1	0
百分比（%）	65.7	28.8	5	0.5	0

调查结果显示，对象学校学生对包括口语、听力、国情课在内的英语课程的满意情况在各个维度中均有分布。其中，94.5%的人对英语文化课感到满意。由此可得知，湖南长沙县一中参与本次歆语工程夏令营的学生对本工程的英语课教学满意度总体较高，课程设置非常符合学生需求。

表 2　对口语课程分为主题教学满意程度调查

	非常满意	比较满意	一般	不太满意	非常不满意
人数	116	64	17	1	0
百分比（%）	58.6	32.3	8.6	0.5	0

调查结果显示，对象学校的学生对口语课程中的主题教学大部分满意，满意率达 90.9%。旅游、自我介绍、演讲等模块给了学生比较大的空间作自我发挥，使他们能够从中学会较为自如的英文表达。

表 3　对专业英语课程引入趣味性教学的效果调查结果

	非常有帮助	比较有帮助	一般	没什么帮助	完全没帮助
口语	102	67	25	4	0
听力	160	33	4	1	0
国情	138	54	6	0	0

调查结果显示，口语、听力和国情课引入趣味性在总体上来说对学生是有帮助的。其中，97.5% 的对象群体认为引入趣味性教学对听力课有帮助，97.0% 的对象群体认为引入趣味性教学对国情课有帮助，85.4% 的对象群体认为引入趣味性教学对口语课有帮助。出现这种情况的原因是，在听力课和国情课中，视觉媒体和听觉媒体被大量运用，以此来激发学生兴趣。这个方法因其强大的视觉和听觉冲击从而起到了很好的效果。而在口语课中，老师一般采用当堂情景对话的模式来进行教学，这一方法相对而言难以调动学生的积极性。

（二）文体活动设置满意情况

表 4　对夏令营设置文体活动（拓展项目、篮球友谊赛、文艺汇演）必要性的调查

	非常有必要	比较有必要	一般	没什么必要	完全没必要
人数	131	48	17	2	0
百分比（%）	66.2	24.3	8.5	1	0

调查结果显示，在一百九十八个案例中，90.5%的对象群体认为有必要设置文体活动。文体活动是学生在紧张课业中的弹性调节。可以调动学生们的积极性，也使他们得到了放松。

表5　文体活动中英语的使用对帮助强化英语能力的调查

	非常有帮助	比较有帮助	一般	没什么帮助	完全没帮助
人数	104	73	17	3	1
百分比（%）	52.5	36.9	8.6	1.5	0.5

调查结果显示，在文体活动中使用英语帮助89.4%学生强化了他们的英语能力，表明我们在文体活动中使用英语交流对教学促进取得了突破性成就。

表6　文体活动总体课程满意程度的调查

	非常满意	比较满意	一般	不太满意	非常不满意
人数	128	50	18	1	1
百分比（%）	64.6	25.3	9.1	0.5	0.5

调查结果显示，对象学校学生对文体活动的满意率高，达到89.9%。本次夏令营文体活动总体涵盖面虽然不广，但却充满创新，寓教于乐的教学思想也能够很好地从中体现出来。可见文体活动有必要存在，但需不断改进。

表7　文艺汇演以英语为主设置演出节目评价的调查

	非常好	比较好	一般	不好	非常不好
人数	135	49	11	2	1
百分比（%）	68.2	24.7	5.6	1	0.5

调查结果显示，92.9%的学生对文艺汇演以英语为主设置演出节目表示满意。大部分学生第一次接触以英语为主导的文艺汇演，并亲身参与其中的编排工作，最后出来的节目效果也初步达到了预期。

（三）整体夏令营满意情况

表 8　本次夏令营整体满意程度的调查

	非常满意	比较满意	一般	不太满意	非常不满意
人数	133	60	4	0	1
百分比（%）	67.2	30.3	2	0	0.5

结果表明，97.5% 的对象学校学生对夏令营整体表示满意。其中，对本次夏令营感到“非常满意”的人群比例占到了 67.2%。而对英语课程满意程度不高的学生只有极个别的数量。由此可知，湖南长沙县一中参与本次歆语工程夏令营的学生对本工程的英语课教学满意度总体较高。

三、结论与建议

（一）结论

1. 英语课程整体设置较合理，同学们对夏令营的课程整体满意。

2. 口语课程教学中的主题教学方式（旅游、自我介绍、演讲等）既能丰富口语课堂的内容，又能提起同学们的兴趣，被绝大多数同学认为合理。

3. 听力和国情课中引入趣味性教学在一定程度上激发了学生的积极性，达到了良好的教学效果。

4. 夏令营的文体活动（拓展项目、文艺汇演、篮球赛）符合学生们的需求，既能活跃整体气氛，又使教学活动开展得更加活泼。

（二）建议

1. 口语课程教学中的主题教学方式（旅游、自我介绍、演讲等）在今后的歆语工程夏令营中应当保留并予以发展。

2. 听力和国情课中引入趣味性教学达到了更好的教学效果，但口语课中的趣味性教学引入存在问题，应当对此进行改进和提升。

3. 今后应当在歆语工程暑期支教实践项目中保留并适当增加同学们非常喜爱和关注的项目，强化学生英语语言在各项文体活动中的运用，增进学生在体育比赛时用英语交流的意愿；同时在课堂教学中也增加关于文体活动方面口头用语的教学，使学生们的运用更加贴近生活和自如多变。

4. 应当在文艺汇演中以英语为主设置节目，提高同学们的参与度和英文水平，并发展更多新的形式。